Conheça o
# Saraiva Conecta

saraiva conecta

Uma plataforma que apoia o leitor em sua jornada de estudos e de atualização.

Estude *online* com conteúdos complementares ao livro e que ampliam a sua compreensão dos temas abordados nesta obra.

Tudo isso com a **qualidade Saraiva Educação** que você já conhece!

## Veja como acessar

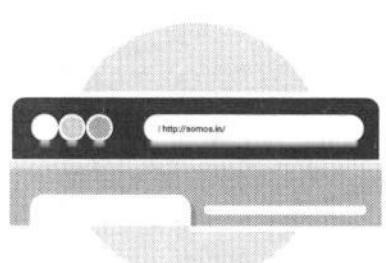

No **seu computador**

Acesse o *link*

**https://somos.in/DE5**

No seu celular ou tablet

Abra a câmera do seu celular ou aplicativo específico e aponte para o *QR Code* disponível no livro.

## Faça seu cadastro

1. Clique em **"Novo por aqui? Criar conta"**.
2. Preencha as informações – insira um *e-mail* que você costuma usar, ok?
3. Crie sua senha e clique no botão **"CRIAR CONTA"**.

Pronto!
Agora é só aproveitar o conteúdo desta obra!*

Qualquer dúvida, entre em contato pelo *e-mail* **suportedigital@saraivaconecta.com.br**

Confira o material do professor
**Alysson Rachid**
para você:

**https://somos.in/DE5**

*Sempre que quiser, acesse todos os conteúdos exclusivos pelo *link* ou pelo *QR Code* indicados.
O seu acesso tem validade de 24 meses.

ALYSSON RACHID

# Dominando Ética

5ª edição
2022

2ª tiragem
2023

saraiva jur

saraiva EDUCAÇÃO | saraiva jur

Av. Paulista, 901, 4º andar
Bela Vista – São Paulo – SP – CEP 01310-100

SAC | sac.sets@saraivaeducacao.com.br

| | |
|---|---|
| **Diretoria executiva** | Flávia Alves Bravin |
| **Diretoria editorial** | Ana Paula Santos Matos |
| **Gerência editorial e de projetos** | Fernando Penteado |
| **Gerência editorial** | Thais Cassoli Reato Cézar |
| **Novos projetos** | Aline Darcy Flôr de Souza<br>Dalila Costa de Oliveira |
| **Edição** | Jeferson Costa da Silva (coord.)<br>Liana Ganiko Brito |
| **Produção editorial** | Daniele Debora de Souza (coord.)<br>Cintia Aparecida dos Santos<br>Rosana Peroni Fazolari |
| **Arte e digital** | Mônica Landi (coord.)<br>Camilla Felix Cianelli Chaves<br>Claudirene de Moura Santos Silva<br>Deborah Mattos<br>Guilherme H. M. Salvador<br>Tiago Dela Rosa |
| **Projetos e serviços editoriais** | Daniela Maria Chaves Carvalho<br>Emily Larissa Ferreira da Silva<br>Kelli Priscila Pinto<br>Klariene Andrielly Giraldi |
| **Diagramação** | SBNigri Artes e Textos Ltda. |
| **Revisão** | Carmem Becker |
| **Capa** | Deborah Mattos |
| **Produção gráfica** | Marli Rampim<br>Sergio Luiz Pereira Lopes |
| **Impressão e acabamento** | Vox Gráfica |

**DADOS INTERNACIONAIS DE CATALOGAÇÃO NA PUBLICAÇÃO (CIP)**
**ODILIO HILARIO MOREIRA JUNIOR - CRB-8/9949**

R119d Rachid, Alysson

Dominando Ética / Alysson Rachid. - 5. ed. - São Paulo : SaraivaJur, 2022.
304 p.

ISBN: 978-65-5559-920-6

1. Ética. 2. Ética Profissional. 3. Estatuto da Advocacia e da OAB. 4. OAB. 5. Exame de Ordem. 6. Prerrogativas Profissionais. 7. Regulamento Geral. I. Título.

CDD 340
2022-2095 CDU 34

**Índices para catálogo sistemático:**

| | |
|---|---|
| 1. Direito | 340 |
| 2. Direito | 34 |

**Data de fechamento da edição: 13-7-2022**

Dúvidas? Acesse www.saraivaeducacao.com.br



CL 607864 CAE 805765

Quando você deseja uma estrela
Não faz diferença quem você é
Qualquer coisa que seu coração deseja
Virá para você

Leigh Harline / Ned Washington
*(Walt Disney)*

Dedico este livro à minha esposa, Luciana,
e aos meus filhos, Laila e Pedro Henrique,
pelo imenso amor, alegria e motivação
que me proporcionam todos os dias.

Alysson Cesar Augusto de Freitas Rachid

# SUMÁRIO

# 1 INTRODUÇÃO, CONCEITOS E PRINCÍPIOS FUNDAMENTAIS

**arts. 1º – 7º, CED**

A ética, de uma forma geral, pode ser tratada como um estudo dos costumes e da conduta humana de acordo com a época e o local. **Ética profissional do advogado** é parte da ética geral que trata da técnica dos profissionais do direito e das suas condutas perante toda a sociedade, visando sempre à **dignidade da advocacia**.

São privativos dos inscritos na Ordem dos Advogados do Brasil – OAB a denominação de advogado e o exercício da advocacia no território brasileiro, sendo dever do advogado observar:

| Estatuto da Advocacia | | Regulamento Geral do Estatuto da Advocacia |
|---|---|---|
| | Código de Ética e Disciplina | |
| Provimentos | | Princípios da moral individual, social e profissional |

Note que, ao contrário do Estatuto da Advocacia (Lei n. 8.906, de 4 de julho de 1994), o Código de Ética e Disciplina não é uma lei, mas sim um Regramento Especial com força normativa de natureza infralegal. Dessa forma, é importante destacar que compete ao Conselho Federal editar e alterar o Regulamento Geral do Estatuto da Advocacia, o Código de Ética e Disciplina e os Provimentos necessários. Porém, em relação ao Estatuto da Advocacia, essa competência é atribuída ao Poder Legislativo.

Algumas características e conceitos inerentes à profissão do advogado devem ser relembrados:

Quando falamos em **confiabilidade,** trata-se da confiança recíproca que estrutura as relações entre advogado e cliente e se dá, preferencialmente, por meio da **consulta pessoal** (pessoalidade). Nesse ponto, **sentindo o advogado que essa confiança lhe falta**, é recomendável que externe ao cliente sua impressão e, não se dissipando eventuais dúvidas existentes, providencie, em seguida, o **substabelecimento do mandato ou a ele renuncie**.

Os três conceitos estão inter-relacionados, mas o sigilo profissional possui capítulo específico no Código de Ética e Disciplina da OAB e deve ser estudado com maior atenção:

## 1.1. SIGILO PROFISSIONAL

**arts. 35 – 38, CED**
**art. 7º, XIX, EAOAB**
**art. 34, VII, EAOAB**

O **Sigilo Profissional** estabelece que todas as informações que o advogado obtém no exercício da sua profissão são sigilosas, de forma que se presumem confidenciais as comunicações de qualquer natureza entre advogado e cliente. Trata-se de um **direito/dever** do advogado:

| Sigilo Profissional | |
|---|---|
| **Direito do Advogado**<br>(art. 7º, XIX, EAOAB) | **Dever do Advogado**<br>(art. 35, CED) |
| Constitui **direito do advogado** recusar-se a depor como testemunha em processo no qual funcionou ou deva funcionar, ou sobre fato relacionado com a pessoa de que seja ou foi advogado, **mesmo quando autorizado ou solicitado pelo constituinte**, bem como fato que constitua sigilo profissional. | O **advogado tem o dever** de guardar sigilo dos fatos de que tome conhecimento no exercício da profissão. |

Algumas **observações** quanto ao sigilo profissional merecem especial atenção:

1. É de ordem pública, ou seja, independe de qualquer solicitação de sua observância que lhe seja feita pelo cliente.
2. Abrange os fatos obtidos pelo advogado em virtude de funções desempenhadas na Ordem dos Advogados do Brasil.
3. Deve ser respeitado pelo advogado, também, no exercício das funções de mediador, árbitro e conciliador.
4. A sua violação, sem justa causa, constitui infração disciplinar passível de sanção de censura.

**IMPORTANTE LEMBRAR**

O **sigilo profissional cederá** em face de circunstâncias excepcionais que identifiquem **justa causa**. Por exemplo, diante de grave ameaça ao direito à vida, à honra ou em defesa própria do advogado.

Podemos ainda acrescentar outras características à ilustração apresentada, tais como a **independência**, a **não mercantilização** e a **exclusividade**:

A **independência** é uma característica da advocacia a qual o advogado tem o dever de zelar, mesmo que vinculado ao cliente ou constituinte mediante relação empregatícia ou por contrato de prestação permanente de serviços, ou como integrante de departamento jurídico, ou de órgão de assessoria jurídica.

Note que é justificável a recusa pelo advogado do patrocínio de causa e de manifestação, no âmbito consultivo, de pretensão referente a direito que também lhe seja aplicável ou contrarie orientação que tenha manifestado anteriormente.

A **não mercantilização** se mostra como uma proibição a adoção de características típicas do comércio no exercício da advocacia. Pretende-se assim afastar condutas que impliquem, direta ou indiretamente, a angariação ou captação de clientela.

Por sua vez, a **exclusividade** pode ser vista na proibição da divulgação de serviços de Advocacia juntamente com a de outras atividades ou a indicação de vínculos entre uns e outras.

O Código de Ética e Disciplina, ao tratar dos **princípios fundamentais**, aponta o advogado como sendo indispensável à administração da Justiça, defensor do Estado Democrático de Direito, dos direitos humanos e garantias fundamentais, da cidadania, da moralidade, da Justiça e da paz social. Estabelece **deveres e abstenções**, que podem ser resumidos da seguinte forma:

| O advogado tem o dever de: | O advogado deve abster-se de: |
|---|---|
| – Preservar, em sua conduta, a honra, a nobreza e a dignidade da profissão, zelando pelo caráter de essencialidade e indispensabilidade da advocacia;<br>– Atuar com destemor, independência, honestidade, decoro, veracidade, lealdade, dignidade e boa-fé;<br>– Velar por sua reputação pessoal e profissional;<br>– Empenhar-se, permanentemente, no aperfeiçoamento pessoal e profissional;<br>– Contribuir para o aprimoramento das instituições, do Direito e das leis;<br>– Estimular, a qualquer tempo, a conciliação e a mediação entre os litigantes, prevenindo, sempre que possível, a instauração de litígios;<br>– Desaconselhar lides temerárias, a partir de um juízo preliminar de viabilidade jurídica; | – Utilizar de influência indevida, em seu benefício ou do cliente;<br>– Vincular seu nome ou nome social a empreendimentos sabidamente escusos;<br>– Emprestar concurso aos que atentem contra a ética, a moral, a honestidade e a dignidade da pessoa humana;<br>– Entender-se diretamente com a parte adversa que tenha patrono constituído, sem o assentimento deste;<br>– Ingressar ou atuar em pleitos administrativos ou judiciais perante autoridades com as quais tenha vínculos negociais ou familiares;<br>– Contratar honorários advocatícios em valores aviltantes. |

| O advogado tem o dever de: | O advogado deve abster-se de: |
|---|---|
| – Pugnar pela solução dos problemas da cidadania e pela efetivação dos direitos individuais, coletivos e difusos;<br>– Adotar conduta consentânea com o papel de elemento indispensável à administração da Justiça;<br>– Cumprir os encargos assumidos no âmbito da Ordem dos Advogados do Brasil ou na representação da classe;<br>– Zelar pelos valores institucionais da OAB e da advocacia;<br>– Ater-se, quando no exercício da função de defensor público, à defesa dos necessitados. | |

IMPORTANTE LEMBRAR

1. O advogado deve ter consciência de que o **Direito é um meio de pacificar as desigualdades** a fim de se encontrar soluções justas e de que a **lei é um instrumento para garantir a igualdade de todos**.
2. É defeso (proibido) ao advogado expor os fatos em Juízo ou na via administrativa falseando propositadamente a verdade e utilizando de má-fé.

# QUESTÕES

**01. (OAB FGV – XXVI Exame) Rafaela, advogada, atua como árbitra em certa lide. Lena, também regularmente inscrita como advogada perante a OAB, exerce atualmente a função de mediadora. Ambas, no exercício de suas atividades, tomaram conhecimento de fatos relativos às partes envolvidas. Todavia, apenas foi solicitado a Rafaela que guardasse sigilo sobre tais fatos.**

**Considerando o caso narrado, assinale a afirmativa correta.**

A) Apenas Rafaela, no exercício da profissão, submete-se ao dever de guardar sigilo dos fatos de que tomou conhecimento. O dever de sigilo cederá em face de circunstâncias excepcionais que configurem justa causa, como nos casos de grave ameaça aos direitos à vida e à honra, bem como em caso de defesa própria.

B) Apenas Lena, no exercício da profissão, submete-se ao dever de guardar sigilo dos fatos de que tomou conhecimento. O dever de sigilo cederá em face de circunstâncias excepcionais que configurem justa causa, como nos casos de grave ameaça aos direitos à vida e à honra, bem como em caso de defesa própria.

C) Ambas as advogadas, no exercício da profissão, submetem-se ao dever de guardar sigilo dos fatos de que tomaram conhecimento. O dever de sigilo cederá em face de circunstâncias excepcionais que configurem justa causa, como nos casos de grave ameaça aos direitos à vida e à honra, bem como em caso de defesa própria.

D) Apenas Rafaela, no exercício da profissão, submete-se ao dever de guardar sigilo dos fatos de que tomou conhecimento. O dever de sigilo cederá em face de circunstâncias excepcionais que configurem justa causa, como nos casos de grave ameaça aos direitos à vida e à honra. Porém, não se admite a relativização do dever de sigilo para exercício de defesa própria.

**02. (OAB FGV – XXII Exame) Juliana, advogada, foi empregada da sociedade empresária OPQ Cosméticos e, em razão da sua atuação na área tributária, tomou conhecimento de informações estratégicas da empresa. Muitos anos depois de ter deixado de trabalhar na empresa, foi procurada por Cristina, consumidora que pretendia ajuizar ação cível em face da OPQ Cosméticos por danos causados pelo uso de um de seus produtos. Juliana, aceitando a causa, utiliza-se das informações estratégicas que adquirira como argumento de reforço, com a finalidade de aumentar a probabilidade de êxito da demanda. Considerando essa situação, segundo o Estatuto da OAB e o Código de Ética e Disciplina da OAB, assinale a afirmativa correta.**

A) Juliana não pode advogar contra a sociedade empresária OPQ Cosméticos, tampouco se utilizar das informações estratégicas a que teve acesso quando foi empregada da empresa.

B) Juliana pode advogar contra a sociedade empresária OPQ Cosméticos, mas não pode se utilizar das informações estratégicas a que teve acesso quando foi empregada da empresa.

C) Juliana pode advogar contra a sociedade empresária OPQ Cosméticos e pode se utilizar das informações estratégicas a que teve acesso quando foi empregada da empresa.

D) Juliana não pode advogar contra a sociedade empresária OPQ Cosméticos, mas pode repassar as informações estratégicas a que teve acesso quando foi empregada da empresa, a fim de que sejam utilizadas por terceiro que patrocine a causa de Cristina.

**03. (OAB FGV – XX Exame) Michael foi réu em um processo criminal, denunciado pela prática do delito de corrupção passiva. Sua defesa técnica no feito foi realizada pela advogada Maria, que, para tanto, teve acesso a comprovantes de rendimentos e extratos da conta bancária de Michael. Tempos após o término do processo penal, a ex-mulher de Michael ajuizou demanda, postulando, em face dele, a prestação de alimentos. Ciente de que Maria conhecia os rendimentos de Michael, a autora arrolou a advogada como testemunha.**

**Considerando o caso narrado e o disposto no Código de Ética e Disciplina da OAB, assinale a afirmativa correta.**

A) Maria deverá depor como testemunha, prestando compromisso de dizer a verdade, e revelar tudo o que souber, mesmo que isto prejudique Michael, uma vez que não é advogada dele no processo de natureza cível.

B) Maria deverá depor como testemunha, mesmo que isto prejudique Michael, uma vez que não é advogada dele no processo de natureza cível, mas terá o direito e o dever de se calar apenas quanto às informações acobertadas pelo sigilo bancário de Michael.

C) Maria deverá recursar-se a depor como testemunha, exceto se Michael expressamente autorizá-la, caso em que deverá informar o que souber, mesmo que isto prejudique Michael.

D) Maria deverá recursar-se a depor como testemunha, ainda que Michael expressamente lhe autorize ou solicite que revele o que sabe.

**04. (OAB FGV – XIV Exame) Andrea e Luciano trocam missivas intermitentes, cujo conteúdo diz respeito a processo judicial em que a primeira é autora, e o segundo, seu advogado. A parte contrária, ciente da troca de informações entre eles, requer ao Juízo que esses documentos sejam anexados aos autos do processo em que litigam. Sob a perspectiva do Código de Ética e Disciplina da Advocacia, as comunicações epistolares trocadas entre advogado e cliente:**

A) constituem documentos públicos a servirem como prova em Juízo.

B) são presumidas confidenciais, não podendo ser reveladas a terceiros.

C) podem ser publicizadas, de acordo com a prudência do advogado.

D) devem ser mantidas em sigilo até o perecimento do advogado.

**05. (OAB FGV – XIII Exame) Valdir representa os interesses de André em ação de divórcio em que estão em discussão diversas questões relevantes, inclusive de cunho financeiro, como, por exemplo, o pensionamento e a partilha de bens. Irritado com as exigências de sua ex-esposa, André revela a Valdir que pretende contratar alguém para assassiná-la.**

**Deve Valdir comunicar o segredo revelado por seu cliente às autoridades competentes?**

A) Valdir não pode revelar o segredo que lhe foi confiado por André, pois o advogado deve sempre guardar sigilo sobre o que saiba em razão do seu ofício.

B) Valdir poderia revelar o segredo que lhe foi confiado por André, mas apenas no caso de ser intimado como testemunha em ação penal eventualmente deflagrada para a apuração do homicídio que viesse a ser efetivamente praticado.

C) Valdir pode revelar o segredo que lhe foi confiado por André, em razão da vida da ex-esposa deste último estar em risco.

D) Valdir não pode revelar o segredo que lhe foi confiado por André, mas tem obrigação legal de impedir que o homicídio seja praticado, sob pena de se tornar partícipe do crime.

**06. (OAB FGV – VI Exame) Mévio, advogado, é procurado por Eulâmpia, que realiza consulta sobre determinado tema jurídico. Alguns meses depois, o advogado recebe**

**uma intimação para prestar depoimento como testemunha em processo no qual Eulâmpia é ré, pelos fatos relatados por ela em consulta profissional. No concernente ao tema, à luz das normas estatutárias, é correto afirmar que**

A) o advogado deve comparecer ao ato e prestar depoimento como testemunha dos fatos.

B) é caso de recusa justificada ao depoimento por ter tido o advogado ciência dos fatos em virtude do exercício da profissão.

C) a simples consulta jurídica não é privativa de advogado, equiparada a mero aconselhamento protocolar.

D) o advogado poderá prestar o depoimento, mesmo contra sua vontade, desde que autorizado pelo cliente.

**07. (OAB FGV – V Exame) O advogado Antônio é convocado para prestar depoimento como testemunha em ação em que um dos seus clientes é parte. Inquirido pelo magistrado, passa a tecer considerações sobre fatos apresentados pelo seu cliente durante as consultas profissionais, mesmo sobre estratégias que havia sugerido para a defesa do seu cliente. Não omitiu quaisquer informações. Posteriormente à audiência, foi notificado da abertura de processo disciplinar pelo depoimento prestado.**

**Em relação ao caso acima, com base nas normas estatutárias, é correto afirmar que**

A) no caso em tela, houve justa causa, capaz de permitir a revelação de dados sigilosos.

B) inquirido pelo magistrado, o advogado não pode se escusar de depor e prestar informações.

C) a quebra do sigilo profissional, ainda que judicialmente, como no caso, é infração disciplinar.

D) o sigilo profissional é uma faculdade do advogado.

**08. (OAB FGV – XI Exame) José é advogado de João em processo judicial que este promove contra Matheus. Encantado com as sucessivas campanhas de conciliação busca obter o apoio do réu para um acordo, sem consultar previamente o patrono da parte contrária, Valter.**

**Nos termos do Código de Ética, deve o advogado**

A) buscar a conciliação a qualquer preço por ser um objetivo da moderna Jurisdição.

B) abster-se de entender-se diretamente com a parte adversa que tenha patrono constituído, sem o assentimento deste.

C) entender-se com as partes na presença de autoridade sem necessidade de comunicação ao *ex adverso*.

D) participar de campanhas de conciliação e, caso infrutíferas, tentar o acordo extrajudicial diretamente com a parte contrária.

**09. (OAB FGV – XXX Exame) Antônio e José são advogados e atuam em matéria trabalhista. Antônio tomou conhecimento de certos fatos relativos à vida pessoal de seu cliente, que respondia a processo considerado de interesse acadêmico. Após**

**o encerramento do feito judicial, Antônio resolveu abordar os fatos que deram origem ao processo em sua dissertação pública de mestrado. Então, a fim de se resguardar, Antônio notificou o cliente, indagando se este solicitava sigilo sobre os fatos pessoais ou se estes podiam ser tratados na aludida dissertação. Tendo obtido resposta favorável do cliente, Antônio abordou o assunto na dissertação.**

**Por sua vez, o advogado José também soube de fatos pessoais de seu cliente, em razão de sua atuação em outro processo. Entretanto, José foi difamado em público, gravemente, por uma das partes da demanda. Por ser necessário à defesa de sua honra, José divulgou o conteúdo particular de que teve conhecimento.**

**Considerando os dois casos narrados, assinale a afirmativa correta.**

A) Antônio infringiu o disposto no Código de Ética e Disciplina da OAB, violando o dever de sigilo profissional. Por outro lado, José não cometeu infração ética, já que o dever de sigilo profissional cede na situação descrita.

B) Antônio e José infringiram, ambos, o disposto no Código de Ética e Disciplina da OAB, violando seus deveres de sigilo profissional.

C) José infringiu o disposto no Código de Ética e Disciplina da OAB, violando o dever de sigilo profissional. Por outro lado, Antônio não cometeu infração ética, já que o dever de sigilo profissional cede na situação descrita.

D) Antônio e José não cometeram infração ética, já que o dever de sigilo profissional, em ambos os casos, cede nas situações descritas.

**Gabarito:** 01. C / 02. B / 03. D/ 04. B / 05. C / 06. B / 07. C / 08. B / 09. A

# 2 ATIVIDADE DE ADVOCACIA

**arts. 1º – 5º, EAOAB**
**arts. 1º – 7º, RGEAOAB**

O art. 1º do Estatuto da Advocacia enumera **atividades que somente podem ser praticadas por advogados(as)** regularmente inscritos(as). Sob esse aspecto, a prática de atos privativos de advocacia por profissionais e sociedades não inscritos na OAB, além de constituir **exercício ilegal da profissão,** é considerada **nula**.

As atividades previstas são:

- Postulação em juízo;
- Assessoria, consultoria e direção jurídicas;
- Visar atos e contratos constitutivos de pessoas jurídicas.

Note que:

| | | | | | | |
|---|---|---|---|---|---|---|
| Os **serviços profissionais de advogado** são: | ⇒ | **técnicos** e **singulares** | ⇒ | quando comprovada sua **notória especialização*** | ⇒ | ***Notória especialização** é a **especialidade decorrente de estudos**, experiências ou de outros requisitos, que mostram que **o trabalho do advogado é essencial** para a satisfação do objeto do contrato. |

Nos termos da lei, considera-se **notória especialização** o profissional ou a sociedade de advogados cujo conceito no campo de sua especialidade, decorrente de desempenho anterior, estudos, experiências, publicações, organização, aparelhamento, equipe técnica ou de outros requisitos relacionados com suas atividades, permita inferir que o seu trabalho é essencial e indiscutivelmente o mais adequado à plena satisfação do objeto do contrato **(art. 3º-A, parágrafo único, EAOAB, incluído pela Lei n. 14.039/2020).**

## ▪ *Postulação em juízo*

O advogado é indispensável à administração da justiça, sendo, nos limites da Lei, inviolável por seus atos e manifestações. No processo judicial, contribui na postulação de decisão favorável ao seu constituinte e ao convencimento do julgador.

Quanto à **postulação em juízo,** convém observar que o STF, no julgamento da ADIn 1.127-8, declarou inconstitucional a expressão "qualquer" prevista no inciso I do art. 1º do EAOAB.

> *Art. 1º São atividades privativas de advocacia:*
> *I – a postulação a qualquer órgão do Poder Judiciário e aos juizados especiais;*

Com este posicionamento, a postulação em juízo constitui atividade privativa dos advogados, mas existem **exceções** previstas em lei que dispensam a sua presença.

**São exceções:**

- Impetração de ***Habeas Corpus*** em qualquer instância ou tribunal (art. 1º, § 1º, EAOAB).
- **Juizados Especiais Cíveis** (art. 9º, Lei n. 9.099/95). Neste caso, a dispensa do advogado pode-se dar em causas com valor de até 20 salários mínimos.
- **Justiça do Trabalho** (art. 791, CLT e Súmula 425, TST). O *jus postulandi* das partes limita-se às Varas do Trabalho e aos Tribunais Regionais do Trabalho. Não alcança a ação rescisória, a ação cautelar, o mandado de segurança e os recursos de competência do Tribunal Superior do Trabalho.
- Juizados Especiais no âmbito da Justiça Federal (art. 10, Lei n. 10.259/2001).
- Defesa em Processo Administrativo Disciplinar (Súmula Vinculante 5, STF).
- Ação de Alimentos (art. 2º, Lei n. 5.478/68).

## ▪ *Assessoria, consultoria, direção e gerência jurídicas*

As atividades de **assessoria e consultoria na área jurídica** para pessoas físicas ou jurídicas, públicas ou privadas, podem ser vistas como uma atuação extrajudicial privativa do advogado regularmente inscrito. Tem como finalidade prevenir conflitos ou mesmo solucioná-los por caminhos alternativos ao processo judicial.

Ainda nesse ponto, o advogado não pode prestar serviços de assessoria e consultoria jurídicas para terceiros, em sociedade que não possam ser registradas na OAB.

**Assessoria e consultoria jurídicas**

- **Podem ser** exercidas de modo **verbal ou por escrito**, a critério do advogado e do cliente.
- **Não** dependem de outorga de mandato ou de formalização por contrato de honorários.

A **direção jurídica** refere-se à administração de assuntos jurídicos que, devido a sua natureza, requer a presença do profissional do direito.

**IMPORTANTE LEMBRAR**

Além da diretoria jurídica, a **gerência jurídica** em qualquer empresa pública, privada ou paraestatal, inclusive instituições financeiras, também constitui atividade privativa de advogado, não podendo ser exercida por quem não se encontre inscrito regularmente na OAB.

## ■ *Visar atos e contratos constitutivos de pessoas jurídicas*

Os **atos e contratos constitutivos de pessoas jurídicas** devem ser visados por advogado para que seja admitido o registro, sob pena de nulidade. Note que **se trata de requisito e não de mera formalidade**, no qual o visto do advogado deve resultar da efetiva constatação de que os respectivos instrumentos estão de acordo com as exigências legais pertinentes.

**IMPORTANTE LEMBRAR**

1. **Microempresas (ME) e Empresas de Pequeno Porte (EPP)**: Dispensam o visto de advogado em seus contratos constitutivos, conforme estabelece o art. 9º, § 2º, LC n. 123/2006 (Estatuto Nacional da Microempresa e da Empresa de Pequeno Porte).
2. Os **advogados que prestem serviços a órgãos** ou entidades da Administração Pública direta ou indireta, da unidade federativa a **que se vincule a Junta Comercial**, ou a quaisquer repartições administrativas competentes para o mencionado registro estão **impedidos de visar atos constitutivos de pessoas jurídicas**.

## Atos nulos

| São nulos os atos privativos de advogados praticados por | • Pessoa não inscrita na OAB.<br>• Advogado impedido, no âmbito do impedimento.<br>• Advogado que passar a exercer atividade incompatível com a advocacia.<br>• Advogado licenciado.<br>• Advogado suspenso. |
|---|---|

A nulidade do ato não afasta a aplicação de sanções civis, penais e administrativas!

## Exercício efetivo da advocacia

Considera-se efetivo exercício da atividade de advocacia a **participação anual mínima em cinco atos privativos** previstos no art. 1º do Estatuto, **em causas ou questões distintas**.

| A comprovação do efetivo exercício faz-se mediante | • Certidão expedida por cartórios ou secretarias judiciais.<br>• Certidão expedida pelo órgão público no qual o advogado exerça função privativa do seu ofício, indicando os atos praticados.<br>• Cópia autenticada de atos privativos. |
|---|---|

## Advogado (patrono) x preposto

Não é permitido ao advogado funcionar no mesmo processo, simultaneamente, como patrono e preposto do empregador ou cliente. Essa vedação justifica-se pelo dever que o advogado tem de manter o sigilo das informações obtidas em decorrência do exercício de sua profissão.

## Processo Administrativo

No **processo administrativo**, o advogado contribui com a postulação de decisão favorável ao seu constituinte, e os seus atos constituem múnus público.

Vale lembrar que os atos do advogado constituem **"múnus público"**, pois não se limitam às partes de um determinado processo, mas refletem na sociedade como um todo. Assim, o advogado tem papel relevante na manutenção e no fortalecimento do Estado Democrático de Direito e constitui pressuposto indispensável na realização da justiça.

### ■ *Processo Legislativo e elaboração de normas jurídicas*

O advogado **pode contribuir** com o processo legislativo e com a elaboração de normas jurídicas, no âmbito dos Poderes da República.

## 2.1. ADVOCACIA PÚBLICA

No exercício de atividade privativa de advocacia, os integrantes da advocacia pública observam as normas do Estatuto, de seu Regulamento Geral e do Código de Ética e Disciplina.

Note que não exercem atividades incompatíveis com a advocacia, de forma que são elegíveis e podem integrar qualquer órgão da OAB. Situação diversa ocorre com os membros da Magistratura, do Ministério Público e serventuários da justiça, que são incompatibilizados e não se sujeitam ao Estatuto da Advocacia.

| **O advogado público** | • Exerce suas funções com independência técnica.<br>• Deve observar e preservar o dever de urbanidade (dever de respeito) nas relações com os colegas, autoridades, servidores e o público em geral.<br>• Ao tratar todos com respeito e consideração deve receber igual tratamento, preservando suas prerrogativas.<br>• Contribui, sempre que possível, para a solução ou redução de litigiosidade. |
|---|---|

| Exercem atividade de advocacia, sujeitando-se a regime próprio e aos diplomas da OAB, os integrantes (art. 3º, § 1º, EAOAB): | ⇒ | • da Advocacia-Geral da União;<br>• da Procuradoria da Fazenda Nacional;<br>• da Defensoria Pública;<br>• das Procuradorias e Consultorias Jurídicas dos Estados, do Distrito Federal, dos Municípios e das respectivas entidades de administração indireta e fundacional. |
|---|---|---|

**IMPORTANTE LEMBRAR**

**STF – Defensor público:** O Supremo Tribunal Federal, no julgamento da ADI 4.636, em junho de 2020, decidiu pela **dispensa do registro na OAB para que o defensor público** possa exercer as atividades do cargo. Decidiu também que os defensores públicos podem atuar em favor de empresas.

# QUESTÕES

**01. (OAB FGV – XXVII Exame) Guilherme é bacharel em Direito, não inscrito na OAB como advogado. Ao se deparar com situações de ilegalidade que ameaçam a liberdade de locomoção de seus amigos César e João, e com situação de abuso de poder que ameaça direito líquido e certo de seu amigo Antônio, Guilherme, valendo-se de seus conhecimentos jurídicos, impetra *habeas corpus* em favor de César na Justiça Comum Estadual, em 1ª instância; *habeas corpus* em favor de Antônio, perante o Tribunal de Justiça, em 2ª instância; e mandado de segurança em favor de João, na Justiça Federal, em 1ª instância.**

**Considerando o que dispõe o Estatuto da OAB acerca da atividade da advocacia, assinale a afirmativa correta.**

A) Guilherme pode impetrar *habeas corpus* em favor de César, mas não pode impetrar *habeas corpus* em favor de Antônio, nem mandado de segurança em favor de João.

B) Guilherme pode impetrar *habeas corpus* em favor de César e Antônio, mas não pode impetrar mandado de segurança em favor de João.

C) Guilherme pode impetrar *habeas corpus* em favor de César e Antônio, e também pode impetrar mandado de segurança em favor de João.

D) Guilherme pode impetrar mandado de segurança em favor de João, mas não pode impetrar *habeas corpus* em favor de César e Antônio.

**02. (OAB FGV – XXIII Exame) Juliana é integrante da equipe de recursos humanos de certa sociedade anônima, de grande porte, cujo objeto social é o comércio de produtos eletrônicos. Encontrando-se vago um cargo de gerência jurídica, Juliana organizou processo seletivo, tendo recebido os currículos de três candidatas.**

**A primeira delas, Mariana, é advogada regularmente inscrita na OAB, tendo se especializado em Direito Penal. A segunda, Patrícia, não é graduada em Direito, porém é economista e concluiu o doutorado em direito societário e mercado de capitais. A terceira, Luana, graduada em Direito, foi aprovada no exame da OAB e concluiu mestrado e doutorado. É conselheira de certo tribunal de contas estadual, mas encontra-se afastada, a pedido, sem vencimentos.**

**Considerando a situação narrada, assinale a afirmativa correta.**

A) Qualquer das candidatas poderá exercer a função de gerência jurídica, mas apenas Mariana poderá subscrever os atos privativos da advocacia.

B) Qualquer das candidatas poderá exercer a função de gerência jurídica, mas apenas Mariana e Luana poderão subscrever os atos privativos da advocacia.

C) Apenas Mariana poderá exercer a função de gerência jurídica.

D) Apenas Mariana e Luana poderão exercer a função de gerência jurídica.

**03. (OAB FGV – XXI Exame) Pedro é advogado empregado da sociedade empresária FJ. Em reclamação trabalhista proposta por Tiago em face da FJ, é designada audiência

**para data na qual os demais empregados da empresa estarão em outro Estado, participando de um congresso.**

**Assim, no dia da audiência designada, Pedro se apresenta como preposto da reclamada, na condição de empregado da empresa, e advogado com procuração para patrocinar a causa.**

**Nesse contexto,**

A) Pedro pode funcionar no mesmo processo, simultaneamente, como patrono e preposto do empregador, em qualquer hipótese.

B) Pedro pode funcionar no mesmo processo, simultaneamente, como patrono e preposto do empregador, pois não há outro empregado disponível na data da audiência.

C) Pedro pode funcionar no mesmo processo, simultaneamente, como patrono e preposto do empregador, em qualquer hipótese, desde que essa circunstância seja previamente comunicada ao juízo e ao reclamante.

D) Pedro não pode funcionar no mesmo processo, simultaneamente, como patrono e preposto do empregador ou cliente.

**04. (OAB FGV – XVII Exame) Patrícia foi aprovada em concurso público e tomou posse como Procuradora do Município em que reside. Como não pretendia mais exercer a advocacia privada, mas apenas atuar como Procuradora do Município pediu o cancelamento de sua inscrição na OAB.**

**A partir da hipótese apresentada, assinale a afirmativa correta.**

A) Patrícia não agiu corretamente, pois os advogados públicos estão obrigados à inscrição na OAB para o exercício de suas atividades.

B) Patrícia não agiu corretamente, pois deveria ter requerido apenas o licenciamento do exercício da advocacia e não o cancelamento de sua inscrição.

C) Patrícia poderia ter pedido o licenciamento do exercício da advocacia, mas nada a impede de pedir o cancelamento de sua inscrição, caso não deseje mais exercer a advocacia privada.

D) Patrícia agiu corretamente, pois, uma vez que os advogados públicos não podem exercer a advocacia privada, estão obrigados a requerer o cancelamento de suas inscrições.

**05. (OAB FGV – XVII Exame) Os atos e contratos constitutivos de pessoas jurídicas, para sua admissão em registro, em não se tratando de empresas de pequeno porte e de microempresas, consoante o Estatuto da Advocacia, devem**

A) apresentar os dados do contador responsável.

B) permitir a participação de outros profissionais liberais.

C) conter o visto do advogado.

D) indicar o advogado que representará a sociedade.

**06. (OAB FGV – XVI Exame) Bernardo é bacharel em Direito, mas não está inscrito nos quadros da Ordem dos Advogados do Brasil, apesar de aprovado no Exame de Ordem. Não obstante, tem atuação na área de advocacia, realizando consultorias e**

**assessorias jurídicas. A partir da hipótese apresentada, nos termos do Regulamento Geral da Ordem dos Advogados do Brasil, assinale a afirmativa correta.**

A) Tal conduta é permitida, por ter o bacharel logrado aprovação no Exame de Ordem.

B) Tal conduta é proibida, por ser equiparada à captação de clientela.

C) Tal conduta é permitida mediante autorização do Presidente da Seccional da Ordem dos Advogados do Brasil.

D) Tal conduta é proibida, tendo em vista a ausência de inscrição na Ordem dos Advogados do Brasil.

**07. (OAB FGV – XV Exame) Fátima é advogada de Carla em processo proposto em face da empresa LL Serviços Anônimos, por contrato não cumprido. Posteriormente, Fátima patrocina os interesses de Leonídio em ação de responsabilidade civil, apresentada em face de Ovídio. Pelos descaminhos do destino, Carla e Leonídio estabelecem sociedade que, dois anos após a sua constituição, vem a ser dissolvida. Com os ânimos exaltados, Carla e Leonídio procuram sua advogada de confiança, Fátima, diante dos serviços de qualidade prestados anteriormente. Com sua rara habilidade persuasiva, a advogada consegue compor os interesses em conflito.**

**Sobre o caso apresentado, observadas as regras do Estatuto da OAB e do Código de Ética e Disciplina da OAB, assinale a opção correta.**

A) A advogada deveria optar por um dos clientes na primeira consulta.

B) O litígio envolve interesses irremediavelmente conflitantes, o que exige a opção do advogado.

C) A conciliação purga o confronto de interesses entre os clientes da advogada.

D) O eventual acordo entre os litigantes, no caso, deveria ser feito por outro advogado.

**08. (OAB FGV – XIV Exame) Mara é advogada atuante, tendo especialização na área cível. Procurada por um cliente da área empresarial, ela aceita o mandato. Ocorre que seu cliente possui, em sua empresa, um departamento jurídico com numerosos advogados e um gerente. Por indicação deles, o cliente determina que Mara inclua, no mandato que lhe foi conferido, os advogados da empresa, para atuação conjunta.**

**Com base no caso apresentado, observadas as regras do Estatuto da OAB e do Código de Ética e Disciplina da OAB, assinale a opção correta.**

A) A advogada deve aceitar a imposição do cliente por ser inerente ao mandato.

B) A advogada deve aceitar a indicação de um advogado para atuar conjuntamente no processo.

C) A advogada deve acolher o comando, por ser natural na vida forense a colaboração.

D) A advogada não é obrigada a aceitar a imposição de seu cliente no caso.

**09. (OAB FGV – XXXIV Exame) Aline, advogada inscrita na OAB, poderá praticar validamente, durante o período em que estiver cumprindo sanção disciplinar de suspensão, o seguinte ato:**

A) impetrar *habeas corpus* perante o Superior Tribunal de Justiça.

B) visar ato constitutivo de cooperativa, para que seja levado a registro.

C) complementar parecer que elaborara em resposta à consulta jurídica.

D) interpor recurso com pedido de reforma de sentença que lhe foi desfavorável em processo no qual atuava em causa própria.

**10. (OAB FGV – XXXIV Exame) Determinada sociedade de advogados sustenta que os serviços por ela prestados são considerados de notória especialização, para fins de contratação com a Administração Pública.**

**Sobre tal conceito, nos termos do Estatuto da Advocacia e da OAB, assinale a afirmativa correta.**

A) Todas as atividades privativas da advocacia são consideradas como serviços de notória especialização, tratando-se de atributo da atuação técnica do advogado, não extensível à sociedade de advogados.

B) Todas as atividades privativas da advocacia são consideradas como serviços de notória especialização, conceito que se estende à atuação profissional do advogado ou da sociedade de advogados.

C) Apenas exercem serviços de notória especialização o advogado ou a sociedade de advogados cujo trabalho seja possível inferir ser essencial e, indiscutivelmente, o mais adequado à plena satisfação do objeto do contrato.

D) Apenas exercem serviços de notória especialização o advogado cujo trabalho seja possível inferir ser essencial e, indiscutivelmente, o mais adequado à plena satisfação do objeto do contrato, tratando-se de atributo da atuação técnica do advogado, não extensível à sociedade de advogados.

**Gabarito:** 01. A/ 02. C / 03. D / 04. A / 05. C / 06. D / 07. C / 08. D / 09. A / 10. C

# 3 ESTÁGIO PROFISSIONAL

**art. 9º, EAOAB**
**art. 34, XXIX, EAOAB**
**arts. 27 – 31, RGEAOAB**

O estágio profissional de advocacia constitui meio adequado de aprendizagem prática e é requisito necessário, inclusive para graduados, para obter a inscrição no quadro de estagiários da OAB.

Pode ser oferecido pela instituição de ensino superior autorizada e credenciada em convênio com a OAB, complementando-se a carga horária do estágio curricular supervisionado com atividades práticas da advocacia e de estudo do Estatuto e do Código de Ética e Disciplina.

O estagiário regularmente inscrito na OAB pode praticar os atos de advocacia previstos no art. 1º do Estatuto, desde que **em conjunto com o advogado ou o defensor público**.

É permitido, pelo Regulamento Geral do EAOAB, ao estagiário inscrito na OAB praticar isoladamente os seguintes atos, mas ainda sob a responsabilidade do advogado:

- **Retirar e devolver autos em cartório**, assinando a respectiva carga.
- **Obter** junto aos escrivães e chefes de secretarias **certidões** de peças ou autos de processos em curso ou findos.
- **Assinar petições de juntada de documentos** a processos judiciais ou administrativos.

Para o exercício de atos extrajudiciais, o estagiário pode comparecer isoladamente, quando receber autorização ou substabelecimento do advogado.

### ***Sanção de censura***

O estagiário que praticar ato excedente de sua habilitação comete infração disciplinar passível de sanção de censura.

### ***Requisitos para inscrição como estagiário***

- Capacidade civil;
- Título de eleitor e quitação do serviço militar, se brasileiro;
- Não exercer atividade incompatível com a advocacia;
- Idoneidade moral;
- Prestar compromisso perante o Conselho.

Note que o aluno de curso jurídico que exerça **atividade incompatível com a advocacia** pode realizar o estágio ministrado por instituição de ensino superior, somente para fins de aprendizagem, mas não cumpre com requisito para a inscrição na OAB. O estágio profissional pode ser feito por bacharel em Direito que queira se inscrever na OAB.

### ***Local da inscrição do estagiário***

A inscrição do estagiário é feita no **Conselho Seccional** em cujo território se localize seu **curso jurídico**.

### ***Cartão de identidade do estagiário***

O cartão de identidade do estagiário perde sua validade imediatamente após a prestação do compromisso como advogado. Possui a indicação de "Identidade de Estagiário" e do prazo de validade, que não pode ultrapassar três anos. Tem o mesmo modelo e conteúdo do cartão de identidade do advogado.

### ***Regime de teletrabalho / Trabalho a distância***

Diante de caso de pandemia ou em outras situações excepcionais que impossibilitem as atividades presenciais, declaradas pelo Poder Público, o estágio profissional **poderá ser realizado no regime de teletrabalho ou de trabalho a distância** em sistema remoto ou não, por qualquer meio telemático, **sem configurar vínculo de emprego** a adoção de qualquer uma dessas modalidades.

Nessa hipótese, havendo concessão, pela parte contratante ou conveniada, de equipamentos, sistemas e materiais ou reembolso de despesas de infraestrutura ou instalação, todos destinados a viabilizar a realização da atividade de estágio, essa informação **deverá constar**, expressamente, do convênio de estágio e do termo de estágio.

**IMPORTANTE LEMBRAR**

1. Para se obter a inscrição definitiva, **não é exigido** como requisito a inscrição anterior de estagiário.
2. O estágio realizado na Defensoria Pública da União, do Distrito Federal ou dos Estados, na forma do art. 145 da Lei Complementar n. 80, de 12 de janeiro de 1994, é considerado válido para fins de inscrição no quadro de estagiários da OAB.

## QUESTÕES

**01. (OAB FGV – XXIII Exame) Diogo é estudante de Direito com elevado desempenho acadêmico. Ao ingressar nos últimos anos do curso, ele é convidado por um ex-professor para estagiar em seu escritório.**

**Inscrito nos quadros de estagiários da OAB e demonstrando alta capacidade, Diogo ganha a confiança dos sócios do escritório e passa a, isoladamente e sob a responsabilidade do advogado, retirar e devolver autos em cartório, assinando a respectiva carga; visar atos constitutivos de sociedades para que sejam admitidos a registro; obter junto a escrivães e chefes de secretaria certidões de peças ou autos de processos em curso ou findos; assinar petições de juntada de documentos a processos judiciais ou administrativos; e subscrever embargos de declaração opostos em face de decisões judiciais.**

**Considerando as diversas atividades desempenhadas por Diogo, isoladamente e sob a responsabilidade do advogado, de acordo com o Estatuto e Regulamento da OAB, ele pode**

A) retirar e devolver autos em cartório, assinando a respectiva carga, bem como visar atos constitutivos de sociedades, para que sejam admitidos a registro.

B) obter, junto a escrivães e chefes de secretaria, certidões de peças ou autos de processos em curso ou findos, bem como assinar petições de juntada de documentos a processos judiciais ou administrativos.

C) obter, junto a escrivães e chefes de secretaria, certidões de peças ou autos de processos findos, mas não de processos em curso, bem como subscrever embargos de declaração opostos em face de decisões judiciais.

D) assinar petições de juntada de documentos a processos judiciais, mas não a processos administrativos, nem subscrever embargos de declaração opostos em face de decisões judiciais.

**02. (OAB FGV – XVIII Exame) Fernanda, estudante do 8º período de Direito, requereu inscrição junto à Seccional da OAB do estado onde reside. A inscrição foi indeferida, em razão de Fernanda ser serventuária do Tribunal de Justiça do estado. Fernanda recorreu da decisão, alegando que preenche todos os requisitos exigidos em lei para a inscrição de estagiário e que o exercício de cargo incompatível com a advocacia não impede a inscrição do estudante de Direito como estagiário.**

**Merece ser revista a decisão que indeferiu a inscrição de estagiário de Fernanda?**

A) Sim, pois Fernanda exerce cargo incompatível com a advocacia e não com a realização de estágio.

B) Não, pois as incompatibilidades previstas em lei para o exercício da advocacia também devem ser observadas quando do requerimento de inscrição de estagiário.

C) Sim, pois o cargo de serventuário do Tribunal de Justiça não é incompatível com a advocacia, menos ainda com a realização de estágio.

D) Não, pois apenas estudantes do último período do curso de Direito podem requerer inscrição como estagiários.

**03. (OAB FGV – IV Exame) Juvenal, estagiário regularmente inscrito nos Quadros da OAB, em processo no qual se encontra indicado como tal, retira do cartório os autos do processo, deixando de devolvê-los no prazo legal. Regularmente intimado, mantém a sua inércia. Em termos disciplinares, é correto afirmar que**

A) o estagiário não sofre sanções disciplinares.

B) o advogado responsável pelo estagiário é o destinatário das sanções nesse caso.

C) não há diferença na atuação do estagiário e do advogado para efeito de sanções disciplinares.

D) no caso em tela, não haverá qualquer sanção nem ao advogado nem ao estagiário.

**04. (OAB FGV – VII Exame) Nos termos das normas do Regulamento Geral do Estatuto da Advocacia e da OAB, o Estágio Profissional de Advocacia é requisito para inscrição no quadro de estagiários da OAB, sendo correto afirmar:**

A) É ministrado pela Seccional da OAB sem intervenção de entidade de ensino superior.

B) Pode ser ofertado por instituição de ensino superior em convênio com a OAB.

C) Deve ter carga horária mínima de 360 horas distribuídas em dois anos de atividade.

D) Pode ocorrer a complementação de carga horária em escritórios sem credenciamento junto à OAB.

**05. (OAB FGV – IX Exame) Marcio é estagiário de Direito regularmente inscrito na Ordem dos Advogados do Brasil e atua sob supervisão da advogada Helena. Atuando em determinado processo, a advogada substabelece ao estagiário os poderes que lhe foram conferidos pelo cliente. A respeito do caso apresentado, consoante as normas**

**do Regulamento Geral do Estatuto da Advocacia e da OAB, assinale a afirmativa correta.**

A) O estagiário poderá retirar os autos do cartório conjuntamente com a advogada.

B) Os atos do estagiário ocorrem sob a supervisão e responsabilidade da advogada.

C) As petições apresentadas no processo terão a subscrição conjunta da advogada inclusive de juntada de documentos.

D) O estagiário poderá realizar audiências judiciais autonomamente sem a presença da advogada.

**06. (OAB FGV – XI Exame) Ferrari é aluno destacado no curso de Direito, tendo, no decorrer dos anos, conseguido vários títulos universitários, dentre eles, medalhas e certificados. Indicado para representar a Universidade em que estudou, foi premiado em evento internacional sobre arbitragem. A repercussão desse fato aumentou seu prestígio e, por isso, recebeu numerosos convites para trabalhar em diversos escritórios de advocacia. Aceito o convite de um deles, passou a redigir minutas de contratos, sempre com supervisão de um advogado. Após um ano de estágio, conquistou a confiança dos advogados do seu setor e passou a ter autonomia cada vez maior. Diante dessas circunstâncias, passou a chancelar contratos sem a interferência de advogado.**

**Nos termos do Estatuto da Advocacia, o estagiário deve atuar**

A) autonomamente, após um ano de estágio.

B) conjuntamente com um advogado, em todos os atos da advocacia.

C) autonomamente, em alguns atos permitidos pelo advogado.

D) vinculado ao advogado em atos judiciais, mas não em atos contratuais.

**07. (OAB FGV – XII Exame) Ângelo, comandante das Forças Especiais do Estado "B", é curioso em relação às normas jurídicas, cuja aplicação acompanha na seara castrense, já tendo atuado em órgãos julgadores na sua esfera de atuação. Mantendo a sua atividade militar, obtém autorização especial para realizar curso de Direito, no turno da noite, em universidade pública, à qual teve acesso pelo processo seletivo regular de provas. Ângelo consegue obter avaliação favorável em todas as disciplinas até alcançar o período em que o estágio é permitido. Ele pleiteia sua inscrição no quadro de estagiários da OAB e que o mesmo seja realizado na Justiça Militar. Com base no caso narrado, nos termos do Estatuto da Advocacia, assinale a afirmativa correta.**

A) O estágio é permitido, desde que ocorra perante a Justiça Militar especializada.

B) O estágio é permitido, mas, por tratar-se de função incompatível, é vedada a inscrição na OAB.

C) O estágio poderá ocorrer, mediante autorização especial da Força Armada respectiva.

D) O estágio possui uma categoria especial que limita a atuação em determinados processos.

**08. (OAB FGV – XXIX Exame) Júnior é bacharel em Direito. Formou-se no curso jurídico há seis meses e não prestou, ainda, o Exame de Ordem para sua inscrição como advogado, embora pretenda fazê-lo em breve. Por ora, Júnior é inscrito junto à OAB como estagiário e exerce estágio profissional de advocacia em certo escritório credenciado pela OAB, há um ano. Nesse exercício, poucas semanas atrás, juntamente com o advogado José dos Santos, devidamente inscrito como tal, prestou consultoria jurídica sobre determinado tema, solicitada por um cliente do escritório. Os atos foram assinados por ambos. Todavia, o cliente sentiu-se lesado nessa consultoria, alegando culpa grave na sua elaboração.**

**Considerando o caso hipotético, bem como a disciplina do Estatuto da Advocacia e da OAB, assinale a opção correta.**

A) Júnior não poderia atuar como estagiário e deverá responder em âmbito disciplinar por essa atuação indevida. Já a responsabilidade pelo conteúdo da atuação na atividade de consultoria praticada é de José.

B) Júnior não poderia atuar como estagiário e deverá responder em âmbito disciplinar por essa atuação indevida. Já a responsabilidade pelo conteúdo da atuação na atividade de consultoria praticada é solidária entre Júnior e José.

C) Júnior poderia atuar como estagiário. Já a responsabilidade pelo conteúdo da atuação na atividade de consultoria praticada é solidária entre Júnior e José.

D) Júnior poderia atuar como estagiário. Já a responsabilidade pelo conteúdo da atuação na atividade de consultoria praticada é de José.

**09. (OAB FGV - XXXV Exame) João é estagiário de Direito. É vedado a João praticar isoladamente – isto é, sem atuar em conjunto com o advogado ou o defensor público que o supervisiona – o seguinte ato:**

A) assinar petições de juntada de documentos a processos judiciais.

B) obter junto aos escrivães e chefes de secretarias certidões de peças de processos em curso.

C) comparecer à prática de atos extrajudiciais, sem autorização ou substabelecimento do advogado.

D) retirar e devolver autos em cartório, assinando a respectiva carga.

**Gabarito:** 01. B / 02. B / 03. B / 04. B / 05. B / 06. B / 07. B / 08. D / 09. C

# 4 MANDATO JUDICIAL E RELAÇÕES COM O CLIENTE

**art. 5º, EAOAB**
**art. 6º, RGEAOAB**
**arts. 9º – 26, CED**

O advogado postula, em juízo ou fora dele, fazendo prova do mandato. A **procuração é o instrumento do mandato** que o advogado deve fazer prova para atuar em nome do cliente que, quando para o foro em geral, habilita o profissional a praticar todos os atos judiciais, em qualquer juízo ou instância, salvo os que exijam poderes especiais.

Apesar da exigência de comprovação do mandato, o Estatuto permite que, **em casos de urgência, o profissional possa atuar sem procuração pelo prazo de quinze dias, prorrogável por mais quinze**. Nesse caso, a declaração de urgência feita pelo advogado possui presunção de veracidade. As procurações devem ser outorgadas individualmente aos advogados e indicar a sociedade de que façam parte.

## ▪ *Prazo do mandato*

O mandato judicial ou extrajudicial não se extingue pelo decurso de tempo, exceto se o contrário for estipulado no respectivo instrumento.

Com a conclusão da causa ou o arquivamento do processo, presume-se cumprido e extinto o mandato.

## ▪ *Processo com advogado constituído*

O advogado não deve aceitar procuração de quem já tenha patrono constituído, sem prévio conhecimento deste. No entanto, diante de motivo plenamente justificável ou para a prática de medidas judiciais urgentes e inadiáveis, é admitido que se aceite.

## *Substabelecimento do mandato*

Substabelecimento do mandato é o ato pelo qual um advogado (substabelecente) transfere a outro advogado (substabelecido) poderes que lhe foram outorgados pelo cliente. Existem duas formas de substabelecimento:

| Substabelecimento | |
|---|---|
| **"COM" reserva de poderes** | **"SEM" reserva de poderes** |
| ADV → ADV | ADV → ADV |
| O advogado substabelecente permanece habilitado no processo. | O advogado substabelecente se retira do processo. |
| **Não** é exigido o prévio conhecimento do cliente. É ato pessoal do advogado. | É exigido o prévio e inequívoco conhecimento do cliente. |
| **Importante!**<br>O advogado substabelecido COM reserva de poderes:<br>• Deve **ajustar antecipadamente** seus **honorários** com o substabelecente.<br>• **Não pode** cobrar honorários sem a intervenção do substabelecente, **salvo na hipótese** de o advogado substabelecido, com reservas de poderes, **possuir contrato celebrado com o cliente.** | **Importante!**<br>A verba correspondente aos honorários de **sucumbência** será repartida entre o substabelecente e o substabelecido **proporcionalmente à atuação** de cada um no processo ou conforme tenha sido convencionado entre eles. |

## *Renúncia e Revogação do mandato*

A relação profissional pode ou, em certos casos, deve ser interrompida a qualquer tempo por ato do advogado ou do cliente. A interrupção pode ocorrer por meio da **renúncia** ou da **revogação** da procuração.

O **advogado** que pretende se retirar do processo deve buscar a **ciência inequívoca** do cliente com **notificação da renúncia** ao mandato, preferencialmente por carta com aviso de recebimento, para posterior comunicação em Juízo. Note que o Regulamento Geral do Estatuto da Advocacia deixa claro que a notificação da renúncia deve-se dar "preferencialmente mediante carta com aviso de recepção", mas não necessariamente, ou seja, o que se busca é a comprovação de ciência inequívoca, mesmo que se dê de outra forma.

Diante da **renúncia** ao mandato, o advogado permanecerá, durante os **dez dias** seguintes à notificação da renúncia, a representar o mandante, salvo se for substituído antes do término desse prazo.

**IMPORTANTE LEMBRAR**

1. **Foro íntimo:** A renúncia ao patrocínio é de foro íntimo, deve ser feita **sem menção do motivo** que a determinou.
2. **Responsabilidade por danos:** A renúncia ao mandato **não exclui responsabilidade** por danos causados ao cliente ou a terceiros.
3. **Abandono de causa:** O advogado **não deve deixar ao abandono ou ao desamparo** as causas sob seu patrocínio. Ocorrendo dificuldades insuperáveis ou inércia do cliente quanto à providência que lhe tenha sido solicitada é indicado que promova a renúncia ao mandato. O advogado não será responsabilizado por omissão do cliente quanto a documento ou informação que lhe devesse fornecer para a prática oportuna de ato processual do seu interesse.

Em algumas hipóteses, a renúncia constitui um dever do advogado e não uma opção sua, como diante da falta de confiança demonstrada pelo cliente. Como já estudado, a relação entre advogado e cliente fundamenta-se na **confiança recíproca**, de forma que notando o advogado que essa confiança lhe falta, é recomendável que externe ao cliente sua impressão e, não se eliminando as dúvidas existentes, providencie na sequência, o substabelecimento do mandato ou a ele renuncie.

A **revogação do mandato judicial por vontade do cliente não retira do advogado o direito de receber os honorários** contratados, bem como eventual verba honorária de sucumbência, calculada de forma proporcional ao serviço efetivamente prestado.

| Renúncia | Revogação |
|---|---|
| Ato do Advogado<br>✉ → "preferencialmente" por carta com "A.R."<br>↓<br>10 dias ← Continua na representação por, no máximo,<br>• Sem menção do motivo.<br>• Comunicação ao juízo. | Ato do Cliente<br>Advogado "A" → Advogado "B"<br>• **O advogado "A" tem direito aos honorários contratados,** bem como da verba honorária de sucumbência, proporcionalmente ao serviço prestado. |

Observe que no substabelecimento o advogado substabelecente transfere poderes que lhes foram outorgados pelo cliente a outro advogado. Por sua vez, na renúncia não é necessário que se indique outro profissional, competindo ao cliente buscar um novo patrono. O substabelecimento não pode ser "em branco".

Torna-se claro que no substabelecimento **sem** reserva de poderes, a renúncia e a revogação são formas que afastam o advogado do patrocínio do cliente, **extinguindo-se o mandato,** assim como é presumido com a conclusão da causa ou o arquivamento do processo.

## *Conflito de interesses*

Considerando que eventualmente o advogado pode representar diversas partes em um processo, como, em um processo de inventário ou em uma separação consensual, na hipótese de sobrevir conflito de interesses entre seus constituintes e não conseguindo o advogado harmonizá-los, **deverá optar, com prudência e discrição, por um dos mandatos, renunciando aos demais**, resguardado sempre o sigilo profissional.

**IMPORTANTE LEMBRAR**

O mandato a ser escolhido pelo advogado **não necessariamente** precisa ser o primeiro que lhe foi outorgado.

## *Riscos da demanda*

O advogado tem o **dever de informar o cliente**, de modo claro e inequívoco, quanto a eventuais riscos da sua pretensão, e das consequências que poderão advir da demanda. Deve ainda informar, a quem lhe solicite parecer ou patrocínio, circunstâncias que possam influir na resolução de submeter-lhe a consulta ou confiar-lhe a causa.

Ainda no que se refere à **relação do advogado com seu cliente** algumas disposições do Código de Ética e Disciplina devem ser relembradas:

- **Sigilo profissional:** O advogado, ao postular em nome de terceiros contra ex-cliente ou ex-empregador, tem o dever de preservar o sigilo profissional (art. 21).
- **Advogados integrantes da mesma sociedade:** Advogados que integram a mesma sociedade profissional ou reunidos em caráter permanente para cooperação recíproca **não podem representar, em juízo ou fora dele,** clientes com interesses opostos (art. 19).
- **Isenção técnica:** O advogado atua como patrono da parte devendo imprimir à causa orientaçao que lhe pareça maıs adequada, não se sujeitando a intenções contrárias do cliente. Porém, deve antes procurar esclarecê-lo quanto à sua opção de estratégia (art. 11).
- **Prestação de contas ao cliente:** O advogado, diante da conclusão ou desistência da causa, deve devolver ao cliente bens, valores e documentos que lhe foram confiados, bem como a prestar-lhe contas, **sem prejuízo de esclarecimentos complementares** quando pertinentes e necessários (art. 12).
- **Patrocínio de causas:** O advogado deve abster-se de patrocinar causa contrária à validade ou legitimidade de ato jurídico em cuja formação haja colaborado ou intervindo de qualquer maneira; da mesma forma, deve declinar seu impedimento ou o da sociedade que integre quando houver conflito de interesses motivado por intervenção anterior no trato de assunto que se prenda ao patrocínio solicitado (art. 22).
- **Defesa criminal:** Constitui direito e dever do advogado assumir a defesa criminal, sem considerar sua própria opinião sobre a culpa do acusado. Não há causa criminal indigna de defesa (art. 23).

## *Imposições do cliente*

Não constitui obrigação do advogado se condicionar à imposição do cliente que deseja ver com ele atuando outros advogados, nem fica na dependência de aceitar a indicação de outro profissional para com ele trabalhar no processo.

## QUESTÕES

**01. (OAB FGV – XXVI Exame) O advogado José Maria celebrou contrato de mandato, há muitos anos, com o cliente Antônio para defendê-lo extrajudicialmente em certa questão. O instrumento não previu, de forma expressa, o prazo de duração do mandato. Considerando a hipótese descrita, assinale a afirmativa correta.**

A) Ausente previsão de prazo no instrumento, o contrato de mandato extrajudicial é válido e será extinto pelo decurso do prazo de 15 anos, salvo renovação expressa.

B) Ausente previsão de prazo no instrumento, o mandato extrajudicial é válido e não será extinto pelo decurso de qualquer prazo.

C) Ausente previsão de prazo no instrumento, o mandato extrajudicial é anulável e não será extinto pelo decurso de qualquer prazo, mas a anulabilidade pode ser pronunciada por decisão judicial, mediante alegação dos interessados.

D) Ausente previsão de prazo no instrumento, o mandato extrajudicial é válido e será extinto pelo decurso do prazo de 20 anos, salvo renovação expressa.

**02. (OAB FGV – XXV Exame) O advogado Ícaro dos Santos, regularmente constituído para a defesa judicial de certo cliente, necessitou, para o correto exercício do mandato, que o cliente lhe apresentasse alguns documentos. Após Ícaro solicitar-lhe os documentos diversas vezes, realizando inúmeras tentativas de contato, o cliente manteve-se inerte por prazo superior a três meses.**

**Considerando o caso narrado, assinale a afirmativa correta.**

A) Diante da inércia do cliente, o Código de Ética e Disciplina da OAB dispõe que se presume extinto automaticamente o mandato.

B) Diante da inércia do cliente, o Código de Ética e Disciplina da OAB dispõe que é recomendada a renúncia ao mandato. Ainda de acordo com o diploma, a renúncia ao patrocínio deve ser feita com menção do motivo que a determinou.

C) Diante da inércia do cliente, o Código de Ética e Disciplina da OAB dispõe que é recomendado ao advogado peticionar nos autos, solicitando a intimação pessoal do cliente para apresentação dos documentos. Apenas após o ato, se mantida a inércia, presume-se extinto o mandato.

D) Diante da inércia do cliente, o Código de Ética e Disciplina da OAB dispõe que é recomendada a renúncia ao mandato. Ainda de acordo com o diploma, a renúncia ao patrocínio deve ser feita sem menção do motivo que a determinou.

**03. (OAB FGV – XXIII Exame) O advogado Diogo foi procurado, em seu escritório profissional, por Paulo, que desejava contratá-lo para atuar nos autos de processo judicial já em trâmite, patrocinado pelo advogado Jorge, mediante procuração, em face de um plano de saúde, pelo seguinte motivo: subitamente, Paulo descobriu que precisa realizar uma cirurgia imediatamente, sob risco de morte. Como não estava satisfeito com a atuação do advogado Jorge, decide, diante da necessidade de realizar a cirurgia, procurar Diogo, para requerer a tutela de urgência nos referidos autos, em plantão judicial.**

**Considerando a situação narrada e o disposto no Código de Ética e Disciplina da OAB, assinale a afirmativa correta.**

A) Diogo apenas deverá atuar na causa, aceitando procuração, se houver concordância do advogado Jorge, uma vez que, de acordo com o Código de Ética e Disciplina da OAB, o advogado não deve aceitar procuração de quem já tenha patrono constituído, salvo com a concordância deste.

B) Diogo apenas deverá atuar na causa, aceitando procuração, após ser dado prévio conhecimento ao advogado Jorge, uma vez que, de acordo com o Código de Ética e Disciplina da OAB, o advogado não deve aceitar procuração de quem já tenha patrono constituído anteriormente à comunicação a este.

C) Diogo poderá aceitar procuração e requerer nos autos judiciais, em favor de Paulo, a tutela de urgência necessária apenas se apresentar nos autos justificativa idônea a cessar a responsabilidade profissional de Jorge pelo acompanhamento da causa.

D) Diogo poderá aceitar procuração e requerer nos autos judiciais, em favor de Paulo, a tutela de urgência necessária, independentemente de prévia comunicação a Jorge ou de apresentação ao juízo de justificativa idônea para a cessação da responsabilidade profissional de Jorge.

**04. (OAB FGV – XXIII Exame) O advogado Ramiro foi procurado por Hugo, inventariante, para atuar no processo de inventário do genitor deste. Em momento posterior, os irmãos de Hugo, José e Luiz, outros herdeiros do *de cujus*, conferiram procuração a Ramiro, a fim de ele também representá-los na demanda. Todavia, no curso do feito, os irmãos, até então concordantes, passam a divergir sobre os termos da partilha. Ramiro, então, marca reuniões, em busca de harmonização dos interesses dos três, porém não obtém sucesso.**

**Diante do caso narrado, por determinação do Código de Ética e Disciplina da OAB, Ramiro deverá**

A) renunciar aos três mandatos, afastando-se do feito.

B) manter-se no patrocínio dos três irmãos, desde que informe o conflito nos autos e atue de forma imparcial, observando-se a disciplina legal.

C) escolher, de acordo com seus critérios de prudência, apenas um dos mandatos, renunciando aos demais.

D) manter-se no patrocínio daquele que primeiro lhe conferiu o mandato, isto é, o inventariante, renunciando aos demais.

**05. (OAB FGV – XX Exame) João outorgou procuração ao advogado Antônio, para sua defesa em certo processo. Todavia, decorridos alguns dias, João concluiu que a atuação de apenas um profissional não seria suficiente à sua satisfatória representação e buscou Antônio, a fim de informá-lo de que pretendia também contratar o advogado Luiz, para atuar juntamente com ele no feito. Ocorre que Antônio negou-se a aceitar a indicação, por duvidar das qualidades profissionais do colega. Meses depois, convencido de que realmente precisa de auxílio, resolveu**

**substabelecer o mandato, com reserva de poderes, ao advogado Lucas, que goza de sua absoluta confiança.**

**Diante da situação narrada, assinale a afirmativa correta.**

A) A recusa de Antônio à indicação de outro profissional pelo cliente não constitui infração ética, pois o advogado não é obrigado a aceitar a indicação de outro profissional para com ele trabalhar no processo. Por sua vez, o substabelecimento do mandato a Lucas depende de prévia comunicação a João.

B) A recusa de Antônio à indicação de outro profissional pelo cliente constitui infração ética, uma vez que ele comportou-se com deslealdade em face do colega advogado, pronunciando-se contra sua contratação. Por sua vez, o substabelecimento do mandato a Lucas depende de prévia comunicação a João.

C) A recusa de Antônio à indicação de outro profissional pelo cliente constitui infração ética, uma vez que ele comportou-se com deslealdade em face do colega advogado, pronunciando-se contra sua contratação. Por sua vez, o substabelecimento do mandato a Lucas independe de prévia comunicação a João, pois constitui ato pessoal do advogado da causa.

D) A recusa de Antônio à indicação de outro profissional pelo cliente não constitui infração ética, pois o advogado não é obrigado a aceitar a indicação de outro profissional para com ele trabalhar no processo. Por sua vez, o substabelecimento do mandato a Lucas independe de comunicação a João, já que constitui ato pessoal do advogado da causa.

**06. (OAB FGV – XIX Exame) Daniel contratou a advogada Beatriz para ajuizar ação em face de seu vizinho Théo, buscando o ressarcimento de danos causados em razão de uma obra indevida no condomínio. No curso do processo, Beatriz substabeleceu o mandato a Ana, com reserva de poderes. Sentenciado o feito e julgado procedente o pedido de Daniel, o juiz condenou Théo ao pagamento de honorários sucumbenciais.**

**Com base na hipótese apresentada, assinale a afirmativa correta.**

A) Ana poderá promover a execução dos honorários sucumbenciais nos mesmos autos judiciais, se assim lhe convier, independentemente da intervenção de Beatriz.

B) Ana e Beatriz poderão promover a execução dos honorários sucumbenciais, isoladamente ou em conjunto, mas devem fazê-lo em processo autônomo.

C) Ana poderá promover a execução dos honorários sucumbenciais nos mesmos autos, se assim lhe convier, mas dependerá da intervenção de Beatriz.

D) Ana não terá direito ao recebimento de honorários sucumbenciais, cabendo-lhe executar Beatriz pelos valores que lhe sejam devidos, caso não haja o adimplemento voluntário.

**07. (OAB FGV – XXVIII Exame) Maria Lúcia é parte em um processo judicial que tramita em determinada Vara da Infância e Juventude, sendo defendida, nos autos, pelo advogado Jeremias, integrante da Sociedade de Advogados Y. No curso da lide, ela recebe a informação de que a criança, cujos interesses são debatidos no feito, encontra-se em proeminente situação de risco, por fato que ocorrera há poucas horas. Ocorre que o advogado Jeremias não se encontra na cidade naquela data. Por**

**isso, Maria Lúcia procura o advogado Paulo, o qual, após analisar a situação, conclui ser necessário postular, imediatamente, medida de busca e apreensão do infante.**

**Considerando o caso hipotético, assinale a afirmativa correta.**

A) Paulo poderá aceitar procuração de Maria Lúcia e postular a busca e apreensão, independentemente de prévio conhecimento de Jeremias ou da Sociedade de Advogados Y.

B) Paulo poderá aceitar procuração de Maria Lúcia e postular a busca e apreensão, apenas após o prévio conhecimento de Jeremias, não sendo suficiente informar à Sociedade de Advogados Y, sob pena de cometimento de infração ética.

C) Paulo poderá aceitar procuração de Maria Lúcia e postular a busca e apreensão, apenas após o prévio conhecimento de Jeremias ou da Sociedade de Advogados Y, sob pena de cometimento de infração ética.

D) Paulo não poderá aceitar procuração de Maria Lúcia e postular a busca e apreensão, mesmo que seja promovido o prévio conhecimento de Jeremias e da Sociedade de Advogados Y, sem antes ocorrer a renúncia ou revogação do mandato, sob pena de cometimento de infração ética.

**08. (OAB – XVIII Exame) Paulo é contratado por Pedro para promover ação com pedido condenatório em face de Alexandre, por danos causados ao animal de sua propriedade. Em decorrência do processo, houve condenação do réu ao pagamento de indenização ao autor, fixados honorários de sucumbência correspondentes a dez por cento do apurado em cumprimento de sentença. O réu ofertou apelação contra a sentença proferida na fase cognitiva. Ainda pendente o julgamento do recurso, Pedro decide revogar o mandato judicial conferido a Paulo, desobrigando-se de pagar os honorários contratualmente ajustados.**

**Nos termos do Código de Ética da OAB, a revogação do mandato judicial, por vontade de Pedro,**

A) não o desobriga do pagamento das verbas honorárias contratadas.

B) desobriga-o do pagamento das verbas honorárias contratadas.

C) desobriga-o do pagamento das verbas honorárias contratadas e da verba sucumbencial.

D) não o desobriga do pagamento das verbas honorárias sucumbenciais, mas o desobriga das verbas contratadas.

**09. (OAB FGV – XXX Exame) O advogado Geraldo foi regularmente constituído por certo cliente para defendê-lo em um processo judicial no qual esse cliente é réu. Geraldo ofereceu contestação, e o processo segue atualmente seu trâmite regular, não tendo sido, por ora, designada audiência de instrução e julgamento.**

**Todavia, por razões insuperáveis que o impedem de continuar exercendo o mandato, Geraldo resolve renunciar. Em 12-02-2019, Geraldo fez a notificação válida da renúncia. Três dias depois da notificação, o mandante constituiu novo advogado, substituindo-o. Todo o ocorrido foi informado nos autos.**

**Considerando o caso narrado, de acordo com o Estatuto da Advocacia e da OAB, assinale a afirmativa correta.**

A) Geraldo continuará a representar o mandante durante os dez dias seguintes à notificação da renúncia.

B) O dever de Geraldo de representar o mandante cessa diante da substituição do advogado, independentemente do decurso de prazo.

C) Geraldo continuará a representar o mandante até que seja proferida e publicada sentença nos autos, ainda que recorrível.

D) Geraldo continuará a representar o mandante até o término da audiência de instrução e julgamento.

**10. (OAB FGV – XXXI Exame) Um escritório de renome internacional considera expandir suas operações, iniciando atividades no Brasil. Preocupados em adaptar seus procedimentos internos para que reflitam os códigos brasileiros de ética profissional, seus dirigentes estrangeiros desejam entender melhor as normas a respeito da relação entre clientes e advogados no país.**

**Sobre esse tema, é correto afirmar que os advogados brasileiros**

A) podem, para a adoção de medidas judiciais urgentes e inadiáveis, aceitar procuração de quem já tenha patrono constituído, sem prévio conhecimento deste.

B) deverão considerar sua própria opinião a respeito da culpa do acusado ao assumir defesa criminal.

C) podem funcionar, no mesmo processo, simultaneamente, como patrono e preposto de seu cliente, desde que tenham conhecimento direto dos fatos.

D) podem representar, em juízo, clientes com interesses opostos se não integrarem a mesma sociedade profissional, mas estiverem reunidos em caráter permanente para cooperação recíproca.

**11. (OAB FGV – XXXIII Exame) Anderson, advogado, decidiu renunciar ao mandato outorgado por Adriana. Nessa hipótese, segundo o Estatuto da Advocacia e da OAB, é correto afirmar que Anderson continuará a representar Adriana por**

A) 10 dias, contados da notificação da renúncia, ainda que Adriana constitua novo advogado antes desse prazo.

B) 15 dias, contados da notificação da renúncia, ainda que Adriana constitua novo advogado antes desse prazo.

C) 15 dias, contados da notificação da renúncia, exceto se Adriana constituir novo advogado antes desse prazo.

D) 10 dias, contados da notificação da renúncia, exceto se Adriana constituir novo advogado antes desse prazo.

**12. (OAB FGV – XXXV Exame) Maria, advogada, sente falta de confiança na relação profissional que mantém com Pedro, cliente que representa em ação judicial. Maria externa essa impressão a Pedro, mas as dúvidas existentes não são dissipadas. Maria decide, então, renunciar ao mandato.**

**Considerando essa situação hipotética, é correto afirmar que o ato de renúncia ao patrocínio**

A) excluirá a responsabilidade de Maria por danos eventualmente causados a Pedro após dez dias da notificação, salvo se for substituída antes do término desse prazo.

B) obrigará Maria a depositar em juízo bens, valores e documentos que lhe hajam sido confiados e ainda estejam em seu poder.

C) fará cessar de imediato a responsabilidade profissional de Maria pelo acompanhamento da causa.

D) deverá ser feita sem menção do motivo que a determinou.

**Gabarito:** 01. B / 02. D / 03. D / 04. C / 05. D / 06. C / 07. A / 08. A / 09. B / 10. A / 11. D / 12. D

# 5 DIREITOS DO(A) ADVOGADO(A)

**arts. 6º – 7º-B, EAOAB**
**arts. 15 – 19, RGEAOAB**

Os direitos do advogado e da advogada, previstos no Estatuto da Advocacia e também em seu Regulamento Geral, não devem ser analisados como privilégios, mas como condições indispensáveis ao seu exercício profissional na busca e na realização de justiça.

Tais prerrogativas se justificam por ser o advogado figura indispensável à administração da Justiça, defensor do Estado Democrático de Direito, dos direitos humanos e garantias fundamentais, da cidadania, da moralidade, da Justiça e da paz social.

Nesse sentido, o advogado é indispensável à administração da justiça tanto quanto os magistrados e os membros do Ministério Público, de forma que a consideração e o respeito devem ser recíprocos, **não existindo hierarquia nem subordinação entre eles**. As autoridades e os servidores públicos dos Poderes da República, os serventuários da Justiça e os membros do Ministério Público devem dispensar ao advogado, no exercício da profissão, tratamento compatível com a dignidade da advocacia e condições adequadas a seu desempenho, preservando e resguardando, de ofício, a imagem, a reputação e a integridade do advogado nos termos do Estatuto da Advocacia.

São direitos assegurados pelo Estatuto da Advocacia:

## ▪ *Exercício em todo o território nacional*

Constitui direito do advogado exercer, com liberdade, a profissão em todo o território nacional. Note que é permitido o exercício de qualquer profissão desde que observadas às qualificações profissionais estabelecidas por lei e, no caso da advocacia, os requisitos e qualificações estão previstas na Lei n. 8.906/94 (Estatuto da Advocacia e da OAB).

IMPORTANTE LEMBRAR

**Inscrição suplementar:** O advogado que, **de forma habitual**, passar a atuar em Estado diverso do qual mantém inscrição principal deve promover, junto ao Conselho Seccional daquele Estado, inscrição suplementar. Note que a **habitualidade se dá com a intervenção judicial que exceder de cinco causas por ano.**

## ■ *Inviolabilidade*

A inviolabilidade como direito do advogado **não está limitada a seu escritório ou local de trabalho,** estendendo-se também a seus instrumentos de trabalho, a sua correspondência escrita, eletrônica, telefônica e telemática, desde que relativas ao exercício da advocacia.

A Lei n. 11.767/2008 introduziu alterações no Estatuto da Advocacia, de modo que a quebra da inviolabilidade pode ocorrer desde que presentes os seguintes requisitos:

- **Indícios** de autoria e materialidade da prática de crime por parte de advogado.
- Expedição de **mandado de busca e apreensão específico e pormenorizado**.
- Mandado de busca e apreensão a ser cumprido na **presença de representante da OAB**.
- É vedada a utilização dos documentos pertencentes a clientes do advogado averiguado.

Diante de **inviabilidade técnica quanto à segregação da documentação**, **da mídia ou dos objetos não relacionados à investigação**, em razão da sua natureza ou volume, no momento da execução da decisão judicial de apreensão ou de retirada do material, a cadeia de custódia **preservará o sigilo do seu conteúdo.**

⇒

**Ocorrendo a inobservância** pelo agente público responsável pelo cumprimento do mandado de busca e apreensão, o representante da OAB fará o relatório do fato ocorrido, com a inclusão dos nomes dos servidores, dará conhecimento à autoridade judiciária e o encaminhará à OAB para a elaboração de notícia-crime.

| Inviolabilidade | |
|---|---|
| **Hipótese excepcional** | A medida judicial cautelar que importe na **violação do escritório ou do local de trabalho** do advogado será determinada em **hipótese excepcional**, desde que exista **fundamento em indício, pelo órgão acusatório**. |

| **Fundamento exclusivo em declarações do colaborador (vedação)** | É **vedada** a determinação da medida cautelar que importe na violação do escritório ou do local de trabalho do advogado **se fundada exclusivamente** em elementos produzidos **em declarações do colaborador** sem confirmação por outros meios de prova. |
|---|---|
| **Representante da OAB** | O **representante da OAB** tem o direito de ser **respeitado pelos agentes** responsáveis pelo cumprimento do mandado de busca e apreensão, **sob pena de abuso de autoridade**, e o dever de zelar pelo fiel cumprimento do objeto da investigação, **bem como de impedir** que documentos, mídias e objetos não relacionados à investigação, especialmente de outros processos do mesmo cliente ou de outros clientes que não sejam pertinentes à persecução penal, sejam analisados, fotografados, filmados, retirados ou apreendidos do escritório de advocacia. |
| **Profissional investigado** | É garantido o direito de acompanhamento por **representante da OAB e pelo profissional investigado** durante a análise dos documentos e dos dispositivos de armazenamento de informação pertencentes a advogado, apreendidos ou interceptados, em todos os atos. |
| **Prazo para comunicação** | A autoridade responsável informará, com **antecedência mínima de 24** (vinte e quatro) horas, **à seccional da OAB** a data, o horário e o local em que serão analisados os documentos e os equipamentos apreendidos, garantido o direito de acompanhamento, em todos os atos, pelo representante da OAB e pelo profissional investigado. |
| **Prazo para comunicação**<br>**Casos de urgência** | Em **casos de urgência** devidamente fundamentada pelo juiz, a análise dos documentos e dos equipamentos apreendidos poderá acontecer em **prazo inferior a 24** (vinte e quatro) horas, garantido o direito de acompanhamento, em todos os atos, pelo representante da OAB e pelo profissional investigado. |

IMPORTANTE LEMBRAR

1. **Documentos de clientes:** A utilização de documentos pertencentes a clientes do advogado, somente é autorizada quando estiverem sendo formalmente investigados como **partícipes ou coautores** pela prática do mesmo crime que deu causa a quebra da inviolabilidade.

2. **OAB:** A participação da OAB no cumprimento de decisão que determinar a busca e apreensão e outras providências estão previstas no Provimento do Conselho Federal n. 201/2020.

## ■ *Colaboração premiada*

**Colaboração premiada** ⇒ É **vedado ao advogado** efetuar colaboração premiada contra quem seja ou tenha sido seu cliente ⇒ Inobservância! ↓ **Processo Disciplinar** ↓ Pode implicar na **exclusão** (sem prejuízo das penas previstas na legislação penal)

### *Comunicação pessoal e reservada com seus clientes presos*

É assegurado pela Constituição Federal (art. 5º, LXIII) ao preso ser assistido por um advogado. Nesse caso, **mesmo sem procuração**, o advogado tem o direito de se comunicar com seus clientes presos, detidos ou recolhidos em estabelecimentos civis ou militares, ainda que considerados incomunicáveis.

### *Prisão em flagrante*

O advogado, **no exercício da profissão**, poderá ser preso em flagrante diante da prática de **crime inafiançável** e, neste caso, tem direito a presença de representante da OAB para a lavratura do auto respectivo, sob pena de nulidade.

O STF manteve a constitucionalidade do inc. IV do art. 7º do Estatuto, assegurando ao advogado a presença do representante da OAB para a lavratura do auto de prisão, sob pena de nulidade. **Nos demais casos a Seccional da OAB deve ser expressamente comunicada**.

### *Prisão em sala de Estado Maior*

O Estatuto confere ao advogado, diante da prática de crimes, o direito de **permanecer recolhido em sala de Estado Maior até o trânsito em julgado da sentença que o condenar**.

Entende-se como Sala de Estado Maior aquela em que eventualmente autoridades ou oficiais militares ocupam ou são detidos, não devendo ser confundida com a Prisão Especial. Trata-se de um local não envolto por grades, com instalações que estejam em conformidade com a dignidade e o prestígio da advocacia.

Com o julgamento da ADIn 1.127-8, o STF declarou a **inconstitucionalidade da expressão "assim reconhecidas pela OAB"** presente no inc. V do art. 7º do Estatuto. Dessa forma, o advogado tem o direito de permanecer em sala de Estado Maior, com instalações e comodidades condignas, mas não é necessário o reconhecimento desta pela OAB.

**IMPORTANTE LEMBRAR**

**Prisão domiciliar:** A ausência de sala de Estado Maior confere ao advogado o direito a prisão domiciliar.

## ■ *Dirigir-se diretamente aos magistrados nas salas e gabinetes de trabalho sem horário previamente marcado ou outra condição, respeitando-se a ordem de chegada*

A lei, ao conferir esse direito ao advogado, consolida o entendimento de que **não deve existir hierarquia** com autoridades. Porém, observa-se o respeito e os demais regramentos éticos.

## ■ *Sustentação oral*

A sustentação oral do advogado nas sessões de julgamento constitui importante mecanismo no cumprimento do direito e na busca da justiça. Nesse ponto, o inc. IX do art. 7º do Estatuto procurou atribuir ao advogado o direito à sustentação oral **após** o voto do relator pelo prazo mínimo de quinze minutos.

Porém, o STF, ao julgar as ADIns 1.105-7 e 1.127-8, declarou a inconstitucionalidade do dispositivo mencionado.

IMPORTANTE LEMBRAR

**STF: O direito a sustentação oral não foi excluído pelo STF**, pois afrontaria os preceitos constitucionais do contraditório e da ampla defesa. **Permanece, porém, antes do voto do relator e não após como pretendido**. Note que essa prerrogativa do advogado deve levar em consideração a previsibilidade recursal.

Pode o advogado realizar a **sustentação oral** no recurso interposto contra a decisão monocrática de relator que julgar o mérito ou não conhecer dos seguintes recursos ou ações:

- Recurso de apelação
- Recurso ordinário
- Recurso especial
- Recurso extraordinário
- Embargos de divergência
- Ação rescisória, mandado de segurança, reclamação, *habeas corpus* e outras ações de competência originária

## ■ *Retirada do recinto onde se encontre aguardando pregão para ato judicial, diante do não comparecimento da autoridade que deva presidi-lo*

O não comparecimento no horário designado de autoridade competente para presidir o ato judicial, confere ao advogado o direito de se retirar após trinta minutos mediante comunicação protocolizada em juízo.

IMPORTANTE LEMBRAR

**Atrasos em audiências:** O direito a retirada é conferido em decorrência da **ausência da autoridade** competente no prazo determinado em lei, e **não diante de meros atrasos** ocorridos em audiências anteriores.

## ▪ *Prestação efetiva do serviço jurídico e honorários advocatícios*

| Cabe, **privativamente, ao Conselho Federal** | → | em **processo disciplinar próprio**, | → | dispor, analisar e decidir sobre a **prestação efetiva do serviço jurídico** realizado pelo advogado. |
|---|---|---|---|---|

É **nulo**, em qualquer esfera de responsabilização, o ato praticado com violação desta competência privativa do Conselho Federal da OAB.

| Cabe ao Conselho Federal | → | dispor, analisar e decidir sobre os **honorários advocatícios** dos serviços jurídicos realizados pelo advogado, resguardado o sigilo. |
|---|---|---|

## ▪ *Ingressar livremente, permanecer sentado ou em pé e retirar-se independentemente de licença, dos seguintes locais:*

a) Salas de sessões dos tribunais, mesmo além dos cancelos que separam a parte reservada aos magistrados.

b) Salas e dependências de audiências, secretarias, cartórios, ofícios de justiça, serviços notariais e de registro, e, no caso de delegacias e prisões, mesmo fora da hora de expediente e independentemente da presença de seus titulares.

c) Em qualquer edifício ou recinto em que funcione repartição judicial ou outro serviço público onde o advogado deva praticar ato ou colher prova ou informação útil ao exercício da atividade profissional, dentro do expediente ou fora dele, e ser atendido, desde que se ache presente qualquer servidor ou empregado.

d) Em qualquer assembleia ou reunião de que participe ou possa participar o seu cliente, ou perante a qual este deva comparecer, desde que munido de poderes especiais.

**Além dos direitos detalhados, também estão previstos no art. 7º do Estatuto da Advocacia as seguintes prerrogativas:**

- **Usar da palavra, pela ordem,** em qualquer tribunal judicial ou administrativo, órgão de deliberação coletiva da administração pública ou comissão parlamentar de inquérito, **mediante intervenção pontual e sumária**, para esclarecer equívoco ou dúvida surgida em relação a fatos, a documentos ou a afirmações que influam na decisão.
- **Reclamar, verbalmente ou por escrito,** perante qualquer juízo, tribunal ou autoridade, contra a inobservância de preceito de lei, regulamento ou regimento.
- **Falar, sentado ou em pé**, em juízo, tribunal ou órgão de deliberação coletiva da Administração Pública ou do Poder Legislativo.
- **Examinar**, em qualquer órgão dos Poderes Judiciário e Legislativo, ou da Administração Pública em geral, **autos de processos findos ou em andamento, mesmo sem procuração, quando não estiverem sujeitos a sigilo ou segredo de justiça**, assegurada a obtenção de cópias, com possibilidade de tomar apontamentos.
- **Examinar, em qualquer instituição responsável por conduzir investigação, mesmo sem procuração**, autos de flagrante e de investigações de qualquer natureza, findos ou em andamento, ainda que conclusos à autoridade, podendo copiar peças e tomar apontamentos, **em meio físico ou digital**.

IMPORTANTE LEMBRAR

1. A Lei n. 13.245/2016 introduziu no Estatuto da Advocacia importantes alterações quanto a esta prerrogativa que, anteriormente, se limitava a Repartições Policiais e, com a alteração, estendeu-se a "qualquer instituição responsável por conduzir investigação". Além disso, acrescentou que:
2. Nos **autos sujeitos a sigilo**, deve o advogado apresentar procuração para o exercício deste direito.
3. A **autoridade competente poderá delimitar o acesso do advogado** aos elementos de prova relacionados a diligências em andamento e ainda não documentados nos autos, quando houver risco de comprometimento da eficiência, da eficácia ou da finalidade das diligências.
4. A inobservância desse direito do advogado, o fornecimento incompleto de autos ou o fornecimento de autos em que houve a retirada de peças já incluídas no caderno investigativo, ensejará responsabilização criminal e funcional por **abuso de autoridade do responsável** que impedir o acesso do advogado com o intuito de prejudicar o exercício da defesa, sem prejuízo do direito subjetivo do advogado de requerer acesso aos autos ao juiz competente.

- Ter vista dos processos judiciais ou administrativos de qualquer natureza, em cartório ou na repartição competente, ou retirá-los pelos prazos legais.
- Retirar autos de processos findos, mesmo sem procuração, pelo prazo de dez dias.
- Usar os símbolos privativos da profissão de advogado.
- **Recusar-se a depor como testemunha** em processo no qual funcionou ou deva funcionar, ou sobre fato relacionado com pessoa de quem seja ou foi advogado, mesmo quando autorizado ou solicitado pelo constituinte, bem como sobre fato que constitua sigilo profissional.
- **Assistir a seus clientes investigados durante a apuração de infrações, sob pena de nulidade absoluta** do respectivo interrogatório ou depoimento e, continuadamente, de todos os elementos investigatórios e probatórios dele decorrentes ou derivados, podendo, durante a apuração, apresentar razões e quesitos.

**IMPORTANTE LEMBRAR**

O direito do advogado de assistir a seus clientes investigados durante a apuração de infrações, **sob pena de nulidade**, foi acertadamente incluído no Estatuto da Advocacia pela Lei n. 13.245/2016.

Convém citar que o Poder Judiciário e o Poder Executivo devem instalar nos juizados, fóruns, tribunais, delegacias de polícia e presídios, **salas especiais permanentes para os advogados**, com uso assegurado à OAB. Neste sentido, o STF já se manifestou quanto permissão de uso dessas salas pela OAB, mas afastou desta o seu controle.

## 5.1. DIREITOS DA ADVOGADA

O art. 7º-A foi acrescentado no Estatuto da Advocacia pela Lei n. 13.363/2016 para conferir às advogadas gestantes, lactantes, adotantes e que derem à luz direitos dignos, relevantes e necessários ao cumprimento adequado de suas atividades profissionais. Tais direitos podem ser resumidos da seguinte forma:

| | | **Direito** | | **Prazo** |
|---|---|---|---|---|
| **Gestante** | ⟹ | - Entrada em tribunais sem ser submetida a detectores de metais e aparelhos de raios X.<br>- Reserva de vaga em garagens dos fóruns dos tribunais. | ⟹ | Durante o estado gravídico |
| **Lactante**<br>**Adotante**<br>**Que der à luz** | ⟹ | - Acesso a creche ou a local adequado ao atendimento das necessidades do bebê. | ⟹ | 120 dias (art. 392, CLT)<br>A advogada lactante mantém o direito enquanto perdurar o período de amamentação (art. 7º-A, § 1º, EAOAB). |
| **Gestante**<br>**Lactante**<br>**Adotante**<br>**Que der à luz** | ⟹ | Preferência na ordem das:<br>- Sustentações orais.<br>- Audiências.<br>Mediante comprovação de sua condição. | ⟹ | 120 dias (art. 392, CLT)<br>A advogada lactante mantém o direito enquanto perdurar o período de amamentação (art. 7º-A, § 1º, EAOAB). |
| **Adotante**<br>**Que der à luz** | ⟹ | Suspensão de prazos processuais quando:<br>For a única patrona da causa<br>e<br>O cliente seja notificado por escrito. | ⟹ | 30 dias, a partir da data do parto ou da concessão da adoção<br>(art. 313, § 6º, CPC). |

IMPORTANTE LEMBRAR

O advogado que se torna pai tem direito a suspensão de prazos processuais por 8 dias, a partir da data do parto ou da concessão da adoção (art. 313, § 7º, CPC). Note que, para usufruir desse direito, deve ser o único patrono no processo e o cliente deve ser notificado.

## 5.2. CRIMINALIZAÇÃO DA VIOLAÇÃO DE DIREITOS OU PRERROGATIVAS DE ADVOGADO(A)

**art. 7º-B, EAOAB (incluído pela Lei n. 13.869/2019 e alterado pela Lei n. 14.365/2022)**

| | | |
|---|---|---|
| Constitui **crime violar direito** ou prerrogativa de advogado previstos no Estatuto da Advocacia em seu **art. 7º, *caput*, incisos:** | **II.** Inviolabilidade | Pena de detenção, de 2 (dois) a 4 (quatro) anos, e multa. |
| | **III.** Comunicação com o cliente | |
| | **IV.** Prisão em flagrante | |
| | **V.** Sala de Estado Maior | |

**IMPORTANTE LEMBRAR**

1. **Violação ao sigilo telefônico, telemático e de dados:** É **crime** contra as prerrogativas da advocacia a violação ao sigilo telefônico, telemático, eletrônico e de dados do advogado, **mesmo que seu cliente seja alvo de interceptação de comunicações (Súmula do Conselho Federal n. 12/2020).**

2. A participação da OAB no cumprimento do disposto no art. 7º-B e outras providências estão previstas no Provimento do Conselho Federal n. 201/2020.

## 5.3. DESAGRAVO PÚBLICO

**art. 7º, XVII e § 5º, EAOAB**
**arts. 18 e 19, RGEAOAB**

O inscrito na OAB, quando comprovadamente for ofendido em razão do exercício profissional ou de cargo ou função da OAB, tem direito ao desagravo público promovido pelo Conselho competente. A realização do desagravo não afasta eventual responsabilidade criminal do ofensor.

| Desagravo Público | |
|---|---|
| **O que é?** | É um direito do inscrito na OAB ofendido em razão do exercício profissional ou de cargo ou função da Instituição. |

<table>
<tr><td>Pode ser promovido</td><td>De ofício pelo Conselho competente.<br>A pedido do Conselho competente.<br>A pedido do ofendido.<br>A pedido de qualquer pessoa.</td></tr>
<tr><td>O pedido será submetido à Diretoria, que poderá</td><td>Em caso de urgência: Conceder o desagravo para aprovação do órgão competente do Conselho.<br>Remeter o pedido para instrução e decisão. O relator pode solicitar informações do ofensor.</td></tr>
<tr><td>O relator pode propor o arquivamento do pedido diante de</td><td>Ofensa pessoal.<br>Ofensa não relacionada com o exercício profissional.<br>Críticas de caráter doutrinário, político ou religioso.</td></tr>
<tr><td>O desagravo</td><td>Deve ser decidido em até 60 dias.<br>Acolhido o parecer, a sessão deve ocorrer em até 30 dias.</td></tr>
<tr><td>Local da sessão</td><td>Preferencialmente no local da ofensa ou onde se encontre o ofensor.</td></tr>
<tr><td>Concordância do ofendido</td><td>Não depende de concordância do ofendido. Trata-se de um instrumento de defesa dos direitos e prerrogativas da advocacia.</td></tr>
<tr><td>Competência</td><td><table><tr><th>Conselho Seccional</th><th>Conselho Federal</th></tr><tr><td>Regra Geral</td><td>Quando o ofendido for:<ul><li>Conselheiro Federal, ofendido no exercício das atribuições de seu cargo.</li><li>Presidente de Conselho Seccional, ofendido no exercício das atribuições de seu cargo.</li><li>Advogado, diante de ofensa relevante com grave violação às prerrogativas e repercussão nacional.</li></ul></td></tr></table>O Conselho Federal indica seus representantes para a sessão pública de desagravo, na sede do Conselho Seccional, exceto quando se tratar de ofensa a Conselheiro Federal.</td></tr>
</table>

# QUESTÕES

**01. (OAB FGV – XXVII Exame) A advogada Mariana, gestante, ao ingressar em certo Tribunal de Justiça, foi solicitada a passar por aparelho de raios X e por detector de metais.**

**Considerando o caso narrado, de acordo com o Estatuto da Advocacia e da OAB, assinale a afirmativa correta.**

A) Mariana tem o direito de não ser submetida a aparelho de raios X, embora deva passar pelo detector de metais, independentemente de motivação.

B) Mariana tem o direito de não ser submetida a aparelho de raios X. Quanto ao detector de metais, deverá passar pelo aparelho apenas se evidenciada situação especial de segurança, em ato motivado.

C) Mariana deverá, por medida de segurança, passar pelo aparelho de raios X e pelo detector de metais, a menos que haja contraindicação médica expressa.

D) Mariana tem o direito, independentemente do teor da alegação sobre segurança, de não ser submetida ao detector de metais, nem ao aparelho de raios X.

**02. (OAB FGV – XXVII Exame) O advogado Mário dos Santos, presidente do Conselho Seccional Y da OAB, foi gravemente ofendido em razão do seu cargo, gerando violação a prerrogativas profissionais. O fato obteve grande repercussão no país.**

**Considerando o caso narrado, de acordo com o Regulamento Geral do Estatuto da Advocacia e da OAB, assinale a afirmativa correta.**

A) Compete ao Conselho Seccional Y da OAB promover o desagravo público, ocorrendo a sessão na sede do Conselho Seccional Y.

B) Compete ao Conselho Federal da OAB promover o desagravo público, ocorrendo a sessão na sede do Conselho Federal.

C) Compete ao Conselho Seccional Y da OAB promover o desagravo público, ocorrendo a sessão na sede da subseção do território em que ocorreu a violação a prerrogativas profissionais.

D) Compete ao Conselho Federal da OAB promover o desagravo público, ocorrendo a sessão na sede do Conselho Seccional Y.

**03. (OAB FGV – XXVI Exame) O advogado Fred dirigiu-se, em certa ocasião, a uma delegacia de polícia e a um presídio, a fim de entrevistar clientes seus que se encontravam, respectivamente, prestando depoimento e preso. Na mesma data, o advogado Jorge realizou audiências na sede de um juizado especial cível e no interior de certo fórum regional da comarca.**

**Considerando o disposto no Estatuto da Advocacia e da OAB, assinale a afirmativa correta.**

A) É direito de Fred e Jorge a instalação de salas especiais permanentes para os advogados nos seguintes locais visitados: sede do juizado especial cível e fórum regional da comarca. Quanto aos demais, embora seja recomendável a existência de salas especiais, não há dever legal de instalação.

B) É direito de Fred e Jorge a instalação de salas especiais permanentes para os advogados em todos os locais visitados. Quanto aos quatro locais, há dever legal de instalação das salas.

C) É direito de Fred e Jorge a instalação de salas especiais permanentes para os advogados nos seguintes locais visitados: sede do juizado especial cível, fórum regional da comarca e presídio. Quanto à delegacia de polícia, embora seja recomendável a existência de salas especiais, não há dever legal de instalação.

D) É direito de Fred e Jorge a instalação de salas especiais permanentes para os advogados nos seguintes locais visitados: fórum regional da comarca e presídio. Quanto aos demais, embora seja recomendável a existência de salas especiais, não há dever legal de instalação.

**04. (OAB FGV – XXV Exame) José Carlos Santos, advogado, dirigiu-se ao Ministério Público a fim de tomar apontamentos sobre investigação criminal em andamento, conduzida pelo Parquet, em face de seu cliente, em que foi decretado sigilo. Dias depois, José Carlos foi à delegacia de polícia no intuito de examinar e retirar cópias de autos de certo inquérito policial, em curso, no qual também foi decretado sigilo, instaurado contra outro cliente seu.**

**Consoante o disposto no Estatuto da Advocacia e da OAB, assinale a afirmativa correta.**

A) Em ambos os casos, José Carlos deverá apresentar procuração tanto para tomar apontamentos sobre a investigação em trâmite perante o Ministério Público quanto para examinar e retirar cópias do inquérito policial.

B) Apenas é necessário que José Carlos apresente procuração para tomar apontamentos sobre a investigação em trâmite perante o Ministério Público, não sendo exigível a apresentação de procuração para examinar e retirar cópias do inquérito policial.

C) Apenas é necessário que José Carlos apresente procuração para examinar e retirar cópias do inquérito policial, não sendo exigível a apresentação de procuração para tomar apontamentos sobre a investigação em trâmite perante o Ministério Público.

D) Não é exigível a apresentação de procuração para examinar e retirar cópias do inquérito policial, nem para tomar apontamentos sobre a investigação em trâmite perante o Ministério Público.

**05. (OAB FGV – XXIX Exame) O advogado X foi preso em flagrante enquanto furtava garrafas de vinho, de valor bastante expressivo, em determinado supermercado. Conduzido à delegacia, foi lavrado o auto de prisão em flagrante, sem a presença de representante da OAB.**

**Com base no disposto no Estatuto da Advocacia e da OAB, assinale a afirmativa correta.**

A) A lavratura do auto de prisão em flagrante foi eivada de nulidade, em razão da ausência de representante da OAB, devendo a prisão ser relaxada.

B) A lavratura do auto de prisão em flagrante não é viciada, desde que haja comunicação expressa à seccional da OAB respectiva.

C) A lavratura do auto de prisão em flagrante foi eivada de nulidade, em razão da ausência de representante da OAB, devendo ser concedida liberdade provisória não cumulada com aplicação de medidas cautelares diversas da prisão.

D) A lavratura do auto de prisão em flagrante não é viciada e independe de comunicação à seccional da OAB respectiva.

**06. (OAB FGV – XXIV Exame) Tânia, advogada, dirigiu-se à sala de audiências de determinada Vara Criminal, a fim de acompanhar a realização das audiências designadas para aquele dia em feitos nos quais não oficia. Tânia verificou que os processos não envolviam segredo de justiça e buscou ingressar na sala de audiências no horário designado.**

**Não obstante, certo funcionário deu-lhe duas orientações. A primeira orientação foi de que ela não poderia permanecer no local se todas as cadeiras estivessem ocupadas, pois não seria autorizada a permanência de advogados de pé, a fim de evitar tumulto na sala. A segunda orientação foi no sentido de que, caso ingressassem na sala, Tânia e os demais presentes não poderiam sair até o fim de cada ato, salvo se houvesse licença do juiz, para evitar que a entrada e saída de pessoas atrapalhasse o regular andamento das audiências.**

**Considerando o caso narrado, assinale a afirmativa correta.**

A) A primeira orientação dada pelo funcionário viola os direitos assegurados ao advogado, pois Tânia possui o direito de permanecer, mesmo que de pé, na sala de audiências. Todavia, a segunda orientação coaduna-se com o poder-dever do magistrado de presidir e evitar tumulto no ato judicial, não violando, por si, direitos normatizados no Estatuto da OAB.

B) A segunda orientação dada pelo funcionário viola os direitos assegurados ao advogado, pois Tânia possui o direito de retirar-se a qualquer momento, independentemente de licença do juiz, da sala de audiências. Todavia, a primeira orientação coaduna-se com o poder-dever do magistrado de presidir e evitar tumulto no ato judicial, não violando, por si, direitos normatizados no Estatuto da OAB.

C) Ambas as orientações violam os direitos assegurados, pelo Estatuto da OAB, ao advogado, pois Tânia possui o direito de permanecer, mesmo que de pé, na sala de audiências, bem como de se retirar a qualquer momento, independentemente de licença do juiz.

D) Nenhuma das orientações viola os direitos assegurados ao advogado, pois se coadunam com o poder-dever do magistrado de presidir e evitar tumulto no ato judicial, não contrariando, por si sós, direitos normatizados no Estatuto da OAB.

**07. (OAB FGV – XXII Exame) Viviane, Paula e Milena são advogadas. Viviane acaba de dar à luz, Paula adotou uma criança e Milena está em período de amamentação. Diante da situação narrada, de acordo com o Estatuto da OAB, assinale a afirmativa correta.**

A) Viviane e Milena têm direito a reserva de vaga nas garagens dos fóruns dos tribunais.

B) Viviane e Paula têm direito à suspensão de prazos processuais, em qualquer hipótese, desde que haja notificação por escrito ao cliente.

C) Viviane, Paula e Milena têm direito de preferência na ordem das audiências a serem realizadas a cada dia, mediante comprovação de sua condição.

D) Paula e Milena têm direito a entrar nos tribunais sem serem submetidas a detectores de metais e aparelhos de raio-X.

**08. (OAB FGV – XXI Exame) Adolfo, policial militar, consta como envolvido em fato supostamente violador da integridade física de terceiros, apurado em investigação preliminar perante a Polícia Militar. No curso desta investigação, Adolfo foi notificado a prestar declarações e, desde logo, contratou a advogada Simone para sua defesa. Ciente do ato, Simone dirige-se à unidade respectiva, pretendendo solicitar vista quanto aos atos já concluídos da investigação e buscando tirar cópias com seu aparelho celular. Além disso, Simone intenta acompanhar Adolfo durante o seu depoimento designado.**

**Considerando o caso narrado, assinale a afirmativa correta.**

A) É direito de Simone, e de seu cliente Adolfo, que a advogada examine os autos da investigação, no que se refere aos atos já concluídos e documentados, porém, a possibilidade de emprego do telefone celular para tomada de cópias fica a critério da autoridade responsável pela investigação. Também é direito de ambos que Simone esteja presente no depoimento de Adolfo, sob pena de nulidade absoluta do ato e de todos os elementos investigatórios dele decorrentes.

B) É direito de Simone, e de seu cliente Adolfo, que a advogada examine os autos, no que se refere aos atos já concluídos e documentados, bem como empregue o telefone celular para tomada de cópias digitais, o que não pode ser obstado pela autoridade responsável pela investigação. Também é direito de ambos que Simone esteja presente no depoimento de Adolfo, sob pena de nulidade absoluta do ato e de todos os elementos investigatórios dele decorrentes.

C) É direito de Simone, e de seu cliente Adolfo, que a advogada examine os autos, no que se refere aos atos já concluídos e documentados, bem como empregue o telefone celular para tomada de cópias digitais, o que não pode ser obstado pela autoridade responsável pela investigação. Também é direito de ambos que Simone esteja presente no depoimento de Adolfo, sob pena de nulidade relativa apenas do ato em que embaraçava a sua presença.

D) Considerando cuidar-se de mera investigação preliminar, Simone não possui o direito de examinar os atos já concluídos e documentados ou tomar cópias. Do mesmo modo, por não se tratar de interrogatório formal, mas mera investigação preliminar, sujeita à disciplina da legislação castrense, não configura nulidade se obstada a presença de Simone no depoimento de Adolfo.

**09. (OAB FGV – XXIX Exame) O advogado João, conselheiro em certo Conselho Seccional da OAB, foi condenado, pelo cometimento de crime de tráfico de influência, a uma pena privativa de liberdade. João respondeu ao processo todo em liberdade, apenas tendo sido decretada a prisão após o trânsito em julgado da sentença condenatória.**

**Quanto aos direitos de João, considerando o disposto no Estatuto da Advocacia e da OAB, assinale a afirmativa correta.**

A) João tem direito à prisão domiciliar em razão de suas atividades profissionais, ou à prisão em sala de Estado Maior, durante todo o cumprimento da pena que se inicia, a critério do juiz competente.

B) João tem direito a ser preso em sala de Estado Maior durante o cumprimento integral da pena que se inicia. Apenas na falta desta, em razão de suas atividades profissionais, terá direito à prisão domiciliar.

C) João não tem direito a ser preso em sala de Estado Maior em nenhum momento do cumprimento da pena que se inicia, nem terá direito, em decorrência de suas atividades profissionais, à prisão domiliciar.

D) João tem direito a ser preso em sala de Estado Maior apenas durante o transcurso de seu mandato como conselheiro, mas não terá direito, em decorrência de suas atividades profissionais, à prisão domiciliar.

**10. (OAB FGV – XXIX Exame) A conduta de um juiz em certa comarca implicou violação a prerrogativas de advogados previstas na Lei n. 8.906/94, demandando representação administrativo-disciplinar em face do magistrado.**

**Considerando a hipótese narrada, de acordo com o Regulamento Geral do Estatuto da Advocacia e da OAB, assinale a afirmativa correta.**

A) É competência dos presidentes do Conselho Federal, do Conselho Seccional ou da Subseção formularem a representação administrativa cabível. Em razão da natureza da autoridade e da providência, o ato não pode ser delegado a outro advogado.

B) É competência apenas dos presidentes do Conselho Federal ou do Conselho Seccional formularem a representação administrativa cabível. Todavia, pode ser designado outro advogado, investido de poderes bastantes, para o ato.

C) É competência apenas do presidente do Conselho Seccional formular a representação administrativa cabível. Em razão da natureza da autoridade e da providência, o ato não pode ser delegado a outro advogado.

D) É competência dos presidentes do Conselho Federal, do Conselho Seccional ou da Subseção formularem a representação administrativa cabível. Todavia, pode ser designado outro advogado, investido de poderes bastantes, para o ato.

**11. (OAB FGV – XXX Exame) Em certa situação, uma advogada, inscrita na OAB, foi ofendida em razão do exercício profissional durante a realização de uma audiência judicial. O ocorrido foi amplamente divulgado na mídia, assumindo grande notoriedade e revelando, de modo urgente, a necessidade de desagravo público.**

**Considerando que o desagravo será promovido pelo Conselho competente, seja pelo órgão com atribuição ou pela Diretoria *ad referendum*, assinale a afirmativa correta.**

A) A atuação se dará apenas mediante provocação, a pedido da ofendida ou de qualquer outra pessoa. É condição para concessão do desagravo a solicitação de informações à pessoa ou autoridade apontada como ofensora.

B) A atuação se dará de ofício ou mediante pedido, o qual deverá ser formulado pela ofendida, seu representante legal ou advogado inscrito na OAB. É condição para concessão do desagravo a solicitação de informações à pessoa ou autoridade apontada como ofensora.

C) A atuação se dará de ofício ou mediante provocação, seja da ofendida ou de qualquer outra pessoa. Não é condição para concessão do desagravo a solicitação de informações à pessoa ou autoridade apontada como ofensora.

D) A atuação se dará de ofício ou mediante pedido, o qual deverá ser formulado pela ofendida, seu representante legal ou advogado inscrito na OAB. Não é condição para concessão do desagravo a solicitação de informações à pessoa ou autoridade apontada como ofensora.

**12. (OAB FGV – XXXII Exame) O advogado Júnior foi procurado pela família de João, preso em razão da decretação de prisão temporária em certo estabelecimento prisional. Dirigindo-se ao local, Júnior foi informado que João é considerado um preso de alta periculosidade pelo sistema prisional, tendo em vista o cometimento de diversos crimes violentos, inclusive contra um advogado, integração a organização criminosa e descobrimento de um plano de fuga a ser executado pelo mesmo grupo.**

**Diante de tais circunstâncias, o diretor do estabelecimento conduziu Júnior a uma sala especial, onde poderia conversar com João na presença de um agente prisional destinado a garantir a segurança do próprio Júnior e dos demais. Além disso, foi exigida a apresentação de procuração pelo advogado antes de deixar o estabelecimento prisional.**

**Considerando o caso narrado, assinale a afirmativa correta.**

A) É exigível a apresentação de procuração. Quanto às condições exigidas para a realização da entrevista, por serem devidamente justificadas, não indicam violação de direitos.

B) Não é exigível a apresentação de procuração. Já as condições exigidas para a realização da entrevista violam direitos e implicam o cometimento de fato penalmente típico pelo diretor do estabelecimento.

C) É exigível a apresentação de procuração. Já as condições exigidas para a realização da entrevista indicam violação de direitos, devendo ser combatidas por meio das medidas judiciais cabíveis, tais como a impetração de *habeas corpus*.

D) Não é exigível a apresentação de procuração. Já as condições exigidas para a realização da entrevista indicam violação de direitos, devendo ser combatidas por meio das medidas judiciais cabíveis, tais como a impetração de *habeas corpus*, não se tratando de fato tipificado penalmente.

**13. (OAB FGV – XXXII Exame) A advogada Clotilde, em manifestação oral em juízo, proferiu algumas palavras sobre o adversário processual de seu cliente. Na ocasião, a pessoa mencionada alegou que teria sido vítima de crime de injúria.**

**Considerando o disposto no Estatuto da Advocacia e da OAB, é correto afirmar que**

A) as palavras proferidas podem constituir crime de injúria, a fim de se tutelar a adequada condução da atividade jurisdicional. Além disso, Clotilde poderá responder disciplinarmente perante a OAB pelos excessos que tiver cometido.

B) a imunidade profissional conferida a Clotilde assegura que as palavras proferidas não constituem injúria, tampouco são passíveis de responsabilização disciplinar perante a OAB, independentemente da alegação de excesso.

C) a imunidade profissional conferida a Clotilde assegura que as palavras proferidas não constituem injúria. Contudo, ela poderá responder disciplinarmente perante a OAB pelos excessos que tiver cometido.

D) as palavras proferidas podem constituir crime de injúria, a fim de se tutelar a adequada condução da atividade jurisdicional. Contudo, não são passíveis de responsabilização disciplinar perante a OAB, independentemente da alegação de excesso.

**14. (OAB FGV – XXXII Exame) Maria, advogada, adotou o recém-nascido João. A fim de organizar sua rotina, Maria verifica que tem contestação a apresentar em quinze dias e audiência agendada em quarenta dias, em processos distintos, nos quais figura como única advogada das partes que representa.**

**Sobre a situação apresentada, assinale a afirmativa correta.**

A) Maria, ao comparecer ao fórum para a realização da audiência, terá direito a reserva de vaga na garagem.

B) Maria terá preferência de ordem para a realização da audiência, mediante comprovação de sua condição.

C) Maria terá o prazo para apresentar a contestação interrompido, desde que notifique o cliente por escrito.

D) Maria, ao comparecer ao fórum para a realização da audiência, não deverá ser submetida a detectores de metais e aparelhos de raio X, se estiver acompanhada de João.

---

**Gabarito:** 01. D / 02. D / 03. B / 04. A / 05. B / 06. C / 07. C / 08. B / 09. C / 10. D / 11. C / 12. B / 13. C / 14. B

---

# 6 INSCRIÇÃO NA OAB

**arts. 8º – 14, EAOAB**
**arts. 20 – 26, RGEAOAB**

O exercício da atividade de advocacia no território brasileiro e a denominação de advogado são privativos dos inscritos na Ordem dos Advogados do Brasil, sendo obrigatória a indicação do nome e do número de inscrição em todos os documentos assinados pelo advogado, no exercício de sua atividade. Neste ponto, o Estatuto da Advocacia apresenta capítulo específico, que pode ser estudado da seguinte forma:

## ▪ *Requisitos para inscrição*

| Requisitos para a inscrição como Advogado | Requisitos para a inscrição como Estagiário |
|---|---|
| • Capacidade civil;<br>• Diploma ou certidão de graduação em direito;<br>• Título de eleitor e quitação do serviço militar, se brasileiro;<br>• Aprovação em Exame de Ordem;<br>• Não exercer atividade incompatível com a advocacia;<br>• Idoneidade moral;<br>• Prestar compromisso perante o Conselho. | • Capacidade civil;<br>• Título de eleitor e quitação do serviço militar, se brasileiro;<br>• Não exercer atividade incompatível com a advocacia;<br>• Idoneidade moral;<br>• Prestar compromisso perante o Conselho. |

Alguns dos requisitos merecem especial atenção:

a) **Diploma ou certidão de graduação em direito**

O interessado em promover inscrição no quadro de advogados da OAB, na falta de diploma regularmente registrado, pode apresentar certidão de graduação em direito, juntamente de cópia autenticada do respectivo histórico escolar.

O estrangeiro ou brasileiro, quando não graduado em direito no Brasil, deve fazer prova do título de graduação obtido em instituição estrangeira, devidamente revalidado.

b) **Não exercício de atividade incompatível com a advocacia**

A incompatibilidade determina a proibição total do exercício de qualquer atividade de advocacia. As atividades incompatíveis estão enumeradas no art. 28 do Estatuto da Advocacia e são assim consideradas por, de certa forma, possibilitar "privilégios" aos ocupantes de tais cargos, como, por exemplo, a facilidade de obter informações e a captação de clientela.

**IMPORTANTE LEMBRAR**

O Exame de Ordem pode ser prestado por bacharéis em direito que exercem cargos ou funções incompatíveis com a advocacia, porém é vedada a sua inscrição na OAB.

c) **Idoneidade moral**

A idoneidade moral constitui requisito para inscrição na OAB e também para a sua permanência em seus quadros uma vez que, diante de sua perda, o advogado será punido com sanção de exclusão.

A **inidoneidade moral pode ser suscitada por qualquer pessoa**, devendo ser declarada por decisão de no mínimo dois terços dos membros do Conselho competente, em procedimento no qual se observa o contraditório e a ampla defesa.

**IMPORTANTE LEMBRAR**

A condenação por crime infamante é presunção legal de inidoneidade, salvo reabilitação judicial. Podemos entender como crime infamante aquele que atente contra a dignidade da advocacia, capaz de prejudicar a imagem da classe.

d) **Prestar compromisso**

Os termos do compromisso estão previstos no Regulamento Geral do EAOAB. Trata-se de **requisito indelegável, por sua natureza solene e personalíssima,** devendo ser cumprido exclusivamente pelo requerente à inscrição.

## ■ *Local da Inscrição*

Compete ao Conselho Seccional decidir os pedidos de inscrição nos quadros de advogados e estagiários da OAB.

A **inscrição principal do advogado** deve ser promovida no Conselho Seccional em cujo território pretende estabelecer seu **domicílio profissional, prevalecendo, na falta ou diante de dúvida, o domicílio pessoal**. É considerado como domicílio profissional a sede principal da atividade de advocacia.

Observe que a **inscrição do estagiário** deve ser realizada no Conselho Seccional em cujo território esteja **localizado o seu curso jurídico**.

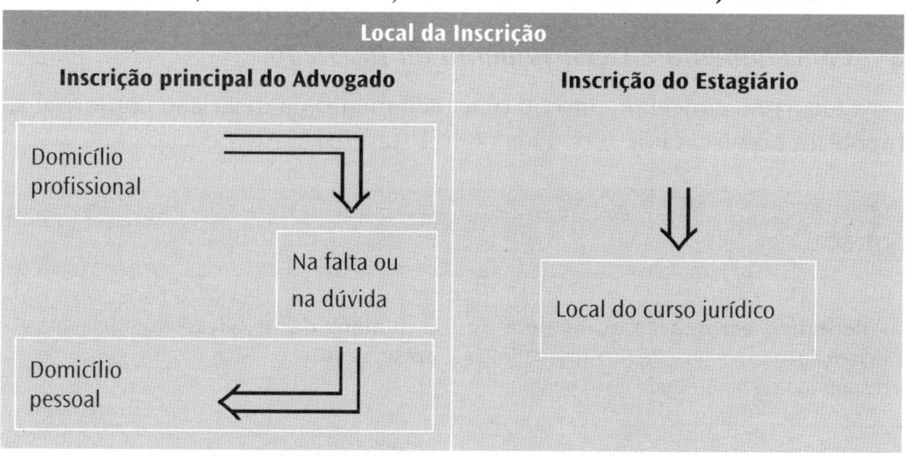


## ■ *Inscrição Suplementar*

A inscrição suplementar deve ser promovida pelo advogado perante o Conselho Seccional, diverso do qual mantém a sua inscrição principal, em cujo território passar a exercer a profissão de **forma habitual**. A habitualidade se dá com a intervenção judicial em **mais de cinco causas** por ano.

Nesse sentido, o advogado é dispensado de comunicar o exercício eventual da profissão em território diverso do que mantém inscrição principal, até o total de cinco causas por ano, acima do qual se obriga à inscrição suplementar.

**Não se pode confundir a inscrição suplementar com a transferência da inscrição**, que deve ser solicitada pelo advogado diante da mudança definitiva de domicílio profissional para outra unidade federativa.

## ▪ *Inscrição especial na OAB*

| | |
|---|---|
| **Permitida a quem?** | Ocupantes de cargos ou funções vinculados direta ou indiretamente a **atividade policial** de qualquer natureza.<br>**Militares** de qualquer natureza, **na ativa**. |
| **Atuação limitada** | Permite o exercício da advocacia em **causa própria**, estritamente para fins de defesa e tutela de direitos pessoais. |
| **Vedação em sociedade de advocacia** | É **vedada a participação** em sociedade de advogados. |
| **Pagamentos** | **Não isenta** o profissional do pagamento da contribuição anual, de multas e de preços de serviços devidos à OAB, vedada cobrança em valor superior ao exigido para os demais membros inscritos. |

## ▪ *Cancelamento e Licenciamento da Inscrição*

Ocorre o cancelamento ou o licenciamento da inscrição conforme as hipóteses previstas nos arts. 11 e 12 do Estatuto da Advocacia.

| Cancelamento da Inscrição | Licenciamento da Inscrição |
|---|---|
| É **definitivo em relação ao número de inscrição**, não sendo este reaproveitado ou restaurado na hipótese de novo pedido. | O **número de inscrição** do advogado é **preservado**. |
| **Cancela-se a inscrição do profissional que:**<br>• Assim o requerer.<br>• Passar a exercer, em **caráter definitivo**, atividade incompatível com a advocacia.<br>• Falecer.<br>• Sofrer penalidade de exclusão.<br>• Perder qualquer um dos requisitos necessários para inscrição. | **Licencia-se o profissional que:**<br>• Requerer, por **motivo justificado**.<br>• Passar a exercer, em **caráter temporário**, atividade incompatível com o exercício da advocacia.<br>• Sofrer doença mental considerada curável. |

## *Requisitos para o retorno após o cancelamento da inscrição*

Ocorrido o cancelamento, é permitido que se faça novo pedido de inscrição, que não restaura a numeração anterior.

| O interessado deve cumprir os seguintes requisitos | • Capacidade civil.<br>• Não exercer atividade incompatível com a advocacia.<br>• Idoneidade moral.<br>• Prestar compromisso perante o Conselho. |
|---|---|

**IMPORTANTE LEMBRAR**

1. O cancelamento, quando consequência de exclusão, impõe que o novo pedido de inscrição seja acompanhado de **provas de reabilitação**.
2. Se o cancelamento da inscrição se der como consequência de exclusão pela prática de crime, o pedido de reabilitação depende também da correspondente **reabilitação criminal**.

## QUESTÕES

**01. (OAB FGV – XXVII Exame) Lúcio pretende se inscrever como advogado junto à OAB. Contudo, ocorre que ele passou por determinada situação conflituosa que foi intensamente divulgada na mídia, tendo sido publicado, em certos jornais, que Lúcio não teria idoneidade moral para o exercício das atividades de advogado.**

**Considerando que Lúcio preenche, indubitavelmente, os demais requisitos para a inscrição, de acordo com o Estatuto da Advocacia e da OAB, assinale a afirmativa correta.**

A) A inidoneidade moral apenas poderá ser suscitada junto à OAB por advogado inscrito e deve ser declarada por meio de decisão da diretoria do conselho competente, por maioria absoluta, em procedimento que observe os termos do processo disciplinar.

B) A inidoneidade moral poderá ser suscitada junto à OAB por qualquer pessoa e deve ser declarada por meio de decisão de, no mínimo, dois terços dos votos de todos os membros do conselho competente, em procedimento que observe os termos do processo disciplinar.

C) A inidoneidade moral apenas poderá ser suscitada junto à OAB por advogado inscrito e deve ser declarada por meio de decisão, por maioria absoluta, de todos os membros do conselho competente, em procedimento que observe os termos do processo disciplinar.

D) A inidoneidade moral poderá ser suscitada junto à OAB por qualquer pessoa e deve ser declarada por meio de decisão, por maioria simples, do Tribunal de Ética e Disciplina do conselho competente, em procedimento que observe os termos do processo disciplinar.

**02. (OAB FGV – XXIV Exame) O advogado Gennaro exerce suas atividades em sociedade de prestação de serviços de advocacia, sediada na capital paulista. Todas as demandas patrocinadas por Gennaro tramitam perante juízos com competência em São Paulo. Todavia, recentemente, a esposa de Gennaro obteve trabalho no Rio de Janeiro. Após buscarem a melhor solução, o casal resolveu que fixaria sua residência, com ânimo definitivo, na capital fluminense, cabendo a Gennaro continuar exercendo as mesmas funções no escritório de São Paulo. Nos dias em que não têm atividades profissionais, o advogado, valendo-se da ponte área, retorna ao domicílio do casal no Rio de Janeiro.**

**Considerando o caso narrado, assinale a afirmativa correta.**

A) O Estatuto da Advocacia e da OAB impõe que Gennaro requeira a transferência de sua inscrição principal como advogado para o Conselho Seccional do Rio de Janeiro.

B) O Estatuto da Advocacia e da OAB impõe que Gennaro requeira a inscrição suplementar como advogado junto ao Conselho Seccional do Rio de Janeiro.

C) O Estatuto da Advocacia e da OAB impõe que Gennaro requeira a inscrição suplementar como advogado junto ao Conselho Federal da OAB.

D) O Estatuto da Advocacia e da OAB não impõe que Gennaro requeira a transferência de sua inscrição principal ou requeira inscrição suplementar.

**03. (OAB FGV – XIX Exame) Victor nasceu no Estado do Rio de Janeiro e formou-se em Direito no Estado de São Paulo. Posteriormente, passou a residir, e pretende atuar profissionalmente como advogado, em Fortaleza, Ceará. Porém, em razão de seus contatos no Rio de Janeiro, foi convidado a intervir também em feitos judiciais em favor de clientes nesse Estado, cabendo-lhe patrocinar seis causas no ano de 2015.**

**Diante do exposto, assinale a opção correta.**

A) A inscrição principal de Victor deve ser realizada no Conselho Seccional de São Paulo, já que a inscrição principal do advogado é feita no Conselho Seccional em cujo território se localize seu curso jurídico. Além da principal, Victor terá a faculdade de promover sua inscrição suplementar nos Conselhos Seccionais do Ceará e do Rio de Janeiro, onde pretende exercer a profissão.

B) A inscrição principal de Victor deve ser realizada no Conselho Seccional do Rio de Janeiro, pois o Estatuto da OAB determina que esta seja promovida no Conselho Seccional em cujo território o advogado exercer intervenção judicial que exceda três causas por ano. Além da principal, Victor poderá promover sua inscrição suplementar nos Conselhos Seccionais do Ceará e de São Paulo.

C) A inscrição principal de Victor deve ser realizada no Conselho Seccional do Ceará. Isso porque a inscrição principal do advogado deve ser feita no Conselho Seccional em cujo território pretende estabelecer o seu domicílio profissional. A promoção de inscrição suplementar no Conselho Seccional do Rio de Janeiro será facultativa, pois as intervenções judiciais pontuais, como as causas em que Victor atuará, não configuram habitualidade no exercício da profissão.

D) A inscrição principal de Victor deve ser realizada no Conselho Seccional do Ceará. Afinal, a inscrição principal do advogado deve ser feita no Conselho Seccional em cujo território ele pretende estabelecer o seu domicílio profissional. Além da principal, Victor deverá promover a inscrição suplementar no Conselho Seccional do Rio de Janeiro, já que esta é exigida diante de intervenção judicial que exceda cinco causas por ano.

**04. (OAB FGV – XVIII Exame) Fernanda, estudante do 8º período de Direito, requereu inscrição junto à Seccional da OAB do Estado onde reside. A inscrição foi indeferida, em razão de Fernanda ser serventuária do Tribunal de Justiça do Estado. Fernanda recorreu da decisão, alegando que preenche todos os requisitos exigidos em lei para a inscrição de estagiário e que o exercício de cargo incompatível com a advocacia não impede a inscrição do estudante de Direito como estagiário.**

**Merece ser revista a decisão que indeferiu a inscrição de estagiário de Fernanda?**

A) Sim, pois Fernanda exerce cargo incompatível com a advocacia e não com a realização de estágio.

B) Não, pois as incompatibilidades previstas em lei para o exercício da advocacia também devem ser observadas quando do requerimento de inscrição de estagiário.

C) Sim, pois o cargo de serventuário do Tribunal de Justiça não é incompatível com a advocacia, menos ainda com a realização de estágio.

D) Não, pois apenas estudantes do último período do curso de Direito podem requerer inscrição como estagiários.

**05. (OAB FGV – XII Exame) Ângelo, comandante das Forças Especiais do Estado "B", é curioso em relação às normas jurídicas, cuja aplicação acompanha na seara castrense, já tendo atuado em órgãos julgadores na sua esfera de atuação. Mantendo a sua atividade militar, obtém autorização especial para realizar curso de Direito, no turno da noite, em universidade pública, à qual teve acesso pelo processo seletivo regular de provas.**

**Ângelo consegue obter avaliação favorável em todas as disciplinas até alcançar o período em que o estágio é permitido. Ele pleiteia sua inscrição no quadro de estagiários da OAB e que o mesmo seja realizado na Justiça Militar.**

**Com base no caso narrado, nos termos do Estatuto da Advocacia, assinale a afirmativa correta.**

A) O estágio é permitido, desde que ocorra perante a Justiça Militar especializada.

B) O estágio é permitido, mas, por tratar-se de função incompatível, é vedada a inscrição na OAB.

C) O estágio poderá ocorrer, mediante autorização especial da Força Armada respectiva.

D) O estágio possui uma categoria especial que limita a atuação em determinados processos.

**06. (OAB FGV – X Exame) Um jovem advogado inicia sua carreira em seu Estado natal, angariando clientes em decorrência das suas raras habilidades de negociador. Com o curso do tempo, sua fama de bom profissional se espraia e, em razão disso, surgem convites para atuar em outros Estados da federação. Ao contatar um cliente no Estado Y, distante mais de mil quilômetros do seu Estado natal, é surpreendido pelas autoridades de Y, com determinação restritiva ao seu exercício profissional, por não ser advogado do local. A partir do exposto, nos termos do Estatuto da Advocacia, assinale a afirmativa correta.**

A) O advogado deve restringir o exercício profissional ao local em que obteve sua inscrição.

B) O advogado deve solicitar autorização a cada processo em que atuar fora do local de inscrição.

C) O advogado deve realizar Exame de Ordem em cada Estado em que for atuar.

D) O advogado pode exercer sua profissão em todo o território nacional.

**07. (OAB FGV – IX Exame – Reaplicação – Ipatinga/MG) Marcio, advogado com inscrição regular, passou a exercer atividade incompatível com a advocacia e, por força disso, teve sua inscrição cancelada. Após sua aposentadoria no cargo que gerava a incompatibilidade, requereu o seu retorno aos quadros da OAB.**

**Assinale a alternativa que indica o requisito exigido pelo Estatuto para a inscrição nesse caso.**

A) Diploma de graduação em Direito.

B) Certificado de reservista.

C) Compromisso perante o Conselho.

D) Título de eleitor.

**08. (OAB FGV – XXX Exame) Jailton, advogado, após dez anos de exercício da advocacia, passou a apresentar comportamentos incomuns. Após avaliação médica, ele foi diagnosticado com uma doença mental curável, mediante medicação e tratamento bastante demorado.**

**Segundo as disposições do Estatuto da Advocacia e da OAB, o caso do advogado Jailton incide em causa de**

A) suspensão do exercício profissional.

B) impedimento para o exercício profissional.

C) cancelamento da inscrição profissional.

D) licença do exercício profissional.

**09. (OAB FGV – XXXIII Exame) Lia, aluna do oitavo período de uma Faculdade de Direito, obteve de certo escritório de advocacia a proposta de um estágio profissional. Assim, pretende providenciar sua inscrição como estagiária junto à OAB.**

**Lia deverá requerer sua inscrição como estagiária junto ao Conselho Seccional em cujo território se situa**

A) a sede do escritório onde atuará.

B) a sede principal da sua atividade de estagiária de advocacia.

C) o seu domicílio de pessoa física.

D) a Faculdade de Direito em que estuda.

**10. (OAB FGV – XXXIII Exame) Carlos é aluno do primeiro período do curso de Direito. Vinícius é bacharel em Direito, que ainda não realizou o Exame da Ordem. Fernanda é advogada inscrita na OAB. Todos eles são aprovados em concurso público realizado por Tribunal de Justiça para o preenchimento de vagas de Técnico Judiciário.**

**Após a investidura de Carlos, Vinícius e Fernanda em tal cargo efetivo e, enquanto permanecerem em atividade, é correto afirmar que**

A) Carlos não poderá frequentar o estágio ministrado pela instituição de ensino superior em que está matriculado.

B) Vinícius preencherá os requisitos necessários para ser inscrito como advogado na OAB, caso venha a ser aprovado no Exame da Ordem.

C) Fernanda deverá ter sua inscrição na OAB cancelada de ofício ou em virtude de comunicação que pode ser feita por qualquer pessoa.

D) Fernanda deverá ter sua inscrição na OAB suspensa, restaurando-se o número em caso de novo pedido.

**11. (OAB FGV - XXXV Exame) Antônio, brasileiro, formou-se em Direito em uma renomada Universidade de certo país da América do Sul. Lá, conheceu e casou se com uma nacional daquele país, Ana, que também se formou em Direito na mencionada universidade.**

**Já graduados, Ana e Antônio decidiram mudar-se para o Brasil, e exercer a advocacia em Minas Gerais, uma vez que se especializaram em determinado ramo do Direito em que há bastante similitude com o Direito do país de origem de Ana.**

**Considerando o caso narrado, assinale a afirmativa correta.**

A) É vedado a Ana o exercício da advocacia no Brasil, salvo, a título precatório, como consultora em Direito Internacional, se não cursar novamente a graduação no nosso país. Antônio, em via diversa, poderá inscrever-se como advogado desde que prove seu título de graduação, obtido na universidade estrangeira, que este seja revalidado e que seja aprovado no Exame de Ordem, cumpridos os demais requisitos legais.

B) Tanto Ana quanto Antônio poderão inscrever-se como advogados, desde que provem seus títulos de graduação, obtidos na universidade estrangeira, que estes sejam revalidados e que eles sejam aprovados no Exame de Ordem, cumpridos os demais requisitos legais.

C) É vedado a Ana o exercício da advocacia no Brasil, salvo, a título precatório, como consultora em Direito Internacional, se não cursar novamente a graduação no nosso país. Antônio poderá inscrever-se como advogado desde que prove seu título de graduação, obtido na universidade estrangeira, independentemente de revalidação, e que seja aprovado no Exame de Ordem, cumpridos os demais requisitos legais.

D) É vedado a Ana e a Antônio o exercício da advocacia no Brasil, salvo, a título precatório, como consultores no Direito estrangeiro, se não cursarem novamente a graduação no nosso país.

**Gabarito:** 01. B / 02. D / 03. D / 04. B / 05. B / 06. D / 07. C / 08. D / 09. D / 10. C / 11. B

# 7 SOCIEDADE DE ADVOGADOS E SOCIEDADE UNIPESSOAL DE ADVOCACIA

**arts. 15 – 17-B, EAOAB**
**arts. 37 – 43, RGEAOAB**
**art. 19, CED**

As Sociedades de Advogados devem observar as normas previstas no Estatuto da Advocacia, no seu Regulamento Geral, nos Provimentos do Conselho Federal e, no que couber, o Código de Ética e Disciplina.

É permitida a reunião de advogados em sociedade simples de prestação de serviços de advocacia, podendo ser **Pluripessoal ou Unipessoal**, sendo vedado o registro e o funcionamento da sociedade que adote característica mercantil, forma de cooperativa ou de sociedade empresária.

**A finalidade da sociedade é exclusivamente a prestação de serviços de advocacia**, sem a promessa de resultados, desenvolvendo atividade-meio e não atividade-fim. As procurações devem ser outorgadas individualmente aos advogados, indicando a sociedade de que façam parte.

## ▪ *Composição*

É permitido o registro e podem funcionar sociedades de advogados que incluam como sócio ou titular de sociedade unipessoal de advocacia pessoa inscrita como advogado(a) e que não seja totalmente proibida de advogar. É admitida a sociedade entre cônjuges, desde que inscritos no Conselho Seccional da OAB competente para promover o registro.

**IMPORTANTE LEMBRAR**

**1. Impedimento ou incompatibilidade temporária:** O impedimento ou a incompatibilidade em caráter temporário do advogado **não o exclui da sociedade** de advogados à qual pertença e **deve ser averbado no registro** da sociedade, observado o disposto nos arts. 27, 28, 29 e 30 do Estatuto da Advocacia. No entanto, é **proibida**, em qualquer **hipótese**, a **exploração de seu nome e de sua imagem em favor da sociedade**.

**2. Advogado, servidor da Administração Pública:** Nas sociedades de advogados, a escolha do sócio-administrador poderá recair sobre advogado que atue como servidor da Administração direta, indireta e fundacional, desde que não esteja sujeito ao regime de dedicação exclusiva (*não lhe é aplicável o disposto no inciso X do* caput *do art. 117 da Lei n. 8.112/90, no que se refere à sociedade de advogados*).

**3. Tributos:** A sociedade de advogados e a sociedade unipessoal de advocacia deverão recolher seus **tributos sobre a parcela da receita que efetivamente lhes couber**, com a exclusão da receita que for transferida a outros advogados ou a sociedades que atuem em forma de parceria para o atendimento do cliente.

## *Razão Social/Denominação*

As regras quanto a razão social ou a denominação de uma sociedade de advocacia pluripessoal ou unipessoal são distintas, podendo ser estudada da seguinte forma:

| Sociedade de advogados | Sociedade unipessoal de advocacia |
|---|---|
| A razão social da sociedade de advogados deve ser formada pelo **nome completo ou abreviado, ou o nome social** de, **no mínimo, um advogado responsável pela sociedade**, acompanhado de expressão que deixe claro que se trata de uma sociedade de advocacia, tais como, "Sociedade de Advogados", "Sociedade de Advogadas e Advogados", "Advogados", "Advocacia" ou "Advogados Associados". | A denominação da sociedade unipessoal de advocacia deve ser formada pelo nome do seu titular, completo ou parcial, acompanhado da expressão "**Sociedade Individual de Advocacia**". |

A sociedade unipessoal de advocacia pode resultar da concentração por um advogado das quotas de uma sociedade de advogados.

IMPORTANTE LEMBRAR

1. **Sócio falecido:** É permitida a permanência do nome ou do nome social de sócio falecido na razão social da sociedade, desde que esteja prevista essa possibilidade no ato constitutivo ou na alteração contratual vigente.
2. **Denominação de fantasia:** Não são admitidas a registro sociedades de advogados que adotem denominação de fantasia.

## ■ *Registro*

O **Conselho Seccional da OAB**, correspondente ao local da sede da sociedade de advocacia, é o órgão competente para aprovar e registrar os seus atos constitutivos, conferindo a esta personalidade jurídica.

Cartórios de Registro Civil de Pessoas Jurídicas e as Juntas Comerciais não são competentes para o registro de sociedade de advogados, nem de qualquer sociedade que inclua a atividade de advocacia.

## ■ *Filial*

É permitida a criação de filiais da sociedade de advogados, no entanto, deve-se observar que:

| | | | | |
|---|---|---|---|---|
| O advogado **não** pode: | ⇒ | • Integrar mais de uma sociedade de advogados;<br>• Constituir mais de uma sociedade unipessoal de advocacia;<br>• Integrar, simultaneamente, uma sociedade de advogados e uma sociedade unipessoal de advocacia; | ⇒ | **com sede ou filial na mesma área territorial do respectivo Conselho Seccional.** |

O ato de constituição de filial deve ser averbado no registro da sociedade e arquivado no Conselho Seccional onde se instalar, devendo os sócios, inclusive o titular da sociedade unipessoal de advocacia, promover **inscrição suplementar**.

## ■ *Responsabilidade*

Os advogados sócios e os associados respondem **subsidiária e ilimitadamente** pelos danos causados diretamente ao cliente, nas hipóteses de dolo ou culpa e por ação ou omissão, no exercício dos atos privativos da advocacia, **não afastando a responsabilidade disciplinar** em que possam incorrer.

## ■ *Espaço de uso individual ou compartilhado*

A sociedade de advogados e a sociedade unipessoal de advocacia **podem ter como sede, filial ou local de trabalho** espaço de uso individual ou compartilhado com outros escritórios de advocacia ou empresas, **desde que respeitadas as hipóteses de sigilo** previstas no Estatuto da Advocacia e no Código de Ética e Disciplina.

## 7.1. ADVOGADO ASSOCIADO

| | |
|---|---|
| **Possibilidade** | A sociedade de advogados pode associar-se com advogados, **sem vínculo de emprego**, para participação nos resultados. |
| **Não relação de emprego** | **Não será admitida** a averbação do contrato de associação que contenha, em conjunto, os elementos caracterizadores de relação de emprego previstos na Consolidação das Leis do Trabalho (CLT). |
| **Associações diversas** | O advogado **poderá associar-se a uma ou mais sociedades de advogados ou sociedades unipessoais de advocacia**, sem que estejam presentes os requisitos legais de vínculo empregatício, para prestação de serviços e participação nos resultados, na forma do Regulamento Geral e de Provimentos do Conselho Federal da OAB. |
| **Formalização da associação** | A associação dar-se-á por meio de **pactuação de contrato próprio,** que poderá ser **de caráter geral ou restringir-se a determinada causa ou trabalho** e que deverá ser **registrado** no Conselho Seccional da OAB em cuja base territorial tiver sede a sociedade de advogados que dele tomar parte. |
| **Contrato de associação** | No **contrato de associação**, o advogado sócio ou associado e a sociedade pactuarão as **condições** para o desempenho **da atividade** advocatícia e estipularão livremente os **critérios para a partilha dos resultados** dela decorrentes.<br><br>**Deve o contrato conter, no mínimo:**<br>• Qualificação das partes, com referência expressa à inscrição no Conselho Seccional da OAB competente;<br>• Especificação e delimitação do serviço a ser prestado;<br>• Forma de repartição dos riscos e das receitas entre as partes, vedada a atribuição da totalidade dos riscos ou das receitas exclusivamente a uma delas;<br>• Responsabilidade pelo fornecimento de condições materiais e pelo custeio das despesas necessárias à execução dos serviços;<br>• Prazo de duração do contrato. |

### ▪ *Conselho Federal da OAB / Competência*

Cabem ao Conselho Federal da OAB a **fiscalização, o acompanhamento e a definição de parâmetros e de diretrizes** da relação jurídica mantida entre advogados e sociedades de advogados ou entre escritório de advogados sócios e advogado associado, inclusive no que se refere ao cumprimento dos requisitos norteadores da associação sem vínculo empregatício autorizada expressamente no Estatuto da Advocacia.

IMPORTANTE LEMBRAR

1. **Representação de clientes com interesses opostos:** Os advogados integrantes da mesma sociedade profissional, ou reunidos em caráter permanente para cooperação recíproca, **não** podem representar, **em juízo ou fora dele**, clientes com interesses opostos.
2. **Atos indispensáveis às finalidades da sociedade:** Podem ser praticados pela sociedade de advogados, com uso da razão social, os atos indispensáveis às suas finalidades, que não sejam privativos de advogado.

## QUESTÕES

**01. (OAB FGV – XXVII Exame) Ricardo Silva, Carlos Santos e Raul Azevedo são advogados e constituem a sociedade Silva, Santos e Azevedo Sociedade de Advogados, para exercício conjunto da profissão. A sociedade consolida-se como referência de atuação em determinado ramo do Direito. Anos depois, Carlos Santos falece e seus ex-sócios pretendem manter seu sobrenome na sociedade.**

**Sobre a manutenção do sobrenome de Carlos Santos na sociedade, de acordo com o Estatuto e com o Regulamento Geral da OAB, assinale a afirmativa correta.**

A) É permitida, desde que expressamente autorizada por seus herdeiros.

B) É vedada, pois da razão social não pode constar o nome de advogado falecido.

C) É permitida, desde que prevista tal possibilidade no ato constitutivo da sociedade ou na alteração contratual em vigor.

D) É permitida, independentemente da previsão no ato constitutivo ou na alteração contratual em vigor, ou de autorização dos herdeiros, desde que autorizada pelo Conselho da respectiva Seccional.

**02. (OAB FGV – XXVI Exame) O advogado Pasquale integra a sociedade de advogados X, juntamente com três sócios. Todavia, as suas funções na aludida sociedade apenas ocupam parte de sua carga horária semanal disponível. Por isso, a fim de ocupar o tempo livre, o advogado estuda duas propostas: de um lado, pensa em criar, paralelamente, uma sociedade unipessoal de advocacia; de outro, estuda aceitar a oferta, proposta pela sociedade de advogados Y, de integrar seus quadros.**

**Considerando que todas as pessoas jurídicas mencionadas teriam sede na mesma área territorial de um Conselho Seccional da OAB, assinale a afirmativa correta.**

A) É permitido que Pasquale integre simultaneamente a sociedade de advogados X e a sociedade de advogados Y. Todavia, não é autorizado que integre simultaneamente a sociedade de advogados X e a sociedade unipessoal de advocacia.

B) É permitido que Pasquale integre simultaneamente a sociedade de advogados X e a sociedade unipessoal de advocacia. Todavia, não é autorizado que integre simultaneamente a sociedade de advogados X e a sociedade de advogados Y.

C) Não é permitido que Pasquale integre simultaneamente a sociedade de advogados X e a sociedade de advogados Y. Tampouco é autorizado que integre simultaneamente a sociedade de advogados X e a sociedade unipessoal de advocacia.

D) É permitido que Pasquale integre simultaneamente a sociedade de advogados X e a sociedade de advogados Y. Também é autorizado que integre simultaneamente a sociedade de advogados X e a sociedade unipessoal de advocacia.

**03. (OAB FGV – XXIII Exame) Miguel, advogado, sempre exerceu a atividade sozinho. Não obstante, passou a pesquisar sobre a possibilidade de constituir, individualmente, pessoa jurídica para a prestação de seus serviços de advocacia. Sobre o tema, assinale a afirmativa correta.**

A) Miguel poderá constituir a pessoa jurídica pretendida, mediante registro dos seus atos constitutivos no Conselho Seccional da OAB em cuja base territorial tiver sede, com denominação formada pelo nome do titular, seguida da expressão "Sociedade Individual de Advocacia".

B) Miguel não poderá constituir a pessoa jurídica pretendida, uma vez que o ordenamento jurídico brasileiro não admite a figura da sociedade unipessoal, ressalvados apenas os casos de unipessoalidade temporária e da chamada subsidiária integral.

C) Miguel poderá constituir a pessoa jurídica pretendida mediante registro dos seus atos constitutivos no Conselho Seccional da OAB, com denominação formada pelo nome do titular, seguida da expressão "EIRELI".

D) Miguel poderá constituir a pessoa jurídica pretendida mediante registro dos seus atos constitutivos no Registro Civil de Pessoas Jurídicas, com denominação formada pelo nome do titular, seguida da expressão "EIRELI".

**04. (OAB FGV – XXII Exame) Os advogados Raimundo da Silva, Severino da Silva e Juscelino da Silva constituíram sociedade simples de prestação de serviços de advocacia, denominada Silva Advogados, com o registro aprovado dos seus atos constitutivos no Conselho Seccional da OAB pertinente ao local da sede. Severino figura como sócio-gerente. Além dos três advogados, não há outros sócios ou associados. Considerando a situação narrada e a disciplina do Regulamento Geral do Estatuto da Advocacia e da OAB, assinale a afirmativa correta.**

A) Os atos indispensáveis à satisfação das finalidades da pessoa jurídica apenas podem ser praticados por Raimundo, Severino ou Juscelino, sendo vedada a prática de atos por Silva Advogados, uma vez que as atividades necessárias ao desempenho da advocacia devem ser exercidas individualmente, ainda que revertam à sociedade os proveitos.

B) Os atos indispensáveis à satisfação das finalidades da pessoa jurídica podem ser praticados por Silva Advogados; porém, os atos privativos de advogado devem ser praticados por Raimundo, Severino ou Juscelino.

C) Os atos indispensáveis à satisfação das finalidades da pessoa jurídica e os atos privativos de advogado podem ser praticados por Silva Advogados.

D) Os atos destinados à satisfação das finalidades da pessoa jurídica apenas devem ser praticados por Severino, sendo vedada a prática de atos por Silva Advogados, uma vez que as atividades necessárias ao desempenho da advocacia devem ser exercidas individualmente, ainda que revertam à sociedade os proveitos. Os atos também não podem ser praticados pelos demais sócios, já que Severino figura como sócio-gerente.

**05. (OAB FGV – XVIII Exame) O banco Dólar é réu em diversos processos de natureza consumerista, todos com idênticos fundamentos de Direito, pulverizados pelo território nacional. Considerando a grande quantidade de feitos e sua abrangência territorial, a instituição financeira decidiu contratar a sociedade de advogados X para sua defesa em juízo, pois esta possui filial em diversos estados da Federação. Diante da consulta formulada pelo banco, alguns advogados, sócios integrantes da filial situada no Rio Grande do Sul, realizaram mapeamento dos processos em trâmite em face da pessoa jurídica. Assim, observaram que esta mesma filial já atua em um dos processos em favor do autor da demanda.**

**Tendo em vista tal situação, assinale a opção correta.**

A) Os advogados deverão recusar, por meio de qualquer sócio do escritório ou filial, a atuação da sociedade de advogados na defesa do banco, pois os advogados sócios de uma mesma sociedade profissional não podem representar em juízo clientes de interesses opostos.

B) Os advogados deverão identificar quem são os sócios do escritório que atuam na causa, pois estes não poderão realizar a defesa técnica do banco em quaisquer dos processos em trâmite, sendo autorizada, porém, a atuação dos demais sócios da sociedade de advogados, de qualquer filial.

C) Os advogados deverão recusar a defesa do banco pela filial da sociedade de advogados no Rio Grande do Sul e indicar as outras filiais para atuação nos feitos, pois todos os sócios da filial ficam impedidos de representar em juízo a instituição financeira, em razão de já haver atuação em favor de cliente com interesses opostos.

D) Os advogados deverão informar ao banco que há atuação de advogados daquela filial em um dos processos em favor do autor da demanda, a fim de que a instituição financeira decida se deseja, efetivamente, que a sua defesa técnica seja realizada pela sociedade de advogados, garantindo, assim, o consentimento informado do cliente.

**06. (OAB FGV – XVIII Exame) Gabriela é sócia de uma sociedade de advogados, tendo, no exercício de suas atividades profissionais, representado judicialmente Júlia. Entretanto, Gabriela, agindo com culpa, deixou de praticar ato imprescindível à defesa de Júlia em processo judicial, acarretando-lhe danos materiais e morais.**

**Em uma eventual demanda proposta por Júlia, a fim de ver ressarcidos os danos sofridos, deve-se considerar que**

A) Gabriela e a sociedade de advogados não podem ser responsabilizadas civilmente pelos danos, pois, no exercício profissional, o advogado apenas responde pelos atos que pratica mediante dolo, compreendido por meio do binômio consciência e vontade.

B) a sociedade de advogados não pode ser responsabilizada civilmente pelos atos ou omissões praticados pessoalmente por Gabriela. Assim, apenas a advogada responderá pela sua omissão decorrente de culpa, no âmbito da responsabilidade civil e disciplinar.

C) Gabriela e a sociedade de advogados responderão civilmente pela omissão decorrente de culpa, sem prejuízo da responsabilidade disciplinar da advogada, cuidando-se de hipótese de responsabilidade civil solidária entre ambas.

D) Gabriela e a sociedade de advogados podem ser responsabilizadas civilmente pela omissão decorrente de culpa. A responsabilidade civil de Gabriela será subsidiária à da sociedade e ilimitada pelos danos causados, sem prejuízo de sua responsabilidade disciplinar.

**07. (OAB FGV – XVIII Exame) Os advogados Márcio, Bruno e Jorge, inscritos nas Seccionais do Paraná e de Santa Catarina da Ordem dos Advogados resolveram constituir determinada sociedade civil de advogados, para atuação na área tributária. A sede da sociedade estava localizada em Curitiba. Como os três sócios estavam inscritos na Seccional de Santa Catarina, eles requereram o registro da sociedade também nessa Seccional. Márcio, por outro lado, já fazendo parte da sociedade com Bruno e Jorge, requereu, juntamente com seu irmão, igualmente advogado, o registro de outra sociedade de advogados também na Seccional do Paraná, esta com especialização na área tributária. As sociedades não são filiais.**

**Sobre a hipótese descrita é correto afirmar que a sociedade de advogados de Márcio, Bruno e Jorge**

A) não poderá ser registrada na seccional de Santa Catarina, pois apenas tem sede na Seccional do Paraná. Márcio não poderá requerer inscrição em outra sociedade de advogados no Paraná.

B) não poderá ser registrada na seccional de Santa Catarina, pois apenas tem sede na Seccional do Paraná. Márcio poderá requerer inscrição em outra sociedade de advogados no Paraná.

C) poderá ser registrada na seccional de Santa Catarina, pois os três advogados que dela fazem parte estão inscritos na Seccional em questão. Márcio não poderá requerer inscrição em outra sociedade de advogados no Paraná.

D) poderá ser registrada na seccional de Santa Catarina, pois os três advogados que dela fazem parte estão inscritos na Seccional em questão. Márcio poderá requerer inscrição em outra sociedade de advogados no Paraná.

**08. (OAB FGV – XV Exame) Os advogados X de Souza, Y dos Santos e Z de Andrade requereram o registro de sociedade de advogados denominada Souza, Santos e Andrade Sociedade de Advogados. Tempos depois, X de Souza vem a falecer, mas os demais sócios decidem manter na sociedade o nome do advogado falecido.**

**Sobre a hipótese, assinale a afirmativa correta.**

A) É possível manter o nome do sócio falecido, desde que prevista tal possibilidade no ato constitutivo da sociedade.

B) É possível manter o nome do sócio falecido, independentemente de previsão no ato constitutivo da sociedade.

C) É absolutamente vedada a manutenção do nome do sócio falecido na razão social da sociedade.

D) É possível manter, pelo prazo máximo de seis meses, o nome do sócio falecido.

**09. (OAB FGV – XXIX Exame) A Sociedade de Advogados X pretende associar-se aos advogados João e Maria, que não a integrariam como sócios, mas teriam participação nos honorários a serem recebidos.**

**Sobre a pretensão da Sociedade de Advogados X, de acordo com o disposto no Regulamento Geral do Estatuto da Advocacia e da OAB, assinale a afirmativa correta.**

A) É autorizada, contudo deve haver formalização em contrato averbado no registro da Sociedade de Advogados. A associação pretendida deverá implicar necessariamente vínculo empregatício.

B) É autorizada, contudo deve haver formalização em contrato averbado no registro da Sociedade de Advogados. A associação pretendida não implicará vínculo empregatício.

C) É autorizada, independentemente de averbação no registro da Sociedade. A associação pretendida não implicará vínculo empregatício.

D) Não é autorizada, pois os advogados João e Maria passariam a integrar a Sociedade X como sócios, mediante alteração no registro da sociedade.

**10. (OAB FGV – XXXI Exame) Os sócios Antônio, Daniel e Marcos constituíram a sociedade Antônio, Daniel & Marcos Advogados Associados, com sede em São Paulo e filial em Brasília.**

**Após desentendimentos entre eles, Antônio constitui sociedade unipessoal de advocacia, com sede no Rio de Janeiro. Marcos, por sua vez, retira-se da sociedade Antônio, Daniel & Marcos Advogados Associados.**

**Sobre a situação apresentada, assinale a afirmativa correta.**

A) Daniel não está obrigado a manter inscrição suplementar em Brasília, já que a sociedade Antônio, Daniel & Marcos Advogados Associados tem sede em São Paulo.

B) Antônio deverá retirar-se da Antônio, Daniel & Marcos Advogados Associados, já que não pode integrar, simultaneamente, uma sociedade de advogados e uma sociedade unipessoal de advocacia.

C) Mesmo após Marcos se retirar da sociedade Antônio, Daniel & Marcos Advogados Associados permanece o impedimento para que ele e Antônio representem em juízo clientes com interesses opostos.

D) Caso Antônio também se retire da Antônio, Daniel & Marcos Advogados Associados, a sociedade deverá passar a ser denominada Daniel Sociedade Individual de Advocacia.

**11. (OAB FGV – XXXI Exame) A sociedade Antônio, Breno, Caio & Diego Advogados Associados é integrada, exclusivamente, pelos sócios Antônio, Breno, Caio e Diego, todos advogados regularmente inscritos na OAB.**

**Em um determinado momento, Antônio vem a falecer. Breno passa a exercer mandato de vereador, sem figurar entre os integrantes da Mesa Diretora da Câmara Municipal ou seus substitutos legais. Caio passa a exercer, em caráter temporário, função de direção em empresa concessionária de serviço público.**

**Considerando esses acontecimentos, assinale a afirmativa correta.**

A) O nome de Antônio poderá permanecer na razão social da sociedade após o seu falecimento, ainda que tal possibilidade não esteja prevista em seu ato constitutivo.

B) Breno deverá licenciar-se durante o período em que exercer o mandato de vereador, devendo essa informação ser averbada no registro da sociedade.

C) Caio deverá deixar a sociedade, por ter passado a exercer atividade incompatível com a advocacia.

D) Com o falecimento de Antônio, se Breno e Caio deixarem a sociedade e nenhum outro sócio ingressar nela, Diego poderá continuar suas atividades, caso em que passará a ser titular de sociedade unipessoal de advocacia.

**12. (OAB FGV – XXXII Exame) A sociedade de advogados "A e B Advogados" está sediada no Rio de Janeiro. Entretanto, em razão das circunstâncias de mercado dos seus clientes, verificou que seria necessário ao bom desempenho das suas atividades profissionais constituir uma filial em São Paulo.**

**No que se refere ao ato de constituição da filial e a atuação dos sócios, assinale a afirmativa correta.**

A) O ato de constituição da filial deve ser averbado no registro da sociedade e arquivado no Conselho Seccional de São Paulo, ficando todos seus sócios obrigados à inscrição suplementar junto ao Conselho Seccional de São Paulo.

B) O ato de constituição da filial deve ser averbado no registro da sociedade e arquivado no Conselho Seccional de São Paulo, ficando obrigados à inscrição suplementar junto ao Conselho Seccional de São Paulo apenas aqueles sócios que habitualmente exercerem a profissão naquela localidade, considerando-se habitualidade a intervenção judicial que exceder cinco causas por ano.

C) O ato de constituição da filial deve ser averbado no registro da sociedade e arquivado no Conselho Seccional do Rio de Janeiro, ficando obrigados à inscrição suplementar junto ao Conselho Seccional de São Paulo apenas aqueles sócios que habitualmente exercerem a profissão naquela localidade, considerando-se habitualidade a intervenção judicial que exceder cinco causas por ano.

D) O ato de constituição da filial deve ser averbado no registro da sociedade e arquivado no Conselho Seccional do Rio de Janeiro, ficando todos seus sócios obrigados à inscrição suplementar junto ao Conselho Seccional de São Paulo.

**13. (FGV – XXXIV Exame de Ordem Unificado) A sociedade empresária Y presta, com estrutura organizacional, atividades de consultoria jurídica e de orientação de marketing para pequenos empreendedores.**

**Considerando as atividades exercidas pela sociedade hipotética, assinale a afirmativa correta.**

A) A sociedade Y deve ter seus atos constitutivos registrados apenas na Junta Comercial.

B) A sociedade Y deve ter seus atos constitutivos registrados apenas no Conselho Seccional da OAB em cuja base territorial tem sede.

C) É vedado o registro dos atos constitutivos da sociedade Y nos Conselhos Seccionais da OAB e também é vedado seu registro na Junta Comercial.

D) Os atos constitutivos da sociedade Y devem ser registrados na Junta Comercial e no Conselho Seccional da OAB em cuja base territorial tem sede.

**14. (FGV – XXXIV Exame de Ordem Unificado) Anderson, titular de sociedade individual de advocacia, é contratado pela sociedade empresária Polvilho Confeitaria Ltda. para atuar em sua defesa em ação judicial ajuizada por Pedro, consumidor insatisfeito.**

**No curso da demanda, a impugnação ao cumprimento de sentença não foi conhecida por ter sido injustificadamente protocolizada por Anderson após o prazo previsto em lei, o que faz com que Pedro receba valor maior do que teria direito e, consequentemente, a sociedade empresária Polvilho Confeitaria Ltda. sofra danos materiais.**

**Diante dessa situação, Anderson, sem prejuízo da responsabilidade disciplinar em que possa incorrer, poderá responder com seu patrimônio pessoal pelos danos materiais causados à sociedade empresária Polvilho Confeitaria Ltda.**

A) Solidariamente, com a sociedade individual de advocacia e de forma ilimitada.

B) Subsidiariamente, em relação à sociedade individual de advocacia e de forma ilimitada.

C) Solidariamente, com a sociedade individual de advocacia e de forma limitada.

D) Subsidiariamente, em relação à sociedade individual de advocacia e de forma limitada.

**15. (OAB FGV - XXXV Exame) Antônio, economista sem formação jurídica, e Pedro, advogado, ambos estudiosos da Análise Econômica do Direito, desejam constituir sociedade de advogados que também fornecerá aos seus clientes serviços de consultoria na área econômica.**

**Ao analisar a possibilidade de registro desse empreendimento, que consideram inovador, Antônio e Pedro concluíram, corretamente, que**

A) poderá ser efetivado, já que é permitido o registro, nos cartórios de registro civil de pessoas jurídicas e nas juntas comerciais, de sociedade que inclua, entre outras finalidades, a atividade de advocacia.

B) não poderá ser efetivado, já que somente são admitidas a registro as sociedades de advogados que explorem ciências sociais complementares à advocacia.

C) poderá ser efetivado, desde que a razão social tenha o nome de, pelo menos, um advogado responsável pela sociedade.

D) não poderá ser efetivado, já que não são admitidas a registro as sociedades de advogados que incluam como sócio pessoa não inscrita como advogado ou totalmente proibida de advogar.

**Gabarito:** 01. C / 02. C / 03. A / 04. B / 05. A / 06. D / 07. A / 08. A / 09. B / 10. D / 11. D / 12. A / 13. C / 14. B / 15. D

# 8 ADVOGADO EMPREGADO

**arts. 18 – 21, EAOAB**
**arts. 11 – 14, RGEAOAB**

## *Isenção técnica e independência*

A qualidade de empregado não retira do advogado sua isenção técnica e independência no exercício profissional. O advogado, utilizando-se de sua experiência e conhecimentos legais, técnicos e éticos, é quem possui melhor condição para decidir a respeito da sua atuação.

**IMPORTANTE LEMBRAR**

O advogado empregado não é obrigado a prestar serviços profissionais de interesse pessoal do empregador, fora da relação de emprego.

## *Honorários*

Nas causas em que for parte o empregador, ou pessoa por este representada, os honorários de sucumbência são devidos aos advogados empregados. Porém, neste ponto, o STF ao julgar a ADIn 1.194 conferiu interpretação "no sentido da **preservação da liberdade contratual** quanto à destinação dos honorários de sucumbência fixados judicialmente".

Dessa forma, os honorários de sucumbência do advogado empregado são partilhados entre ele e a empregadora conforme estabelecido em acordo.

IMPORTANTE LEMBRAR

Os **honorários de sucumbência**, por decorrerem precipuamente do exercício da advocacia e só acidentalmente da relação de emprego, **não integram o salário ou a remuneração**, não podendo, assim, ser considerados para efeitos trabalhistas ou previdenciários.

## *Jornada de Trabalho*

O **período de trabalho do advogado** compreende todo o tempo que o profissional estiver a disposição do empregador, aguardando ou executando ordens, seja no escritório ou em atividades externas. As despesas do advogado, feitas com transporte, hospedagem e alimentação, devem ser reembolsadas.

IMPORTANTE LEMBRAR

1. **Jornada de trabalho:** A jornada de trabalho do advogado empregado, quando prestar serviço para empresas, não poderá exceder a duração diária de 8 (oito) horas contínuas ou de 40 (quarenta) horas semanais.
2. **Dedicação exclusiva:** Considera-se de dedicação exclusiva o regime de trabalho que for expressamente previsto em contrato individual de trabalho. Assim, a dedicação exclusiva **exige previsão contratual**, devendo ser remuneradas como extraordinárias as horas trabalhadas que excederem a jornada de **8 horas diárias**.
3. **Horas extras:** As horas trabalhadas excedentes à jornada normal são remuneradas por um adicional de, pelo menos, **100% sobre o valor da hora normal**, mesmo diante de contrato escrito.
4. **Adicional noturno:** As horas trabalhadas no período das 20 horas de um dia até as 05 horas do dia seguinte são remuneradas como noturnas, acrescidas do adicional de **25%**.

## *Regimes de trabalho do advogado empregado*

As atividades do advogado empregado poderão ser realizadas, a critério do empregador, nos seguintes **regimes**

| Exclusivamente presencial | Não presencial, teletrabalho ou trabalho a distância | Misto |
|---|---|---|
| Modalidade na qual o advogado empregado, desde o início da contratação, realizará o trabalho nas **dependências ou locais indicados pelo empregador**. | Modalidade na qual, desde o início da contratação, o trabalho será **preponderantemente realizado fora das dependências do empregador**, observado | Modalidade na qual as atividades do advogado **poderão ser presenciais, no estabelecimento do contratante ou onde este indicar, ou não presenciais**, conforme as |

| | que o comparecimento nas dependências de forma não permanente, variável ou para participação em reuniões ou em eventos presenciais não descaracterizará o regime não presencial. | condições definidas pelo empregador em seu regulamento empresarial, independentemente de preponderância ou não. |
|---|---|---|

Na vigência da relação de emprego, as **partes poderão pactuar**, por acordo individual simples, **a alteração** de um regime para outro.

## QUESTÕES

**01. (OAB FGV – XXV Exame) Enzo, regularmente inscrito junto à OAB, foi contratado como empregado de determinada sociedade limitada, a fim de exercer atividades privativas de advogado. Foi celebrado, por escrito, contrato individual de trabalho, o qual estabelece que Enzo se sujeitará a regime de dedicação exclusiva. A jornada de trabalho acordada de Enzo é de oito horas diárias. Frequentemente, porém, é combinado que Enzo não compareça à sede da empresa pela manhã, durante a qual deve ficar, por três horas, "de plantão", ou seja, à disposição do empregador, aguardando ordens. Nesses dias, posteriormente, no período da tarde, dirige-se à sede, a fim de exercer atividades no local, pelo período contínuo de seis horas.**

**Considerando o caso narrado e a disciplina do Estatuto da Advocacia e da OAB, bem como do seu Regulamento Geral, assinale a afirmativa correta.**

A) É vedada a pactuação de dedicação exclusiva. Deverão ser remuneradas como extraordinárias as horas diárias excedentes a quatro horas contínuas, incluindo-se as horas cumpridas por Enzo na sede da empresa, bem como as horas que ele permanece em sede externa, executando tarefas ou meramente aguardando ordens do empregador.

B) É autorizada a pactuação do regime de dedicação exclusiva. Deverão ser remuneradas como extraordinárias as horas que excederem a jornada de oito horas diárias, o que inclui as horas cumpridas por Enzo na sede da empresa ou efetivamente executando atividades externas ordenadas pelo empregador. As horas em que Enzo apenas aguarda as ordens fora da sede são consideradas somente para efeito de compensação de horas.

C) É autorizada a pactuação do regime de dedicação exclusiva. Deverão ser remuneradas como extraordinárias as horas que excederem a jornada de oito horas diárias, o que inclui tanto as horas cumpridas por Enzo na sede da empresa como as horas em que ele permanece em sede externa, executando tarefas ou meramente aguardando ordens do empregador.

D) É autorizada a pactuação do regime de dedicação exclusiva. Deverão ser remuneradas como extraordinárias as horas que excederem a jornada de nove horas diárias, o que inclui as horas cumpridas por Enzo na sede da empresa ou efetivamente executando atividades externas ordenadas pelo empregador. As horas em que Enzo apenas aguarda as ordens fora da sede são consideradas somente para efeito de compensação de horas.

**02. (OAB FGV – VI Exame) Mévio é advogado empregado de uma empresa de grande porte atuando como diretor jurídico e tendo vários colegas vinculados à sua direção. Instado por um dos diretores, escala um dos seus advogados para atuar em processo judicial litigioso, no interesse de uma das filhas do referido diretor. À luz das normas estatutárias, é correto afirmar que:**

A) a defesa dos interesses dos familiares dos dirigentes da empresa está ínsita na atuação profissional do advogado empregado.

B) a atuação do advogado empregado, nesses casos, pode ocorrer voluntariamente, sem relação com o seu emprego.

C) a relação de emprego retira do advogado sua independência profissional, pois deve defender os interesses do patrão.

D) em casos de dedicação exclusiva, a jornada de trabalho máxima do advogado será de quatro horas diárias e de 20 horas semanais.

**03. (Cespe – 2010.1) Assinale a opção correta acerca da situação do advogado como empregado, de acordo com as disposições do Estatuto da Advocacia e da OAB.**

A) Considera-se jornada de trabalho o período em que o advogado esteja à disposição do empregador, aguardando ou executando ordens no âmbito do escritório, não sendo consideradas as horas trabalhadas em atividades externas.

B) A relação de emprego, no que se refere ao advogado, não retira a isenção técnica inerente à advocacia, mas reduz a independência profissional, visto que o advogado deve atuar de acordo com as orientações de seus superiores hierárquicos.

C) O advogado empregado não está obrigado à prestação de serviços profissionais de interesse pessoal fora da relação de emprego.

D) Nas causas em que for parte empregador de direito privado, os honorários de sucumbência serão devidos a ele, empregador, e não aos advogados empregados.

**Gabarito:** 01. C / 02. B / 03. C

# 9 HONORÁRIOS ADVOCATÍCIOS

**arts. 22 – 26, EAOAB**
**arts. 48 – 54, CED**
**art. 14, RGEAOAB**

Os honorários advocatícios representam a remuneração do advogado pela prestação de serviços especializados, devendo, para que sejam fixados, levar em consideração

- Moderação
- Tabela de Honorários
- Código de Ética e Disciplina

A **Tabela de Honorários** é instituída pelo Conselho Seccional e válida para todo o território estadual, estabelecendo o **valor mínimo** a ser observado pelo advogado no local onde for realizado o serviço.

O advogado deve abster-se de contratar honorários advocatícios em **valores aviltantes**, irrisórios, abaixo do valor mínimo estabelecido na tabela.

O **Código de Ética e Disciplina** determina que os honorários profissionais devem ser fixados com **moderação**, observando elementos como:

1. o valor da causa;
2. o local da prestação dos serviços;
3. a competência do advogado;
4. a condição econômica do cliente;
5. a relevância e a complexidade das questões;
6. o trabalho e o tempo a ser despendido;
7. a impossibilidade do advogado de atuar em outros casos;
8. o proveito obtido pelo cliente decorrente do serviço prestado;
9. o caráter da intervenção, seja eventual ou frequente;
10. a praxe do foro sobre trabalhos semelhantes.

## Espécies de honorários

O Estatuto confere aos inscritos na OAB, diante da prestação de serviços profissionais, o direito aos **honorários convencionados, aos arbitrados e aos de sucumbência.**

A Lei n. 13.725/2018, ao acrescentar os §§ 6º e 7º no art. 22 do Estatuto, estabeleceu que o direito aos honorários também se aplica aos **honorários assistenciais**.

### 1. Honorários Convencionados

São aqueles contratados entre o advogado e o cliente. Note que, mesmo diante da possibilidade dos honorários serem convencionados verbalmente, convém que a prestação de serviços profissionais por advogado, individualmente ou integrado em sociedades, seja contratada, **preferentemente, por escrito**.

Quanto mais detalhado o contrato firmado entre o advogado e o seu cliente, menor é possibilidade de surgirem dúvidas a seu respeito. Dessa forma, o contrato de prestação de serviços de advocacia não exige forma especial, mas deve estabelecer com clareza e precisão:

- o seu objeto;
- os honorários ajustados e a forma de pagamento;
- a extensão do patrocínio e os atos abrangidos;
- dispor sobre a hipótese de a causa encerrar-se mediante transação ou acordo.

## Encerramento da relação contratual / Distrato e rescisão

**Salvo renúncia expressa do advogado aos honorários** pactuados na hipótese de encerramento da relação contratual com o cliente, **o advogado mantém o direito aos honorários proporcionais** ao trabalho realizado nos processos judiciais e administrativos em que tenha atuado, nos exatos termos do contrato celebrado, inclusive em relação aos eventos de sucesso que porventura venham a ocorrer após o encerramento da relação contratual.

O **distrato e a rescisão do contrato** de prestação de serviços advocatícios, mesmo que formalmente celebrados, **não configuram renúncia expressa aos honorários** pactuados. Note que, na ausência do contrato, os honorários advocatícios serão arbitrados.

IMPORTANTE LEMBRAR

1. **Compensação de créditos:** A compensação de créditos, pelo advogado, de importâncias devidas ao cliente, é admissível quando o contrato de prestação de serviços a autorizar ou quando houver autorização especial do cliente para esse fim.
2. **Custas e serviços auxiliares:** A forma de contratação de profissionais para serviços auxiliares, bem como o pagamento de custas e emolumentos, podem ser previstos no contrato de prestação de serviços. Quando não previsto, presumem-se que deva ser atendido pelo cliente.

Não há uma obrigatoriedade quanto à forma e o momento do pagamento. Porém, na sua ausência, o Estatuto determina que os honorários sejam divididos em três parcelas iguais, sendo devido **um terço no início do serviço, outro terço até a decisão de primeira instância e o restante no final da demanda**.

Caso o advogado junte aos autos o seu contrato de honorários antes de expedir-se o mandado de levantamento ou precatório, o juiz deve determinar que lhe sejam pagos diretamente, por dedução da quantia a ser recebida pelo constituinte.

## 2. Honorários Arbitrados

São arbitrados judicialmente diante da **ausência de contrato escrito ou acordo** entre as partes ou nos casos em que o advogado é indicado para patrocinar causa de juridicamente necessitado, no caso de impossibilidade da Defensoria Pública no local da prestação de serviço.

Diante da **impossibilidade da Defensoria Pública no local** da prestação de serviço, o advogado indicado para patrocinar a causa tem direito aos honorários fixados pelo juiz, segundo tabela organizada pelo Conselho Seccional da OAB, e pagos pelo Estado.

Na falta de estipulação ou de acordo, os honorários são fixados por arbitramento judicial, em remuneração de acordo com o trabalho e o valor econômico da questão, observando o disposto no Código de Processo Civil *(art. 22, § 2º, EAOAB, com redação alterada pela Lei n. 14.365/2022).*

## 3. Honorários de Sucumbência

São os fixados pelo juiz, ao término da demanda, para o advogado “vencedor” e pagos pela parte vencida.

Deve-se lembrar que, com o julgamento da ADIn 1.194-4, o STF declarou a inconstitucionalidade do § 3º do art. 24 do Estatuto da Advocacia, que considera nula qualquer disposição, cláusula, regulamento ou convenção individual ou coletiva, que retire do advogado o direito ao recebimento dos honorários de sucumbência. Assim os honorários de sucumbência pertencem aos advogados, que podem dispor de forma diversa.

Seguindo esse raciocínio a sucumbência dos advogados empregados constituem fundo comum, cuja destinação é decidida pelos profissionais integrantes do serviço jurídico da empresa ou por seus representantes.

### *Retirada do sócio do direito à sucumbência*

Nos casos judiciais e administrativos, as disposições, as cláusulas, os regulamentos ou as convenções individuais ou coletivas que retirem do sócio o direito ao recebimento dos honorários de sucumbência serão **válidos somente após o protocolo de petição que revogue os poderes que lhe foram outorgados ou que noticie a renúncia a eles**, e os **honorários serão devidos proporcionalmente** ao trabalho realizado nos processos.

IMPORTANTE LEMBRAR

1. Os honorários incluídos na condenação, por arbitramento ou sucumbência, pertencem ao advogado, que tem direito autônomo para executar a sentença nesta parte, podendo requerer que o precatório, quando necessário, seja expedido em seu favor.
2. Na hipótese de falecimento ou incapacidade civil do advogado, os honorários de sucumbência, proporcionais ao trabalho realizado, são recebidos por seus sucessores ou representantes legais.
3. Os honorários de sucumbência não integram o salário ou a remuneração, não sendo assim considerados para efeitos trabalhistas ou previdenciários.
4. Fica permitida a **dedução de honorários advocatícios** contratuais dos valores acrescidos, a título de juros de mora, ao montante repassado aos Estados e aos Municípios na forma de precatórios, como complementação de fundos constitucionais. Essa dedução não será permitida aos advogados nas causas que decorram da execução de título judicial constituído em ação civil pública ajuizada pelo Ministério Público Federal.

Note que a **revogação do mandato** não retira do advogado o direito a sucumbência, devendo ser calculada proporcionalmente ao trabalho realizado. Da mesma forma que o acordo feito pelo cliente do advogado e a parte contrária, salvo concordância do profissional, não lhe prejudica os honorários, seja os convencionados ou os concedidos por sentença.

## 4. Honorários Assistenciais

São os honorários fixados em ações coletivas propostas por entidades de classe em substituição processual, sem prejuízo aos honorários convencionais.

Ainda nesse sentido, os honorários convencionados com entidades de classe para atuação em substituição processual **poderão prever a faculdade de indicar os beneficiários** que, ao optarem por adquirir os direitos, assumirão as obrigações decorrentes do contrato originário a partir do momento em que este foi celebrado, sem a necessidade de mais formalidades.

## ■ *Cobrança dos honorários e prescrição*

O contrato de honorários constitui título executivo extrajudicial. Por outro lado, a decisão judicial que os fixar ou os arbitrar configura título executivo judicial.

A sua execução pode ser promovida nos próprios autos da ação em que tenha atuado o advogado ou através de processo distinto.

Na hipótese da necessidade de arbitramento e cobrança judicial dos honorários constitui dever ético do advogado **renunciar previamente ao mandato** do cliente em débito.

**A ação de cobrança de honorários prescreve em cinco anos a contar**

- Do vencimento do contrato.
- Do trânsito em julgado da decisão que os fixar.
- Do término do serviço extrajudicial.
- Da desistência ou transação.
- Da renúncia ou revogação do mandato.

Também prescreve em cinco anos a ação de prestação de contas pelas quantias recebidas pelo advogado de seu cliente, ou de terceiros por conta dele.

**IMPORTANTE LEMBRAR**

O advogado substabelecido, com reserva de poderes, não pode cobrar honorários sem a intervenção daquele que lhe conferiu o substabelecimento, salvo na hipótese de o advogado substabelecido **possuir contrato celebrado com o cliente**.

## ■ *Honorários* ad exitum *ou contrato com cláusula* quota litis

Os honorários *ad exitum* ou o contrato com cláusula *quota litis* representam uma forma de contratação de honorários, que vincula o seu recebimento ao término da ação, **se esta lograr êxito**, em uma porcentagem do proveito obtido pelo cliente.

Observe que o percentual fixado **não deve ser superior a 30% do proveito obtido pelo cliente**, pois violaria a moderação exigida para a contratação dos honorários, e o recebimento somente mediante ao seu sucesso confere ao contrato característica de contrato de risco.

Nesse caso, os honorários devem ser representados por pecúnia, **não** podendo ser superiores ao proveito auferido pelo cliente quando acrescidos dos honorários de sucumbência.

## ▪ *Honorários em bens*

Somente é admitido em **situação excepcional**, desde que o cliente, de modo comprovado, não tenha condições pecuniárias de satisfazer o débito de honorários e ajuste com o advogado essa forma de pagamento em instrumento contratual.

## ▪ *Recebimento de por meio de duplicata, cheque e fatura*

Não é permitido, ao advogado autônomo ou a sociedade de advogados, o recebimento de honorários por meio de duplicatas ou qualquer outro título de crédito de natureza mercantil.

É permitido o recebimento por meio de cheque ou nota promissória emitido pelo cliente em favor do advogado, que poderá ser levado a protesto depois de frustrada a tentativa de recebimento amigável.

É permitida a emissão de fatura quando o cliente assim pretender, devendo estar previsto no contrato de prestação de serviços. No entanto, não poderá ser levada a protesto.

| Recebimento de honorários | Permitido | Protesto |
|---|---|---|
| **Duplicatas**<br>**Títulos de crédito de natureza mercantil** | Não | Não |
| **Cheque**<br>**Nota promissória** | Sim | Sim |
| **Fatura** | Sim (*)<br>* observada a pretensão do cliente e o contrato de serviços | Não |

## ▪ *Recebimento por Cartão de Crédito*

É permitido o recebimento de honorários por meio de cartão de crédito mediante credenciamento junto a empresa operadora do ramo.

**IMPORTANTE LEMBRAR**

1. A OAB ou os seus Tribunais de Ética e Disciplina poderão ser solicitados para indicar **mediador que contribua na partilha dos honorários** de sucumbência entre advogados.
2. Nos **processos disciplinares** que envolverem divergência sobre o recebimento de honorários de sucumbência, entre advogados, deverá ser tentada a conciliação destes, preliminarmente, pelo relator.

## ■ *Bloqueio de patrimônio do cliente*

Diante de bloqueio universal do patrimônio do cliente por decisão judicial, será garantido ao advogado a liberação de até **20% (vinte por cento) dos bens bloqueados** para fins de recebimento de honorários e reembolso de gastos com a defesa.

→ **Ressalvadas** as causas relacionadas aos crimes previstos na **Lei de Drogas** (Lei n. 11.343/2006), e observado o disposto no parágrafo único do art. 243 da Constituição Federal.

- O pedido de desbloqueio de bens será feito em **autos apartados**, que permanecerão em sigilo, mediante a apresentação do respectivo contrato.
- O desbloqueio de bens observará, preferencialmente, a ordem estabelecida na legislação processual civil.
- Tratando-se de dinheiro em espécie, de depósito ou de aplicação em instituição financeira, os valores serão transferidos diretamente para a conta do advogado ou do escritório de advocacia responsável pela defesa. Nos demais casos, o advogado poderá optar pela adjudicação do próprio bem ou por sua venda em hasta pública para satisfação dos honorários devidos, nos termos da legislação processual civil. Eventual valor excedente deverá ser depositado em conta vinculada ao processo judicial.

## ■ *Competência do Conselho Federal da OAB*

Cabe ao **Conselho Federal** da OAB dispor, analisar e decidir sobre os **honorários advocatícios** dos serviços jurídicos realizados pelo advogado, resguardado o sigilo (art. 7º, § 15, EAOAB, acrescentado pela Lei n. 14.365/2022).

# 9.1. ADVOCACIA *PRO BONO*

O Código de Ética e Disciplina de 2015 trouxe avanço relevante à advocacia brasileira ao estabelecer diretrizes para a advocacia *pro bono*.

Nesse estudo convém destacar o que é a advocacia *pro bono*, para quem ela pode ser praticada e quais suas vedações.

| | |
|---|---|
| **Advocacia *pro bono*** | • Representa a prestação **gratuita**, **eventual** e **voluntária** de serviços jurídicos. |
| **Pode ser prestada** | • Para instituições sociais sem fins econômicos e aos seus assistidos, quando não dispuserem de recursos para a contratação de profissional.<br>• Para pessoas naturais que não dispuserem de recursos para, sem prejuízo do próprio sustento, contratar advogado. |
| **Não é permitido** | • Para fins político-partidários ou eleitorais.<br>• Como instrumento de publicidade para captação de clientela. |

Ao exercer a advocacia *pro bono*, e ao atuar como defensor nomeado, conveniado ou dativo, o advogado tem o dever de empregar o zelo e a dedicação habituais, de forma que a parte por ele assistida se sinta amparada e confie no seu patrocínio.

## QUESTÕES

**01. (OAB FGV – XXVII Exame) O advogado Nelson celebrou, com determinado cliente, contrato de prestação de serviços profissionais de advocacia. No contrato, Nelson inseriu cláusula que dispunha sobre a forma de contratação de profissionais para serviços auxiliares relacionados a transporte e a cópias de processos. Todavia, o pacto não tratava expressamente sobre o pagamento de custas e emolumentos.**

**Considerando o caso narrado, assinale a afirmativa correta.**

A) O contrato celebrado viola o disposto no Código de Ética e Disciplina da OAB, pois é vedada a referência a outras atividades diversas da atuação do advogado, como os serviços auxiliares mencionados. Por sua vez, quanto às custas e aos emolumentos, na ausência de disposição em contrário, presume-se que sejam atendidos pelo cliente.

B) O contrato celebrado viola o disposto no Código de Ética e Disciplina da OAB, pois é vedada a referência a outras atividades diversas da atuação do advogado, como os serviços auxiliares mencionados. Por sua vez, quanto às custas e aos emolumentos, na ausência de disposição em contrário, presume-se que sejam antecipados pelo advogado.

C) O Código de Ética e Disciplina da OAB autoriza que o contrato de prestação de serviços de advocacia disponha sobre a forma de contratação de profissionais para serviços auxiliares. Por sua vez, quanto às custas e aos emolumentos, na ausência de disposição em contrário, presume-se que sejam atendidos pelo cliente.

D) O Código de Ética e Disciplina da OAB autoriza que o contrato de prestação de serviços de advocacia disponha sobre a forma de contratação de profissionais para serviços auxiliares. Por sua vez, quanto às custas e aos emolumentos, na ausência de disposição em contrário, presume-se que sejam antecipados pelo advogado.

**02. (OAB FGV – XXVII Exame) O advogado Sebastião é empregado de certa sociedade limitada, competindo-lhe, entre outras atividades da advocacia, atuar nos processos judiciais em que a pessoa jurídica é parte. Em certa demanda, na qual foram julgados procedentes os pedidos formulados pela sociedade, foram fixados honorários de sucumbência em seu favor.**

**Considerando o caso narrado e o disposto no Regulamento Geral do Estatuto da Advocacia e da OAB, assinale a afirmativa correta.**

A) Os referidos honorários integram a remuneração de Sebastião e serão considerados para efeitos trabalhistas, embora não sejam considerados para efeitos previdenciários.

B) Os referidos honorários integram a remuneração de Sebastião e serão considerados para efeitos trabalhistas e para efeitos previdenciários.

C) Os referidos honorários não integram a remuneração de Sebastião e não serão considerados para efeitos trabalhistas, embora sejam considerados para efeitos previdenciários.

D) Os referidos honorários não integram a remuneração de Sebastião e não serão considerados para efeitos trabalhistas, nem para efeitos previdenciários.

**03. (OAB FGV – XXVII Exame) Gilda, empregada terceirizada contratada pela sociedade empresária XX Ltda. para prestar serviços ao Município ABCD, procura o auxílio de Judite, advogada, para o ajuizamento de reclamação trabalhista em face do empregador e do tomador de serviços.**

**Considerando a existência de decisão transitada em julgado que condenou os réus, solidariamente, ao pagamento de verbas de natureza trabalhista, assinale a afirmativa correta.**

A) Em execução contra o Município ABCD, Judite terá direito autônomo a executar a sentença quanto aos honorários incluídos na condenação por arbitramento ou por sucumbência, podendo requerer que o precatório seja expedido em seu favor.

B) Em caso de falência da sociedade empresária XX Ltda., os honorários arbitrados em favor de Judite serão considerados crédito privilegiado, sendo obrigatória sua habilitação perante o juízo falimentar.

C) Em execução contra o Município ABCD, o juiz deve determinar que os honorários contratuais sejam pagos diretamente a Judite, desde que o contrato de honorários seja anexado aos autos após a expedição do precatório, exceto se Gilda provar que já os pagou.

D) Judite poderá cobrar judicialmente os honorários contratuais devidos por Gilda, devendo renunciar ao mandato se, em sede de sentença, a demanda for julgada procedente.

**04. (OAB FGV – XXVI Exame) O advogado Fabrício foi contratado por José para seu patrocínio em processo judicial, por meio de instrumento firmado no dia 14-11-2012.**

**No exercício do mandato, Fabrício distribuiu, em 23-11-2012, petição inicial em que José figurava como autor. No dia 6-11-2013, nos autos do processo, Fabrício foi intimado de sentença, a qual fixou honorários advocatícios sucumbenciais, no valor de dez mil reais, em seu favor. A referida sentença transitou em julgado em 21-11-2013.**

**Considerando que não houve causa de suspensão ou interrupção do prazo prescricional, de acordo com a disciplina do Estatuto da Advocacia e da OAB, assinale a afirmativa correta.**

A) A pretensão de cobrança dos honorários sucumbenciais, fixados em favor de Fabrício, prescreve no prazo de cinco anos, a contar de 14-11-2012.

B) A pretensão de cobrança dos honorários sucumbenciais, fixados em favor de Fabrício, prescreve no prazo de cinco anos, a contar de 6-11-2013.

C) A pretensão de cobrança dos honorários sucumbenciais, fixados em favor de Fabrício, prescreve no prazo de cinco anos, a contar de 21-11-2013.

D) A pretensão de cobrança dos honorários sucumbenciais, fixados em favor de Fabrício, é imprescritível, tendo em vista seu caráter alimentar.

**05. (OAB FGV – XXIV Exame) O advogado Inácio foi indicado para defender em juízo pessoa economicamente hipossuficiente, pois no local onde atua não houve disponibilidade de defensor público para tal patrocínio. Sobre o direito de Inácio à percepção de honorários, assinale a afirmativa correta.**

A) Os honorários serão fixados pelo juiz, apenas em caso de êxito, de natureza sucumbencial, a serem executados em face da parte adversa.

B) Os honorários serão fixados pelo juiz, independentemente de êxito, segundo tabela organizada pelo Conselho Seccional da OAB e pagos pelo Estado.

C) Os honorários serão fixados pelo juiz, apenas em caso de êxito, independentemente de observância aos patamares previstos na tabela organizada pelo Conselho Seccional da OAB, a serem pagos pelo Estado.

D) Os honorários serão fixados pelo juiz, independentemente de êxito, segundo tabela organizada pelo Conselho Seccional da OAB, e pagos pelo patrocinado caso possua patrimônio, a ser executado no prazo de cinco anos, a contar da data da nomeação.

**06. (OAB FGV – XXIV Exame) Certa sociedade de advogados, de acordo com a vontade do cliente, emitiu fatura, com fundamento no contrato de prestação de serviços advocatícios. Em seguida, promoveu o saque de duplicatas quanto ao crédito pelos honorários advocatícios.**

**Considerando o caso narrado, assinale a afirmativa correta.**

A) É vedada a emissão da fatura, com fundamento no contrato de prestação de serviços, bem como não é autorizado o saque de duplicatas quanto ao crédito pelos honorários advocatícios.

B) É autorizada a emissão de fatura, com fundamento no contrato de prestação de serviços, se assim pretender o cliente, sendo também permitido que posteriormente seja levada a protesto. Todavia, é vedado o saque de duplicatas quanto ao crédito pelos honorários advocatícios.

C) É autorizada a emissão de fatura, com fundamento no contrato de prestação de serviços, se assim pretender o cliente, sendo vedado que seja levada a protesto. Ademais, não é permitido o saque de duplicatas quanto ao crédito pelos honorários advocatícios.

D) É vedada a emissão de fatura, com fundamento no contrato de prestação de serviços, mas é permitido que, posteriormente, seja levada a protesto. Ademais, é permitido o saque de duplicatas quanto ao crédito pelos honorários advocatícios.

**07. (OAB FGV – XXIII Exame) O advogado Stéfano, buscando facilitar a satisfação de honorários advocatícios contratuais a que fará jus, estuda tomar duas providências: de um lado, tenciona incluir expressamente no contrato de prestação de seus serviços, com concordância do cliente, autorização para que se dê compensação de créditos pelo advogado, de importâncias devidas ao cliente; de outro, pretende passar a empregar, para o recebimento de honorários, sistema de cartão de crédito, mediante credenciamento junto a uma operadora.**

**Tendo em vista as medidas pretendidas pelo advogado e as disposições do Código de Ética e Disciplina da OAB, assinale a afirmativa correta.**

A) Não é permitida a compensação de créditos, pelo advogado, de importâncias devidas ao cliente, sendo vedada a inclusão de cláusula nesse sentido no contrato de prestação de serviços. De igual maneira, não é admitido o emprego de sistema de cartões de crédito para recebimento de honorários, mediante credenciamento junto a operadoras de tal ramo.

B) Não é permitida a compensação de créditos, pelo advogado, de importâncias devidas ao cliente, sendo vedada a inclusão de cláusula nesse sentido no contrato de prestação de serviços. Porém, é admitido o emprego de sistema de cartões de crédito para recebimento de honorários, mediante credenciamento junto a operadoras de tal ramo.

C) É admitida a compensação de créditos, pelo advogado, de importâncias devidas ao cliente, se houver autorização para tanto no contrato de prestação de serviços. Também é permitido o emprego de sistema de cartões de crédito para recebimento de honorários, mediante credenciamento junto a operadoras de tal ramo.

D) É admitida a compensação de créditos, pelo advogado, de importâncias devidas ao cliente, se houver autorização para tanto no contrato de prestação de serviços. Porém, não é permitido o emprego de sistema de cartões de crédito para recebimento de honorários, mediante credenciamento junto a operadoras de tal ramo.

**08. (OAB FGV – XXII Exame) A advogada Maria foi procurada por certo cliente para o patrocínio de uma demanda judicial. Ela, então, apresentou ao cliente contrato de prestação de seus serviços profissionais. A cláusula dez do documento estabelecia que Maria obrigava-se apenas a atuar na causa no primeiro grau de jurisdição. Além disso, a cláusula treze dispunha sobre a obrigatoriedade de pagamento de honorários, em caso de ser obtido acordo antes do oferecimento da petição inicial. Irresignado, o cliente encaminhou cópia do contrato à OAB, solicitando providências disciplinares. Sobre os termos do contrato, assinale a afirmativa correta.**

A) A cláusula dez do contrato viola o disposto no Código de Ética e Disciplina da OAB, uma vez que é vedada a limitação do patrocínio a apenas um grau de jurisdição. Quanto à cláusula treze, não se vislumbram irregularidades.

B) Não se vislumbram irregularidades quanto às cláusulas dez e treze do contrato, ambas consonantes com o disposto no Estatuto da OAB e no Código de Ética e Disciplina da OAB.

C) A cláusula treze do contrato viola o disposto no Código de Ética e Disciplina da OAB, uma vez que o advogado não faz jus ao recebimento de honorários contratuais em caso de acordo feito entre o cliente e a parte contrária, anteriormente ao oferecimento da demanda. Quanto à cláusula dez, não se vislumbram irregularidades.

D) A cláusula dez do contrato viola o disposto no Código de Ética e Disciplina da OAB, uma vez que é vedada a limitação do patrocínio a apenas um grau de jurisdição. A cláusula treze do contrato também viola o disposto no Código de Ética e Disciplina da OAB, uma vez que o advogado não faz jus ao recebimento de honorários contratuais em caso de acordo feito entre o cliente e a parte contrária, anteriormente ao oferecimento da demanda.

**09. (OAB FGV – XXVIII Exame) Jorge é advogado, atuando no escritório modelo de uma universidade. Em certa ocasião, Jorge é consultado por um cliente, pois este gostaria de esclarecer dúvidas sobre honorários advocatícios. O cliente indaga a Jorge sobre o que seriam os honorários assistenciais.**

**Considerando o disposto no Estatuto da Advocacia e da OAB, assinale a opção que apresenta a resposta de Jorge.**

A) Os honorários assistenciais são aqueles pagos diretamente ao advogado que promove a juntada aos autos do seu contrato de honorários antes de expedir-se o mandado de levantamento ou precatório.

B) Os honorários assistenciais são aqueles devidos ao advogado em periodicidade determinada, pela prestação de serviços advocatícios de forma continuada, nas situações que o cliente venha a ter necessidade, como contrapartida à chamada "advocacia de partido".

C) Os honorários assistenciais são aqueles fixados pelo juiz ao advogado indicado para patrocinar causa de juridicamente necessitado, no caso de impossibilidade da Defensoria Pública no local da prestação do serviço.

D) Os honorários assistenciais são aqueles fixados em ações coletivas propostas por entidades de classe em substituição processual.

**10. (OAB FGV – XXXI Exame) O advogado Fernando foi contratado por Flávio para defendê-lo, extrajudicialmente, tendo em vista a pendência de inquérito civil em face do cliente. O contrato celebrado por ambos foi assinado em 10-3-2015, não prevista data de vencimento.**

**Em 10-3-2017, foi concluída a atuação de Fernando, tendo sido homologado o arquivamento do inquérito civil junto ao Conselho Superior do Ministério Público. Em 10-3-2018, Fernando notificou extrajudicialmente Flávio, pois este ainda não havia adimplido os valores relativos aos honorários contratuais acordados.**

**A ação de cobrança de honorários a ser proposta por Fernando prescreve em**

A) três anos, contados de 10-3-2015.
B) cinco anos, contados de 10-3-2017.
C) três anos, contados de 10-3-2018.
D) cinco anos, contados de 10-3-2015.

**11. (OAB FGV – XXXII Exame) O advogado Filipe, em razão de sua notoriedade na atuação em defesa das minorias, foi procurado por representantes de certa pessoa jurídica X, que solicitaram sua atuação *pro bono* em favor da referida pessoa jurídica, em determinados processos judiciais.**

**De acordo com o Código de Ética e Disciplina da OAB, assinale a opção que apresenta a resposta que deve ser dada por Filipe a tal consulta.**

A) É vedada a atuação *pro bono* em favor de pessoas jurídicas, embora seja possível a defesa das pessoas físicas que sejam destinatárias das suas atividades, desde que estas não disponham de recursos para contratação de profissional.
B) É autorizada a atuação *pro bono* em favor de pessoas jurídicas, desde que consideradas instituições sociais e que não se destinem a fins econômicos, e aos seus assistidos, sempre que os beneficiários não dispuserem de recursos para a contratação de profissional.
C) É autorizada a atuação *pro bono* em favor de pessoas jurídicas, mesmo que destinadas a fins econômicos, desde que a atividade advocatícia atenda a motivos considerados socialmente relevantes, independentemente da existência de recursos para contratação de profissional.
D) É autorizada a atuação *pro bono* em favor de pessoas jurídicas, mesmo que destinadas a fins econômicos, desde que a atividade advocatícia se dirija a motivos considerados socialmente relevantes e as pessoas físicas beneficiárias das suas atividades não disponham de recursos para contratação de profissional.

**12. (FGV – XXXII EXAME DE ORDEM UNIFICADO) Caio procurou o advogado Rodrigo para que este ajuizasse, em favor do primeiro, determinada demanda judicial. Rodrigo, interessado no patrocínio da causa, celebrou com Caio contrato de prestação de serviços advocatícios com adoção de cláusula *quota litis*.**

**Considerando o contrato celebrado, assinale a afirmativa correta.**

A) A adoção da cláusula *quota litis* é vedada pelo Código de Ética e Disciplina da OAB, de modo que o caso deverá ser regido pela disciplina afeta aos contratos silentes sobre os valores devidos a título de honorários contratuais.
B) A adoção da mencionada cláusula é admitida, mas é vedado que os honorários contratados, acrescidos dos honorários da sucumbência, sejam superiores às vantagens advindas por Caio; além disso, não é admitido que os honorários advocatícios incidam sobre o valor de prestações vincendas.
C) A inclusão da cláusula em questão é autorizada, caso em que os honorários contratuais devem ser limitados às vantagens advindas por Caio, excluídos de tal limitação os honorários da sucumbência; além disso, não é admitido que os honorários advocatícios incidam sobre o valor de prestações vincendas.

D) A cláusula *quota litis*, incluída no contrato, é permitida, mas é vedado que os honorários contratados, acrescidos dos honorários da sucumbência, sejam superiores às vantagens advindas por Caio; além disso, admite-se que os honorários advocatícios incidam sobre o valor de prestações vincendas, se estabelecidos com moderação e razoabilidade.

**13. (OAB FGV – XXXIII Exame) A entidade de classe X, atuando em substituição processual, obteve, no âmbito de certo processo coletivo, decisão favorável aos membros da categoria. A advogada Cleide patrocinou a demanda, tendo convencionado com a entidade, previamente, certo valor em honorários. Ao final do feito, foram fixados honorários sucumbenciais pelo juiz.**

**Sobre o caso apresentado, assinale a afirmativa correta.**

A) Cleide deverá optar entre os honorários convencionais e os sucumbenciais.

B) Cleide terá direito aos honorários sucumbenciais, sem prejuízo dos honorários convencionais.

C) Cleide só terá direito aos honorários convencionais e não aos sucumbenciais, que competirão à entidade de classe.

D) Cleide terá apenas direito aos honorários convencionais e não aos sucumbenciais, que reverterão ao Fundo de Amparo ao Trabalhador.

**14. (OAB FGV – XXXIV Exame) O advogado César foi procurado pelo cliente Vinícius, que pretendia sua atuação defendendo-o em processo judicial. Ambos, então, ajustaram certo valor em honorários, por meio de contrato escrito. Na fase de execução do processo, César recebeu pagamentos de importâncias devidas a Vinícius e pretende realizar a compensação com os créditos de que é titular.**

**Com base no caso narrado, assinale a afirmativa correta.**

A) É admissível a compensação de créditos apenas na hipótese de o contrato de prestação de serviços a autorizar; se for silente o contrato, é vedada, mesmo diante de autorização posterior pelo cliente.

B) É admissível a compensação de créditos somente se o contrato de prestação de serviços a autorizar; caso silente o contrato, é possível a compensação, se houver autorização especial firmada pelo cliente para esse fim.

C) A compensação pretendida apenas será cabível se houver autorização especial firmada pelo cliente para esse fim; no contrato de prestação de serviços não é admitida a inclusão prévia de cláusula autorizativa de compensação de créditos.

D) A compensação de créditos é vedada, não sendo admitida a inclusão prévia de cláusula autorizativa no contrato de prestação de serviços; tampouco, autoriza-se tal compensação, ainda que diante de autorização especial firmada pelo cliente para esse fim.

15. (OAB FGV - XXXV Exame) Em certa comarca, em razão da insuficiência do número de defensores públicos em atuação, o Juiz Caio nomeou o advogado Pedro para defender um réu juridicamente necessitado.

**15. (OAB FGV - XXXV Exame) Em certa comarca, em razão da insuficiência do número de defensores públicos em atuação, o Juiz Caio nomeou o advogado Pedro para defender um réu juridicamente necessitado.**

**Quanto aos honorários a serem recebidos por Pedro, assinale a afirmativa correta.**

A) Pedro apenas terá direito ao recebimento de honorários na hipótese de a parte contrária ser sucumbente, a serem pagos pelo autor.

B) Pedro tem direito a honorários fixados pelo juiz, independentemente de sucumbência, a serem pagos pelo Estado, segundo a tabela organizada pelo Conselho Seccional da OAB.

C) Pedro tem direito a honorários fixados pelo juiz, independentemente de sucumbência, a serem pagos pela Defensoria Pública, segundo a tabela organizada pelo Defensor Público Geral do Estado.

D) Pedro apenas terá direito ao recebimento de honorários na hipótese de a parte contrária ser sucumbente, a serem pagos pela Defensoria Pública.

**Gabarito:** 01. C / 02. D / 03. A / 04. C / 05. B / 06. C / 07. C / 08. B / 09. D / 10. B / 11. B / 12. D / 13. B / 14. B / 15. B

# 10 INCOMPATIBILIDADES E IMPEDIMENTOS

arts. 27 – 30, EAOAB

O Estatuto enumera os cargos ou funções que implicam a **limitação ao exercício das atividades de advocacia**.

As limitações aplicadas a esses cargos ou funções podem ser justificadas por características ou privilégios inerentes a eles, tais como redução de independência, influência indevida ou grande possibilidade de captação de clientela.

## *Incompatibilidade*

A incompatibilidade determina a **proibição total** ao exercício da advocacia. Note-se que a proibição abrange, inclusive, a atuação em causa própria.

O art. 28 do EAOAB determina que a advocacia é incompatível, mesmo em causa própria, com as seguintes atividades:

> *I – chefe do Poder Executivo e membros da Mesa do Poder Legislativo e seus substitutos legais;*
>
> *II – membros de órgãos do Poder Judiciário, do Ministério Público, dos tribunais e conselhos de contas, dos juizados especiais, da justiça de paz, juízes classistas, bem como de todos os que exerçam função de julgamento em órgãos de deliberação coletiva da administração pública direta e indireta;*
>
> *III – ocupantes de cargos ou funções de direção em Órgãos da Administração Pública direta ou indireta, em suas fundações e em suas empresas controladas ou concessionárias de serviço público;*
>
> *IV – ocupantes de cargos ou funções vinculados direta ou indiretamente a qualquer órgão do Poder Judiciário e os que exercem serviços notariais e de registro;*

*V – ocupantes de cargos ou funções vinculados direta ou indiretamente a atividade policial de qualquer natureza;*

*VI – militares de qualquer natureza, na ativa;*

*VII – ocupantes de cargos ou funções que tenham competência de lançamento, arrecadação ou fiscalização de tributos e contribuições parafiscais;*

*VIII – ocupantes de funções de direção e gerência em instituições financeiras, inclusive privadas.*

## ▪ *Atividade policial e militares na ativa*

| A incompatibilidade para → | - Ocupantes de cargos ou funções vinculados a atividade policial<br>- Militares na ativa → | **não se aplica** ao exercício da advocacia **em causa própria**, estritamente para fins de defesa e tutela de direitos pessoais → | desde que mediante **inscrição especial** na OAB.<br>___________<br>É vedada a participação em sociedade de advogados. |
|---|---|---|---|

Note que a **inscrição especial** deverá constar do documento profissional de registro na OAB e **não isenta o profissional do pagamento** da contribuição anual, de multas e de preços de serviços devidos à OAB, na forma por ela estabelecida, vedada cobrança em valor superior ao exigido para os demais membros inscritos.

**IMPORTANTE LEMBRAR**

1. Uma vez que a OAB não é vinculada ou subordinada a nenhum órgão da Administração Pública, conforme interpretação do § 1º do art. 44 do Estatuto, a incompatibilidade não abrange seus Conselhos e órgãos julgadores.
2. O **afastamento temporário** da atividade incompatível não afasta a incompatibilidade.
3. Entre os ocupantes de cargos ou funções de direção em Órgãos da Administração Pública, em suas fundações e em suas empresas controladas ou concessionárias de serviço público, **não são incompatíveis aqueles que não detenham poder de decisão** relevante sobre interesses de terceiro, a juízo do Conselho competente da OAB, bem como a administração acadêmica diretamente relacionada ao magistério jurídico.

Enquanto o exercício de atividade incompatível em caráter definitivo implica o cancelamento da inscrição do advogado, o seu exercício em caráter temporário caracteriza hipótese de licenciamento.

### ■ *Impedimento*

O impedimento determina a **proibição parcial** do exercício da advocacia.

Os casos de impedimento estão previstos no art. 30 do Estatuto:

> *I – os servidores da administração direta, indireta e fundacional,* **contra a Fazenda Pública que os remunere ou à qual seja vinculada a entidade empregadora***;*
>
> *II – os membros do Poder Legislativo, em seus diferentes níveis,* **contra ou a favor** *das pessoas jurídicas de direito público, empresas públicas, sociedades de economia mista, fundações públicas, entidades paraestatais ou empresas concessionárias ou permissionárias de serviço público.*

**IMPORTANTE LEMBRAR**

1. Os membros do Poder Legislativo são impedidos de exercer a advocacia. Porém, os membros da **Mesa** do Poder Legislativo e seus substitutos legais exercem atividades incompatíveis.
2. O advogado docente em cursos jurídicos constitui exceção a regra do impedimento.

### ■ *Exclusividade*

Refere-se a casos de **exercício exclusivo ou limitado da advocacia vinculado a determinada função**.

São exclusivamente legitimados para o exercício da advocacia, vinculado as suas atribuições:

- Procuradores-Gerais.
- Advogados-Gerais.
- Defensores-Gerais.
- Dirigentes de órgãos jurídicos da Administração Pública direta, indireta e fundacional.

## QUADRO-RESUMO

| INCOMPATIBILIDADE | IMPEDIMENTO |
|---|---|
| *(art. 28, EAOAB)* | *(art. 30, EAOAB)* |
| Proibição **Total** | Proibição **Parcial** |

| | | |
|---|---|---|
| | I. Servidores Públicos | **Contra:**<br>- Fazenda Pública que o remunere.<br>- Quem esteja vinculada a entidade empregadora. |
| | | |
| | II. Membros do Poder Legislativo | **Contra ou a favor:**<br>- Pessoas jurídicas de Dir. Público;<br>- Empresas públicas;<br>- Sociedades de economia mista;<br>- Fundações públicas;<br>- Entidades paraestatais;<br>- Empresas concessionárias ou permissionárias de serviço público. |

## QUESTÕES

**01. (OAB FGV – XXII Exame) Carolina, Júlia, Bianca e Maria são advogadas. Carolina é servidora estadual não enquadrada em hipótese de incompatibilidade; Júlia está cumprindo suspensão por infração disciplinar; Bianca está licenciada por requerimento próprio justificado; e Maria é servidora federal não enquadrada em hipótese de incompatibilidade. As quatro peticionam, como advogadas, isoladamente e em atos distintos, em ação judicial proposta em face da União. Diante da situação narrada, de acordo com o Estatuto da OAB, são válidos os atos praticados**

A) por Carolina, apenas.

B) por Carolina e Bianca, apenas.

C) por Carolina, Bianca e Maria, apenas.

D) por Carolina, Julia, Bianca e Maria.

**02. (OAB FGV – XIX Exame) Formaram-se em uma Faculdade de Direito, na mesma turma, Luana, Leonardo e Bruno. Luana, 35 anos, já exercia função de gerência em um banco quando se graduou. Leonardo, 30 anos, é prefeito do município de Pontal. Bruno, 28 anos, é policial militar no mesmo município. Os três pretendem praticar atividades privativas de advocacia.**

**Considerando as incompatibilidades e impedimentos ao exercício da advocacia, assinale a opção correta.**

A) Luana não está proibida de exercer a advocacia, pois é empregada de instituição privada, inexistindo impedimentos ou incompatibilidades.

B) Bruno, como os servidores públicos, apenas é impedido de exercer a advocacia contra a Fazenda Pública que o remunera.

C) Os três graduados, Luana, Leonardo e Bruno, exercem funções incompatíveis com a advocacia, sendo determinada a proibição total de exercício das atividades privativas de advogado.

D) Leonardo é impedido de exercer a advocacia apenas contra ou em favor de pessoas jurídicas de direito público, empresas públicas, sociedades de economia mista, fundações públicas, entidades paraestatais ou empresas concessionárias ou permissionárias de serviço público.

**03. (OAB FGV – XVII Exame) Deise é uma próspera advogada e passou a buscar novos desafios, sendo eleita Deputada Estadual. Por força de suas raras habilidades políticas, foi eleita integrante da Mesa Diretora da Assembleia Legislativa do Estado Z. Ao ocupar esse honroso cargo procurou conciliar sua atividade parlamentar com o exercício da advocacia, sendo seu escritório agora administrado pela filha.**

Nos termos do Estatuto da Advocacia, assinale a afirmativa correta.

A) A atividade parlamentar de Deise é incompatível com o exercício da advocacia.

B) A participação de Deise na Mesa Diretora a torna incompatível com o exercício da advocacia.

C) A função de Deise como integrante da Mesa Diretora do Parlamento Estadual é conciliável com o exercício da advocacia.

D) A atividade parlamentar de Deise na Mesa Diretora pode ser conciliada com o exercício da advocacia em prol dos necessitados.

**04. (OAB FGV – XV Exame) Abelardo é magistrado vinculado ao Tribunal de Justiça do Estado K e requer licença para tratamento de questões particulares, pelo prazo de três anos, o que foi deferido. Como, antes de assumir o referido cargo, era advogado regularmente inscrito nos quadros da OAB, requer o seu reingresso, comprovando o afastamento das funções judicantes.**

**Nos termos do Estatuto da Advocacia, assinale a afirmativa correta.**

A) A incompatibilidade com a advocacia persiste mesmo após aposentadoria do cargo efetivo.

B) O afastamento temporário do cargo que gera a incompatibilidade permite inscrição provisória.

C) A incompatibilidade permanece mesmo que ocorra o afastamento temporário do cargo.

D) O afastamento do cargo incompatível permite a inscrição após um período de três anos.

**05. (OAB FGV – XIV Exame) Cláudia, advogada, inicialmente transitou pelo direito privado, com assunção de causas individuais e coletivas. Ao ser contratada por uma associação civil, deparou com questões mais pertinentes ao direito público e, por força disso, realizou novos estudos e contatou colegas mais experientes na matéria. Ao aprofundar suas relações jurídicas, também iniciou participação política na defesa de temas essenciais à cidadania. Por força disso, Cláudia foi eleita prefeita do município X em eleição bastante disputada, tendo vencido seu oponente, o também advogado Pradel, por apenas cem votos. Eleita e empossada, motivada pelo sentido**

**conciliatório, convidou seu antigo oponente para ocupar cargo em comissão na Secretaria Municipal de Fazenda.**

**A partir da hipótese apresentada, observadas as regras do Estatuto da OAB, assinale a opção correta.**

A) A prefeita exerce função incompatível com a advocacia.

B) O secretário municipal pode atuar em ações contra o município.

C) A prefeita deve pedir autorização para exercer a advocacia.

D) O secretário municipal pode atuar em pleitos contra o Estado federado.

**06. (OAB FGV – XIII Exame) Juarez da Silva, advogado, professor adjunto de Direito Administrativo em determinada Universidade Federal, foi procurado, na qualidade de advogado, por um grupo de funcionários públicos federais que desejavam ajuizar determinada ação contra a União.**

**Pode Juarez aceitar a causa, advogando contra a União?**

A) Não. Juarez não pode aceitar a causa, pois está impedido de exercer a advocacia contra a Fazenda Pública que o remunera.

B) Sim. Juarez poderá aceitar a causa, pois o impedimento de exercício da advocacia contra a Fazenda Pública que remunera os advogados que são servidores públicos não inclui a hipótese de docentes de cursos jurídicos.

C) Sim. Juarez poderá aceitar a causa, pois não há nenhum tipo de impedimento para o exercício da advocacia por servidores públicos.

D) Não. Juarez não poderá aceitar a causa, pois exerce o cargo de professor universitário, que é incompatível com o exercício da advocacia.

**07. (OAB FGV – XXX Exame) João Pedro, advogado conhecido no Município Alfa, foi eleito para mandato na Câmara Municipal, na legislatura de 2012 a 2015. Após a posse e o exercício do cargo de vereador em 2012 e 2013, João Pedro licenciou-se do mandato em 2014 e 2015 a convite do Prefeito, para exercer o cargo de Procurador-Geral do Município Alfa.**

**Diante desses fatos, João Pedro,**

A) em 2012 e 2013, poderia exercer a advocacia a favor de entidades paraestatais.

B) em 2012 e 2013, não poderia exercer a advocacia contra empresa concessionária de serviço público estadual.

C) em 2014 e 2015, poderia exercer a advocacia privada, desde que não atuasse contra o Município Alfa ou entidade que lhe seja vinculada.

D) em 2014 e 2015, não poderia exercer a advocacia a favor de autarquia vinculada ao Município Alfa.

**Gabarito:** 01. A / 02. C / 03. B / 04. C / 05. A / 06. B / 07. B

# 11 PUBLICIDADE PROFISSIONAL

**arts. 39 – 47-A, CED**
**Provimento n. 205/2021 do Conselho Federal da OAB**

É permitida a publicidade do advogado ou da sociedade de advocacia desde que:

- adote caráter meramente informativo;
- observe a discrição e a sobriedade;
- não configure captação de clientela ou mercantilização da profissão.

A discrição, a sobriedade e a finalidade informativa devem ser consideradas, não só em relação ao conteúdo, mas também nas formas, dimensões, no local da publicidade e nos meios que utiliza.

Note que publicidade informativa é aquela que contém elementos suficientes para identificar objetivamente o advogado ou a sociedade de advogados, o local do escritório, os serviços prestados e as demais informações obrigatórias.

## ▪ *Violação de normas de publicidade*

Eventuais infrações ético-disciplinares que envolvam publicidade de advocacia realizada de forma inadequada serão punidas com **sanção de censura**, conforme estabelece o art. 36, II, do EAOAB.

## ▪ *Publicidade na internet*

É **permitido** ao advogado a realização de publicidade na internet ou em outros meios eletrônicos, desde que respeite o caráter meramente informativo e observe os regramentos éticos de discrição e sobriedade.

Assim, a **telefonia e a internet podem ser utilizadas** como veículo de publicidade, inclusive para o envio de mensagens a destinatários certos, desde que não impliquem o oferecimento de serviços ou representem forma de captação de clientela.

IMPORTANTE LEMBRAR

| | |
|---|---|
| **A publicidade deve** | • Conter o nome do advogado, nome social ou da sociedade.<br>• Conter o número da inscrição na OAB do advogado/sociedade.<br>• Ter finalidade exclusivamente informativa.<br>• Adotar idioma português e, quando em idioma estrangeiro, deve estar acompanhado da tradução. |
| **A publicidade pode** | • Indicar endereço, e-mail, site, página eletrônica.<br>• Conter logotipo, *QR code* e fotografia do escritório.<br>• Mencionar horário e idiomas de atendimento.<br>• Constar títulos acadêmicos e distinções honoríficas relacionadas à vida profissional.<br>• Indicar especialidades a que se dedica.<br>• Mencionar instituições jurídicas de que faça parte.<br>• Utilizar placas, painéis e inscrições na fachada do escritório de advocacia, para fins de identificação, desde que observe a discrição e a sobriedade. |
| **A publicidade não pode** | • Distribuir panfletos, mala direta ou formas assemelhadas com finalidade de captar clientes.<br>• Ser divulgada em conjunto com outras atividades ou indicar vínculos;<br>• Ser veiculada por meio de rádio, cinema e televisão.<br>• Mencionar emprego, cargo ou função ocupado, atual ou pretérito, em qualquer órgão *ou instituição*, **salvo o de professor universitário**.<br>• Fornecer dados de contato em colunas ou artigos literários, culturais, acadêmicos ou jurídicos, publicados na imprensa ou em veiculação de matérias pela internet, sendo permitida a referência a e-mail.<br>• Incluir fotografias pessoais ou de terceiros nos cartões de visitas do advogado.<br>• Utilizar *outdoors*, painéis luminosos ou formas assemelhadas.<br>• Adotar inscrições em muros, paredes, veículos, elevadores ou em qualquer espaço público. |

## ■ *Mala direta*

É **vedada** a utilização de mala direta, a distribuição de panfletos ou formas assemelhadas de publicidade **com a finalidade de captação de clientela**. Nesse sentido, viola a moderação o envio de correspondência, de modo indiscriminado com oferecimento de serviços, a uma coletividade ou a pessoas que não sejam clientes ou que não tenham solicitado.

Correspondências, comunicados e publicações que versem sobre constituição, colaboração, composição e qualificação de componentes de escritório e especificação de especialidades profissionais, bem como boletins informativos e comentários sobre legislação, somente **podem ser fornecidos a clientes, pessoas de relacionamento pessoal ou àqueles que tenham solicitado ou autorizado previamente**.

## ■ *Advogado na mídia*

É vedado ao advogado responder com habitualidade a consulta sobre matéria jurídica nos meios de comunicação social. A **participação eventual**, em programa de televisão ou de rádio, de entrevista na imprensa, de reportagem televisionada ou veiculada por qualquer outro meio, para manifestação profissional, deve visar a **objetivos exclusivamente ilustrativos, educacionais e instrutivos**, evitando-se o debate de caráter sensacionalista.

**Neste ponto não é admitido que**

- Vise promoção pessoal ou profissional.
- Realize pronunciamentos sobre métodos de trabalho usados por seus colegas de profissão.
- Realize debate de causa sob o patrocínio de outro advogado.
- Aborde tema que comprometa a dignidade da profissão e da instituição que o congrega.
- Divulgue ou permita que sejam divulgadas listas de clientes e demandas.
- Insinue-se para reportagens e declarações públicas.

IMPORTANTE LEMBRAR

**Colunas em meios de comunicação:** As colunas que o advogado mantiver nos meios de comunicação social ou os textos que por meio deles divulgar **não devem induzir o leitor a litigar nem promover a captação de clientela**.

### ▪ *Patrocínio de eventos*

São admissíveis como formas de publicidade o patrocínio de eventos ou publicações de caráter científico ou cultural, assim como a divulgação de boletins, por meio físico ou eletrônico, sobre matéria cultural de interesse dos advogados. Neste caso, a circulação deve ser limitada a **clientes e a interessados do meio jurídico**.

## PROVIMENTO N. 205/2021:

| | |
|---|---|
| **Anuários** | Somente é possível a participação em publicações que indiquem, de forma clara e precisa, qual a metodologia e os critérios de pesquisa ou de análise que justifiquem a inclusão de determinado escritório de advocacia ou advogado(a) na publicação, ou ainda que indiquem que se trata de mera compilação de escritórios ou advogados(as).<br>É vedado o pagamento, patrocínio ou efetivação de qualquer outra despesa para viabilizar anúncios ou aparição em publicações como contrapartida de premiação ou ranqueamento. |
| **Aplicativos para responder consultas jurídicas** | Não é admitida a utilização de aplicativos de forma indiscriminada para responder automaticamente consultas jurídicas a não clientes por suprimir a imagem, o poder decisório e as responsabilidades do profissional, representando mercantilização dos serviços jurídicos. |
| **Aquisição de palavra-chave a exemplo do *Google Ads*** | Permitida a utilização de ferramentas de aquisição de palavra-chave quando responsivo a uma busca iniciada pelo potencial cliente e desde que as palavras selecionadas estejam em consonância com ditames éticos. Proibido o uso de anúncios ostensivos em plataformas de vídeo. |
| **Cartão de visitas** | Deve conter nome ou nome social do(a) advogado(a) e o número da inscrição na OAB e o nome da sociedade, se integrante de sociedade.<br>Pode conter número de telefone, endereço físico/eletrônico, QR Code que permita acesso aos dados/*site*.<br>Pode ser físico e eletrônico. |
| ***Chatbot*** | Permitida a utilização para o fim de facilitar a comunicação ou melhorar a prestação de serviços jurídicos, **não podendo afastar a pessoalidade da prestação do serviço jurídico,** nem suprimir a imagem, o poder decisório e as responsabilidades do profissional.<br>É possível, por exemplo, a utilização no *site* para responder as primeiras dúvidas de um potencial cliente ou para encaminhar as primeiras informações sobre a atuação do escritório. Ou, ainda, como uma solução para coletar dados, informações ou documentos. |

| | |
|---|---|
| **Correspondências e comunicados (mala direta)** | O envio de cartas e comunicações a uma coletividade ("mala direta") é expressamente vedado. Somente é possível o envio de cartas e comunicações se destinadas a clientes e pessoas de relacionamento pessoal ou que os solicitem ou os autorizem previamente, desde que não tenham caráter mercantilista, que não representem captação de clientes e que não impliquem oferecimento de serviços. |
| **Criação de conteúdo, palestras, artigos** | Deve ser orientada pelo caráter técnico informativo, sem divulgação de resultados concretos obtidos, clientes, valores ou gratuidade. |
| **Ferramentas Tecnológicas** | Podem ser utilizadas com a finalidade de auxiliar os(as) advogados(as) a serem mais eficientes em suas atividades profissionais, sem suprimir a imagem, o poder decisório e as responsabilidades do profissional. |
| **Grupos de "whatsapp"** | Permitida a divulgação por meio de grupos de "whatsapp", desde que se trate de grupo de pessoas determinadas, das relações do(a) advogado(a) ou do escritório de advocacia e seu conteúdo respeite as normas do Código de Ética e Disciplina e do provimento. |
| ***Lives* nas redes sociais e Youtube** | É permitida a realização de *lives* nas redes sociais e vídeos no Youtube, desde que seu conteúdo respeite as normas do Código de Ética e Disciplina e do provimento. |
| **Patrocínio e impulsionamento nas redes sociais** | Permitido, desde que não se trate de publicidade contendo oferta de serviços jurídicos. |
| **Petições, papéis, pastas e materiais de escritório** | Pode conter nome e nome social do(a) advogado(a) e da sociedade, endereço físico/eletrônico, número de telefone e logotipo. |
| **Placa de identificação do escritório** | Pode ser afixada no escritório ou na residência do(a) advogado(a), não sendo permitido que seja luminosa tal qual a que se costuma ver em farmácias e lojas de conveniência. Suas dimensões não são preestabelecidas, bastando que haja proporcionalidade em relação às dimensões da fachada do escritório ou residência, sempre respeitando os critérios de discrição e moderação. |
| **Redes Sociais** | É permitida a presença nas redes sociais, desde que seu conteúdo respeite as normas do Código de Ética e Disciplina e do provimento. |

## ■ *Termo de Ajustamento de Conduta (TAC)*

A Resolução n. 4/2020 acrescentou os arts. 47-A e 58-A ao Código de Ética e Disciplina, estabelecendo a possibilidade da celebração de **Termo de Ajustamento de Conduta – TAC** em casos relativos à **publicidade profissional** e às **infrações disciplinares puníveis com censura**.

Quanto às hipóteses relativas à publicidade profissional:

| É admitida a celebração de Termo de Ajustamento de Conduta no âmbito dos Conselhos Seccionais e do Conselho Federal. | Finalidade ⟹ | **Fazer cessar a publicidade irregular praticada por advogados e estagiários.** |
|---|---|---|

Convém observar que o TAC está regulamentado no provimento do Conselho Federal da OAB n. 200/2020. Nesse sentido, sugiro a leitura do capítulo relativo ao Processo Disciplinar nesta obra.

## QUESTÕES

**01. (OAB FGV – XXV Exame) O advogado Valter instalou, na fachada do seu escritório, um discreto painel luminoso com os dizeres "Advocacia Trabalhista". A sociedade de advogados X contratou a instalação de um sóbrio painel luminoso em um dos pontos de ônibus da cidade, onde constava apenas o nome da sociedade, dos advogados associados e o endereço da sua sede. Já a advogada Helena fixou, em todos os elevadores do prédio comercial onde se situa seu escritório, cartazes pequenos contendo inscrições sobre seu nome, o ramo do Direito em que atua e o andar no qual funciona o escritório.**

**Considerando as situações descritas e o disposto no Código de Ética e Disciplina da OAB, assinale a afirmativa correta.**

A) Apenas Valter e a sociedade de advogados X violaram a disciplina quanto à ética na publicidade profissional.

B) Apenas Helena violou a disciplina quanto à ética na publicidade profissional.

C) Valter, Helena e a sociedade de advogados X violaram a disciplina quanto à ética na publicidade profissional.

D) Apenas a sociedade de advogados X e Helena violaram a disciplina quanto à ética na publicidade profissional.

**02. (OAB FGV – XXIV Exame) Em determinada edição de um jornal de grande circulação, foram publicadas duas matérias subscritas, cada qual, pelos advogados Lúcio e Frederico. Lúcio assina, com habitualidade, uma coluna no referido jornal, em que responde, semanalmente, a consultas sobre matéria jurídica. Frederico apenas subscreveu matéria jornalística naquela edição, debatendo certa causa, de natureza criminal, bastante repercutida na mídia, tendo analisado a estratégia empregada pela defesa do réu no processo.**

**Considerando o caso narrado e o disposto no Código de Ética e Disciplina da OAB, assinale a afirmativa correta.**

A) Lúcio e Frederico cometeram infração ética.
B) Apenas Lúcio cometeu infração ética.
C) Apenas Frederico cometeu infração ética.
D) Nenhum dos advogados cometeu infração ética.

**03. (OAB FGV – XXII Exame) Marcelo, renomado advogado, foi convidado para participar de matéria veiculada pela Internet, por meio de portal de notícias, com a finalidade de informar os leitores sobre direitos do consumidor. Ao final da matéria, mediante sua autorização, foi divulgado o e-mail de Marcelo, bem como o número de telefone do seu escritório.**

**Sobre essa situação, de acordo com o Código de Ética e Disciplina da OAB, assinale a afirmativa correta.**

A) Marcelo não pode participar de matéria veiculada pela Internet, pois esse fato, por si só, configura captação de clientela.
B) Marcelo pode participar de matéria veiculada pela Internet, mas são vedadas a referência ao e-mail e ao número de telefone do seu escritório ao final da matéria.
C) Marcelo pode participar de matéria veiculada pela Internet e são permitidas a referência ao e-mail e ao número de telefone do seu escritório ao final da matéria.
D) Marcelo pode participar de matéria veiculada pela Internet, mas é vedada a referência ao número de telefone do seu escritório ao final da matéria, sendo permitida a referência ao seu e-mail.

**04. (OAB FGV – XXI Exame) Janaína é procuradora do município de Oceanópolis e atua, fora da carga horária demandada pela função, como advogada na sociedade de advogados Alfa, especializada em Direito Tributário. A profissional já foi professora na universidade estadual Beta, situada na localidade, tendo deixado o magistério há um ano, quando tomou posse como procuradora municipal. Atualmente, Janaína deseja imprimir cartões de visitas para divulgação profissional de seu endereço e telefones. Assim, dirigiu-se a uma gráfica e elaborou o seguinte modelo: no centro do cartão, consta o nome e o número de inscrição de Janaína na OAB. Logo abaixo, o endereço e os telefones do escritório. No canto superior direito, há uma pequena fotografia da advogada, com vestimenta adequada. Na parte inferior do cartão, estão as seguintes inscrições "procuradora do município de Oceanópolis", "advogada – Sociedade de Advogados Alfa" e "ex-professora da Universidade Beta". A impressão será feita em papel branco com proporções usuais e grafia discreta na cor preta.**

**Considerando a situação descrita, assinale a afirmativa correta.**

A) Os cartões de visitas pretendidos por Janaína não são adequados às regras referentes à publicidade profissional. São vedados: o emprego de fotografia pessoal e a referência ao cargo de procurador municipal. Os demais elementos poderão ser mantidos.
B) Os cartões de visitas pretendidos por Janaína, pautados pela discrição e sobriedade, são adequados às regras referentes à publicidade profissional.

C) Os cartões de visitas pretendidos por Janaína não são adequados às regras referentes à publicidade profissional. São vedados: o emprego de fotografia e a referência ao cargo de magistério que Janaína não mais exerce. Os demais elementos poderão ser mantidos.

D) Os cartões de visitas pretendidos por Janaína não são adequados às regras referentes à publicidade profissional. São vedados: a referência ao cargo de magistério que Janaína não mais exerce e a referência ao cargo de procurador municipal. Os demais elementos poderão ser mantidos.

**05. (OAB FGV – XXI Exame) Florentino, advogado regularmente inscrito na OAB, além da advocacia, passou a exercer também a profissão de corretor de imóveis, obtendo sua inscrição no conselho pertinente. Em seguida, Florentino passou a divulgar suas atividades, por meio de uma placa na porta de um de seus escritórios, com os dizeres: Florentino, advogado e corretor de imóveis.**

**Sobre o tema, assinale a afirmativa correta.**

A) É vedado a Florentino exercer paralelamente a advocacia e a corretagem de imóveis.

B) É permitido a Florentino exercer paralelamente a advocacia e a corretagem de imóveis, desde que não sejam prestados os serviços de advocacia aos mesmos clientes da outra atividade. Além disso, é permitida a utilização da placa empregada, desde que seja discreta, sóbria e meramente informativa.

C) É permitido a Florentino exercer paralelamente a advocacia e a corretagem de imóveis. Todavia, é vedado o emprego da aludida placa, ainda que discreta, sóbria e meramente informativa.

D) É permitido a Florentino exercer paralelamente a advocacia e a corretagem de imóveis, inclusive em favor dos mesmos clientes. Também é permitido empregar a aludida placa, desde que seja discreta, sóbria e meramente informativa.

**06. (OAB FGV – XVII Exame) O advogado Nelson, após estabelecer seu escritório em local estratégico nas proximidades dos prédios que abrigam os órgãos judiciários representantes de todas as esferas da Justiça, resolve publicar anúncio em que, além dos seus títulos acadêmicos, expõe a sua vasta experiência profissional, indicando os vários cargos governamentais ocupados, inclusive o de Ministro de prestigiada área social.**

**Nos termos do Código de Ética da Advocacia, assinale a afirmativa correta.**

A) O anúncio está adequado aos termos do Código, pois indica os títulos acadêmicos e a experiência profissional.

B) O anúncio está adequado aos termos do Código, por não conter adjetivações ou referências elogiosas ao profissional.

C) O anúncio colide com as normas do Código, pois a referência a títulos acadêmicos é vedada por indicar a possibilidade de captação de clientela.

D) O anúncio colide com as normas do Código, que proíbem a referência a cargos públicos capazes de gerar captação de clientela.

**07. (OAB FGV – XIV Exame) O advogado Armando alterou o endereço de seu escritório e, para comunicar tal alteração, enviou correspondência a grande número de pessoas, notadamente, seus clientes e outros advogados.**

**Observadas as regras do Estatuto da OAB e do Código de Ética e Disciplina da OAB, Armando realizou publicidade irregular?**

A) Sim. Considera-se imoderado qualquer anúncio profissional mediante remessa de correspondência a uma coletividade.

B) Sim. Ao advogado é vedado o envio de correspondência a clientes, salvo para tratar de temas que sejam de interesse desses últimos.

C) Não. Armando poderia ter enviado a correspondência em questão, pois estava apenas comunicando a alteração de seu endereço.

D) Não. A publicidade por meio de correspondência é permitida em qualquer caso e para comunicar qualquer tipo de informação.

**08. (OAB FGV – XXVIII Exame) A advogada Leia Santos confeccionou cartões de visita para sua apresentação e de seu escritório. Nos cartões, constava seu nome, número de inscrição na OAB, bem como o *site* do escritório na Internet e um QR code para que o cliente possa obter informações sobre o escritório. Já o advogado Lucas Souza elaborou cartões de visita que, além do seu nome e número de inscrição na OAB, apresentam um logotipo discreto e a fotografia do escritório.**

**Considerando as situações descritas e o disposto no Código de Ética e Disciplina da OAB, assinale a afirmativa correta.**

A) Leia e Lucas cometeram infrações éticas, pois inseriram elementos vedados pelo Código de Ética e Disciplina da OAB nos cartões de apresentação.

B) Nenhum dos advogados cometeu infração ética, pois os elementos inseridos por ambos nos cartões de apresentação são autorizados.

C) Apenas Leia cometeu infração ética, pois inseriu elementos vedados pelo Código de Ética e Disciplina da OAB nos cartões de apresentação. Os elementos empregados por Lucas são autorizados.

D) Apenas Lucas cometeu infração ética, pois inseriu elementos vedados pelo Código de Ética e Disciplina da OAB nos cartões de apresentação. Os elementos empregados por Leia são autorizados

**09. (OAB FGV – XXXIII Exame) O renomado advogado José deseja editar, para fins de publicidade, cartões de apresentação de suas atividades profissionais como advogado.**

**José, especialista em arbitragem e conciliação, já exerceu a função de conciliador junto a órgãos do Poder Judiciário. Além disso, José, atualmente, é conselheiro em certo Conselho Seccional da OAB e é professor aposentado do curso de Direito de certa universidade federal.**

**Considerando as informações dadas, assinale a afirmativa correta.**

A) É vedada menção, nos cartões de apresentação de José, à sua condição de conselheiro do Conselho Seccional, bem como à pregressa atuação de José como conciliador e à de professor universitário.

B) É vedada menção, nos cartões de apresentação de José, à sua condição de conselheiro do Conselho Seccional. Todavia, autoriza-se a referência nos cartões à pregressa atuação de José como conciliador e à atividade de professor universitário.

C) É vedada menção, nos cartões de apresentação de José, à sua pregressa atuação como conciliador. Todavia, autoriza-se a referência nos cartões à condição de conselheiro do Conselho Seccional, bem como, à atividade de professor universitário.

D) É vedada menção, nos cartões de apresentação de José, à sua condição de conselheiro do Conselho Seccional, bem como à pregressa atuação de José como conciliador. Todavia, autoriza-se a referência nos cartões à atividade de professor universitário.

**10. (OAB FGV – XXXIII Exame) Luiz Felipe, advogado, mantém uma coluna semanal em portal na internet destinado ao público jurídico. Para que a conduta de Luiz Felipe esteja de acordo com as normas relativas à publicidade da profissão de advogado, ele poderá**

A) debater causa sob o patrocínio de outro advogado.

B) externar posicionamento que induza o leitor a litigar.

C) responder à consulta sobre matéria jurídica de forma esporádica.

D) fazer referência ao seu telefone e e-mail de contato ao final da coluna.

**11. (OAB FGV - XXXV Exame) O estagiário de Direito Jefferson Santos, com o objetivo de divulgar a qualidade de seus serviços, realizou publicidade considerada irregular por meio da Internet, por resultar em captação de clientela, nos termos do Código de Ética e Disciplina da OAB.**

**Quanto aos instrumentos admitidos no caso em análise, assinale a afirmativa correta.**

A) É admitida a celebração de termo de ajustamento de conduta, tanto no âmbito dos Conselhos Seccionais quanto do Conselho Federal, para fazer cessar a publicidade irregular praticada.

B) Não é permitida a celebração de termo de ajustamento de conduta, tendo em vista tratar-se de estagiário.

C) É admitida a celebração de termo de ajustamento de conduta para fazer cessar a publicidade irregular praticada, que deverá seguir regulamentação constante em provimentos de cada Conselho Seccional, quanto aos seus requisitos e condições.

D) Não é permitida a celebração de termo de ajustamento de conduta, tendo em vista a natureza da infração resultante da publicidade irregular narrada.

**Gabarito:** 01. D / 02. A / 03. D / 04. A / 05. C / 06. D / 07. C / 08. B / 09. D / 10. C / 11. A

# 12 INFRAÇÕES E SANÇÕES DISCIPLINARES

**arts. 34 – 43, EAOAB**

O art. 34 do Estatuto enumera as infrações disciplinares que, se praticadas por advogados ou estagiários inscritos na OAB, implicam a aplicação pela instituição de sanções. Porém, a aplicação de sanções disciplinares não está restrita às infrações previstas no Estatuto.

As **sanções disciplinares** consistem em

- Censura.
- Suspensão.
- Exclusão.
- Multa.

## *Sanção de Censura*

Características

- Aplicada diante das infrações consideradas "menos graves".
- Representa um registro no prontuário do advogado.
- Sanção escrita.
- **Não** publicada ou divulgada.
- Registrada nos assentamentos do inscrito.

IMPORTANTE LEMBRAR

1. **Violação de normas:** A violação de normas do Código de Ética e Disciplina ou do Estatuto da Advocacia enseja a aplicação da censura, caso não seja determinado sanção mais grave.
2. **Termo de Ajustamento de Conduta (TAC):** Nos casos de infração ético-disciplinar punível com **censura**, será admissível a celebração de termo de ajustamento de conduta **se o fato apurado não tiver gerado repercussão negativa** à advocacia.

## São casos de aplicação da sanção de censura:

- Exercer a profissão, quando impedido de fazê-lo, ou facilitar, por qualquer meio, o seu exercício aos não inscritos, proibidos ou impedidos;
- Manter sociedade profissional fora das normas e preceitos estabelecidos no Estatuto da Advocacia;
- Valer-se de agenciador de causas, mediante participação nos honorários a receber;
- Angariar ou captar causas, com ou sem a intervenção de terceiros;
- Assinar qualquer escrito destinado a processo judicial ou para fim extrajudicial que não tenha feito, ou em que não tenha colaborado;
- Advogar contra literal disposição de lei, presumindo-se a boa-fé quando fundamentado na inconstitucionalidade, na injustiça da lei ou em pronunciamento judicial anterior;
- Violar, sem justa causa, sigilo profissional;
- Estabelecer entendimento com a parte adversa sem autorização do cliente ou ciência do advogado contrário;
- Prejudicar, por culpa grave, interesse confiado ao seu patrocínio;
- Acarretar, conscientemente, por ato próprio, a anulação ou a nulidade do processo em que funcione;
- Abandonar a causa sem justo motivo ou antes de decorridos dez dias da comunicação da renúncia;
- Recusar-se a prestar, sem justo motivo, assistência jurídica, quando nomeado em virtude de impossibilidade da Defensoria Pública;
- Fazer publicar na imprensa, desnecessária e habitualmente, alegações forenses ou relativas a causas pendentes;
- Deturpar o teor de dispositivo de lei, de citação doutrinária ou de julgado, bem como de depoimentos, documentos e alegações da parte contrária, para confundir o adversário ou iludir o juiz da causa;
- Fazer, em nome do constituinte, sem autorização escrita deste, imputação a terceiro de fato definido como crime;
- Deixar de cumprir, no prazo estabelecido, determinação emanada do órgão ou de autoridade da Ordem, em matéria da competência desta, depois de regularmente notificado;
- Praticar, o estagiário, ato excedente de sua habilitação.

**ADVERTÊNCIA**

A existência de **circunstância atenuante** possibilita que a censura seja convertida em advertência.

São exemplos de circunstâncias atenuante: ⇒

- A falta cometida na defesa de prerrogativa profissional.
- Primariedade.
- Exercício assíduo ou proficiente de mandato ou cargo na OAB.
- Relevantes serviços prestados à advocacia ou à causa pública.

A principal diferença entre a advertência e a censura está no fato de que a **advertência não é registrada nos assentamentos do inscrito**.

## *Sanção de Suspensão*

Características:

- Impede o exercício de qualquer atividade de advocacia, em todo o território nacional.
- Prazo de **trinta dias a doze meses**, podendo perdurar em determinados casos.
- Publicada.
- Registrada nos assentamentos do inscrito.

**IMPORTANTE LEMBRAR**

A reincidência em infração disciplinar enseja a aplicação da suspensão.

São **casos de aplicação da sanção de suspensão**:

- Prestar concurso a clientes ou a terceiros para realização de ato contrário à lei ou destinado a fraudá-la;
- Solicitar ou receber de constituinte qualquer importância para aplicação ilícita ou desonesta;
- Receber valores, da parte contrária ou de terceiro, relacionados com o objeto do mandato, sem expressa autorização do constituinte;
- Locupletar-se, por qualquer forma, à custa do cliente ou da parte adversa, por si ou interposta pessoa;
- Recusar-se, injustificadamente, a prestar contas ao cliente de quantias recebidas dele ou de terceiros por conta dele;

- Reter, abusivamente, ou extraviar autos recebidos com vista ou em confiança;
- Incidir em erros reiterados que evidenciem inépcia profissional;
- Manter conduta incompatível com a advocacia.

**O prazo da suspensão pode ser prorrogado**, além dos doze meses, quando for aplicada por conta da recusa injustificada de prestar contas ao cliente de quantias recebidas dele ou de terceiros por conta dele.

Nesse caso, a suspensão permanece até a efetiva prestação de contas e o pagamento, devidamente atualizado.

IMPORTANTE LEMBRAR

**STF – Inconstitucionalidade da suspensão pelo não pagamento de anuidade.** O Supremo Tribunal Federal se manifestou pela **inconstitucionalidade dos arts. 34, inc. XXIII, e 37, § 2º, do Estatuto da Advocacia.** Foi fixada a seguinte tese: "É inconstitucional a suspensão realizada por conselho de fiscalização profissional do exercício laboral de seus inscritos por inadimplência de anuidades, pois a medida consiste em sanção política em matéria tributária". Plenário, Sessão Virtual de 17-4-2020 a 24-4-2020 *(Recurso Extraordinário – RE 647.885).*

Outra hipótese de prorrogação da suspensão se dá em decorrência da incidência em **erros reiterados**. Nesse caso, a aprovação em **novas provas de habilitação** determina o término da suspensão.

IMPORTANTE LEMBRAR

1. Os **erros reiterados** estão relacionados à inépcia profissional, ou seja, o desconhecimento da técnica jurídica ou da linguagem.
2. A **conduta incompatível**, que determina a aplicação da sanção de suspensão, deve ser entendida como aquela capaz de prejudicar a dignidade da advocacia. A embriaguez ou toxicomania habitual e a prática de jogos de azar, não autorizada por lei, de forma reiterada são exemplos de condutas incompatíveis com a advocacia.

## *Sanção de Exclusão*

Características:

- Impede o exercício de qualquer atividade de advocacia.
- Hipótese de **cancelamento da inscrição**.
- Depende de manifestação favorável de dois terços dos membros do Conselho Seccional.
- Publicada.
- Registrada nos assentamentos do inscrito.

São **casos de aplicação da sanção de exclusão**:

- Aplicação, por três vezes, de suspensão;
- Fazer falsa prova de qualquer dos requisitos para inscrição na OAB;
- Tornar-se moralmente inidôneo para o exercício da advocacia;
- Praticar crime infamante.

**IMPORTANTE LEMBRAR**

A Lei n. 14.365/2022, ao incluir o § 6º-I, no art. 7º do Estatuto da Advocacia, estabeleceu expressamente **proibição ao advogado de efetuar colaboração premiada** contra quem seja ou tenha sido seu cliente, podendo ensejar sua **exclusão**:

**Colaboração premiada** ⇒ É **vedado ao advogado** efetuar colaboração premiada contra quem seja ou tenha sido seu cliente ⇒ Inobservância! ↓ **Processo Disciplinar** ↓ Pode implicar na **exclusão** (sem prejuízo das penas previstas na legislação penal)

A **idoneidade moral**, requisito para inscrição no quadro de advogados da OAB, deve ser preservada pelo advogado por toda a sua carreira. Dessa forma, o profissional do direito que se torna moralmente inidôneo, além do cancelamento da sua inscrição, deve ser excluído dos quadros da OAB.

Crime infamante deve ser classificado como aquele que, se praticado por advogado, provoque a má fama e atente contra a dignidade da advocacia.

## ■ *Sanção de Multa*

Características:

- Sanção acessória;
- Aplicável diante de circunstância agravante;
- Valor aplicado variável de uma a dez anuidades.

A multa é aplicável de forma **cumulativa a sanção de censura ou de suspensão**. Não há previsão para a sua aplicação com a sanção de exclusão.

IMPORTANTE
LEMBRAR

Para a aplicação de qualquer sanção pela OAB, é exigido o devido processo disciplinar, no qual é **assegurado ao representado o amplo direito de defesa**.

## 12.1. REABILITAÇÃO

A reabilitação **restaura a primariedade** do advogado ao retirar dos seus assentamentos o registro da sanção disciplinar aplicada. É permitida para qualquer sanção aplicada pela OAB, inclusive a de exclusão.

O requerimento da reabilitação pode ser feito **após um ano do cumprimento da sanção**, tendo como requisito a comprovação de bom comportamento.

IMPORTANTE
LEMBRAR

Quando a sanção disciplinar resultar da **prática de crime**, o pedido de reabilitação depende também da correspondente **reabilitação criminal**.

## 12.2. PRESCRIÇÃO

A prescrição em relação à punibilidade pode ocorrer de duas formas, em dois prazos: **cinco anos ou três anos**.

A pretensão punitiva prescreve em cinco anos, contados da data da constatação oficial dos fatos.

A prescrição intercorrente ocorrerá quando o processo ficar paralisado, pendente de despacho ou julgamento, por mais de três anos. Nesse caso, o processo deverá ser arquivado de ofício ou a requerimento da parte interessada, sem prejuízo de serem apuradas as responsabilidades pela paralisação.

IMPORTANTE
LEMBRAR

A **prescrição será interrompida** com a:

- Instauração de processo disciplinar;
- notificação válida do representado;
- decisão condenatória recorrível de qualquer órgão julgador da OAB.

# QUESTÕES

**01. (OAB FGV – XXVIII Exame) Gabriel, advogado, teve aplicada contra si penalidade de suspensão, em razão da prática das seguintes condutas: atuar junto a cliente para a realização de ato destinado a fraudar a lei; recusar-se a prestar contas ao cliente de quantias recebidas dele e incidir em erros reiterados que evidenciaram inépcia profissional. Antes de decorrido o prazo para que pudesse requerer a reabilitação quanto à aplicação dessas sanções e após o trânsito em julgado das decisões administrativas, instaurou-se contra ele, em razão dessas punições prévias, novo processo disciplinar.**

**Com base no caso narrado, assinale a opção que indica a penalidade disciplinar a ser aplicada.**

A) De exclusão, para a qual é necessária a manifestação da maioria absoluta dos membros do Conselho Seccional competente.

B) De suspensão, que o impedirá de exercer o mandato e implicará o cancelamento de sua inscrição na OAB.

C) De exclusão, ficando o pedido de nova inscrição na OAB condicionado à prova de reabilitação.

D) De suspensão, que o impedirá de exercer o mandato e o impedirá de exercer a advocacia em todo o território nacional, pelo prazo de doze a trinta meses.

**02. (OAB FGV – XXVI Exame) Júlio Silva sofreu sanção de censura por infração disciplinar não resultante da prática de crime; Tatiana sofreu sanção de suspensão por infração disciplinar não resultante da prática de crime; e Rodrigo sofreu sanção de suspensão por infração disciplinar resultante da prática de crime ao qual foi condenado. Transcorrido um ano após a aplicação e o cumprimento das sanções, os três pretendem obter a reabilitação, mediante provas efetivas de seu bom comportamento.**

**De acordo com o EOAB, assinale a afirmativa correta.**

A) Júlio e Tatiana fazem jus à reabilitação, que pode ser concedida após um ano mediante provas efetivas de bom comportamento, nos casos de qualquer sanção disciplinar. O pedido de Rodrigo, porém, depende também da reabilitação criminal.

B) Apenas Júlio faz jus à reabilitação, que pode ser concedida após um ano mediante provas efetivas de bom comportamento, somente nos casos de sanção disciplinar de censura.

C) Todos fazem jus à reabilitação, que pode ser concedida após um ano mediante provas efetivas de bom comportamento, nos casos de qualquer sanção disciplinar, independentemente se resultantes da prática de crime, tendo em vista que são esferas distintas de responsabilidade.

D) Ninguém faz jus à reabilitação, que só pode ser concedida após dois anos mediante provas efetivas de bom comportamento, nos casos de sanção disciplinar de censura, e após três anos nos casos de sanção disciplinar de suspensão.

**03. (OAB FGV – XXV Exame) Carlos praticou infração disciplinar, oficialmente constatada em 09 de fevereiro de 2010. Em 11 de abril de 2013, foi instaurado**

**processo disciplinar para apuração da infração, e Carlos foi notificado em 15 de novembro do mesmo ano. Em 20 de fevereiro de 2015, o processo ficou pendente de julgamento, que só veio a ocorrer em 1º de março de 2018.**

**De acordo com o Estatuto da OAB, a pretensão à punibilidade da infração disciplinar praticada por Carlos**

A) está prescrita, tendo em vista o decurso de mais de três anos entre a constatação oficial da falta e a instauração do processo disciplinar.

B) está prescrita, tendo em vista o decurso de mais de seis meses entre a instauração do processo disciplinar e a notificação de Carlos.

C) está prescrita, tendo em vista o decurso de mais de três anos de paralisação para aguardar julgamento.

D) não está prescrita, tendo em vista que não decorreram cinco anos entre cada uma das etapas de constatação, instauração, notificação e julgamento.

**04. (OAB FGV – XX Exame) A advogada Dolores cometeu infração disciplinar sujeita à sanção de suspensão em 12-7-2004. Em 13-7-2008 o fato foi oficialmente constatado, tendo sido encaminhada notícia a certo Conselho Seccional da OAB. Em 14-7-2010 foi instaurado processo disciplinar. Em 15-7-2012 foi aplicada definitivamente a sanção disciplinar de suspensão.**

**Sobre o tema, assinale a afirmativa correta.**

A) A pretensão à punibilidade das infrações disciplinares prescreve em oito anos. No caso narrado, não se operou o fenômeno prescritivo.

B) A pretensão à punibilidade das infrações disciplinares prescreve em cinco anos. No caso narrado, operou-se o fenômeno prescritivo, pois decorridos mais de cinco anos entre a data do fato e a instauração do processo disciplinar.

C) A pretensão à punibilidade das infrações disciplinares prescreve em oito anos. No caso narrado, operou-se o fenômeno prescritivo, pois decorridos mais de oito anos entre a data do fato e a aplicação definitiva da sanção disciplinar.

D) A pretensão à punibilidade das infrações disciplinares prescreve em cinco anos. No caso narrado, não se operou o fenômeno prescritivo.

**05. (OAB FGV – XX Exame) Guilherme é advogado de José em ação promovida por este em face de Bruno, cujo advogado é Gabriel. Na audiência de conciliação, ao deparar-se com Bruno, Guilherme o reconhece como antigo amigo da época de colégio, com o qual havia perdido contato. Dias após a realização da audiência, na qual foi frustrada a tentativa de conciliação, Guilherme se reaproxima de Bruno, e com vistas a solucionar o litígio, estabelece entendimento sobre a causa diretamente com ele, sem autorização de José e sem ciência de Gabriel.**

**Na situação narrada,**

A) Guilherme cometeu infração disciplinar ao estabelecer entendimento com Bruno, tanto pelo fato de não haver ciência de Gabriel, como por não haver autorização de José.

B) Guilherme cometeu infração disciplinar ao estabelecer entendimento com Bruno, pelo fato de não haver ciência de Gabriel, mas não por não haver autorização de José.

C) Guilherme cometeu infração disciplinar ao estabelecer entendimento com Bruno, pelo fato de não haver autorização de José, mas não por não haver ciência de Gabriel.

D) Guilherme não cometeu infração disciplinar ao estabelecer entendimento com Bruno, sem ciência de Gabriel ou autorização de José.

**06. (OAB FGV – XIX Exame) Os advogados Ivan e Dimitri foram nomeados, por determinado magistrado, para prestarem assistência jurídica a certo jurisdicionado, em razão da impossibilidade da Defensoria Pública. As questões jurídicas debatidas no processo relacionavam-se à interpretação dada a um dispositivo legal. Ivan recusou-se ao patrocínio da causa, alegando que a norma discutida também lhe é aplicável, não sendo, por isso, possível que ele sustente em juízo a interpretação legal benéfica à parte assistida e prejudicial aos seus próprios interesses. Dimitri também se recusou ao patrocínio, pois já defendeu interpretação diversa da mesma norma em outro processo.**

**Sobre a hipótese apresentada, é correto afirmar que**

A) Ivan e Dimitri cometeram infração disciplinar, pois é vedado ao advogado recusar-se a prestar assistência jurídica, sem justo motivo, quando nomeado em virtude de impossibilidade da Defensoria Pública.

B) apenas Dimitri cometeu infração disciplinar, pois não se configura legítima a recusa por ele apresentada ao patrocínio da causa, sendo vedado ao advogado, sem justo motivo, recusar-se a prestar assistência jurídica, quando nomeado em virtude de impossibilidade da Defensoria Pública.

C) apenas Ivan cometeu infração disciplinar, pois não se configura legítima a recusa por ele apresentada ao patrocínio da causa, sendo vedado ao advogado, sem justo motivo, recusar-se a prestar assistência jurídica, quando nomeado.

D) nenhum dos advogados cometeu infração disciplinar, pois se afiguram legítimas as recusas apresentadas ao patrocínio da causa.

**07. (OAB FGV – XVIII Exame) A advogada Ana retirou de cartório os autos de determinado processo de conhecimento em que representava a parte ré, para apresentar contestação. Protocolou a petição tempestivamente, mas deixou de devolver os autos em seguida por esquecimento, só o fazendo após ficar pouco mais de um mês com os autos em seu poder. Ao perceber que Ana não devolvera os autos imediatamente após cumprir o prazo, o magistrado exarou despacho pelo qual a advogada foi proibida de retirar novamente os autos do cartório em carga, até o final do processo.**

**Nos termos do Estatuto da Advocacia, deve-se assentar quanto à sanção disciplinar que**

A) não se aplica porque Ana não chegou a ser intimada a devolver os autos.

B) não se aplica porque Ana ficou menos de três meses com os autos em seu poder.

C) aplica-se porque Ana reteve abusivamente os autos em seu poder.

D) aplica-se porque Ana não poderia ter retirado os autos de cartório para cumprir o prazo assinalado para contestação.

**08. (OAB FGV – XVII Exame) O advogado F recebe do seu cliente WW determinada soma em dinheiro para aplicação em instrumentos necessários à exploração de jogo não autorizado por lei.**

**Nos termos do Estatuto da Advocacia, a infração disciplinar**

A) decorre somente se o advogado exige o valor para aplicação ilícita.

B) surge diante do recebimento para aplicação ilícita.

C) incorre, pois se trata de mero ilícito moral.

D) é descaracterizada por ausência de previsão legal.

**09. (OAB FGV – XXIX Exame) Milton, advogado, exerceu fielmente os deveres decorrentes de mandato outorgado para defesa do cliente Tomás, em juízo. Todavia, Tomás deixou, injustificadamente, de efetuar o pagamento dos valores acordados a título de honorários. Em 8-4-2019, após negar-se ao pagamento devido, Tomás solicitou a Milton que agendasse uma reunião para que este esclarecesse, de forma pormenorizada, questões que entendia pertinentes e necessárias sobre o processo. Contudo, Milton informou que não prestaria nenhum tipo de informação judicial sem pagamento, a fim de evitar o aviltamento da atuação profissional. Em 10-5-2019, Tomás solicitou que Milton lhe devolvesse alguns bens móveis que haviam sido confiados ao advogado durante o processo, relativos ao objeto da demanda. Milton também se recusou, pois pretendia alienar os bens para compensar os honorários devidos.**

**Considerando o caso narrado, assinale a afirmativa correta.**

A) Apenas a conduta de Milton praticada em 8-4-2019 configura infração ética.

B) Ambas as condutas de Milton, praticadas em 8-4-2019 e em 10-5-2019, configuram infrações éticas.

C) Nenhuma das condutas de Milton, praticadas em 8-4-2019 e em 10-5-2019, configura infração ética.

D) Apenas a conduta de Milton praticada em 10-5-2019 configura infração ética.

**10. (OAB FGV – XXXIV Exame) O advogado Pedro praticou infração disciplinar punível com censura, a qual gerou repercussão bastante negativa à advocacia, uma vez que ganhou grande destaque na mídia nacional. Por sua vez, o advogado Hélio praticou infração disciplinar punível com suspensão, a qual não gerou maiores repercussões públicas, uma vez que não houve divulgação do caso para além dos atores processuais envolvidos.**

**Considerando a situação hipotética narrada, assinale a afirmativa correta.**

A) É admissível a celebração de termo de ajustamento de conduta tanto por Pedro como por Hélio.
B) Não é admissível a celebração de termo de ajustamento de conduta por Pedro nem por Hélio.
C) É admissível a celebração de termo de ajustamento de conduta por Pedro, mas não é admissível a celebração de termo de ajustamento de conduta por Hélio.
D) É admissível a celebração de termo de ajustamento de conduta por Hélio, mas não é admissível a celebração de termo de ajustamento de conduta por Pedro.

**Gabarito:** 01. C / 02. A / 03. C / 04. D / 05. A / 06. D / 07. A / 08. B / 09. B / 10. B

# 13 ORDEM DOS ADVOGADOS DO BRASIL

**arts. 44 – 62, EAOAB**
**arts. 44 – 127, RGEAOAB**

A Ordem dos Advogados do Brasil é dotada de personalidade jurídica e, conforme se interpreta do Estatuto, não é vinculada nem subordinada a nenhum órgão da Administração Pública.

## *Informações gerais*

1. A OAB é serviço público federal independente.
2. É dotada de personalidade jurídica e forma federativa.
3. Tem natureza jurídica de **instituição pública** *sui generis* (DISTRITO FEDERAL, STF ADIn 3.026, Rel. Ministro Eros Grau, 2006).
4. Tem competência para fixar e cobrar de seus inscritos as contribuições, preços de serviços e multas, constituindo título executivo extrajudicial a certidão de dívida passada pela diretoria do Conselho competente.
5. O pagamento da contribuição anual à OAB isenta os inscritos nos seus quadros do pagamento obrigatório da contribuição sindical.

**IMPORTANTE LEMBRAR**

1. **Imunidade tributária:** É assegurada a OAB imunidade tributária total em relação a seus bens, rendas e serviços.
2. **Cargos na OAB:** O cargo de conselheiro ou de membro de diretoria de órgão da OAB é de exercício gratuito e obrigatório, considerado serviço público relevante, inclusive para fins de disponibilidade e aposentadoria.

## Finalidades da OAB

| O Conselho Federal, os Conselhos Seccionais e as Subseções, respeitadas as suas competências específicas, cumprem as finalidades da OAB | • Defender a Constituição, a ordem jurídica do Estado Democrático de Direito, os direitos humanos, a justiça social, e pugnar pela boa aplicação das leis, pela rápida administração da justiça e pelo aperfeiçoamento da cultura e das instituições jurídicas.<br>• Promover, com exclusividade, a representação, a defesa, a seleção e a disciplina dos advogados em todo o Brasil. |
|---|---|

Ao analisar as suas finalidades, fica claro que a independência em relação ao Poder Público constitui característica inerente a OAB.

## Órgãos da OAB

| Conselho Federal |
|---|
| Conselhos Seccionais |
| Subseções |
| Caixa de Assistência dos Advogados |

Todos os órgãos da OAB, com exceção das Subseções, são dotados de personalidade jurídica própria e possuem uma **Diretoria** formada por cinco membros: um Presidente, um Vice-Presidente, um Secretário-Geral, um Secretário-Geral Adjunto e um Tesoureiro.

Convém destacar que a Lei n. 13.688/2018 alterou o Estatuto quanto à publicação de atos, notificações e decisões dos órgãos da OAB, estabelecendo que estes, exceto quando reservados ou de administração interna, serão publicados no *Diário Eletrônico da OAB*, a ser disponibilizado na internet, podendo ser afixados no fórum local, na íntegra ou em resumo.

## 13.1. CONSELHO FEDERAL

- Dotado de personalidade jurídica própria.
- Tem sede na capital da República.
- Representa o órgão máximo da OAB.
- Trata-se do último grau recursal da OAB.

## *Composição do Conselho Federal*

O Conselho Federal **compõe-se de um Presidente, dos Conselheiros Federais integrantes das delegações de cada unidade federativa e de seus ex-presidentes**.

Cada **delegação**, formada por três Conselheiros Federais eleitos, corresponde a uma unidade federativa com **direito a um voto**, que não pode ser exercido nas matérias de interesse da unidade.

Os **ex-presidentes** do Conselho são considerados membros honorários vitalícios com **direito a voz** nas sessões.

Os **presidentes dos Conselhos Seccionais**, nas sessões do Conselho Federal, têm lugar reservado junto à delegação respectiva e **direito somente a voz**. O **Instituto dos Advogados Brasileiros** e a **Federação Nacional dos Institutos dos Advogados do Brasil** são **membros honorários**, somente com **direito a voz** nas sessões do Conselho Federal.

**IMPORTANTE LEMBRAR**

1. É assegurado o direito de voz e de voto nas sessões do Conselho, aos ex-presidentes que tenham assumido o cargo até a data da publicação do Estatuto (4 de julho de 1994).
2. Na eleição para a escolha da Diretoria do Conselho Federal, cada membro da delegação terá direito a um voto, vedado aos membros honorários vitalícios.

O **Presidente tem o voto de qualidade** nas deliberações do Conselho e pode embargar as decisões não unânimes, que deverão ser reapreciadas.

A **Diretoria do Conselho Federal** é composta pelo Presidente, Vice-Presidente, Secretário-Geral, Secretário-Geral Adjunto e Tesoureiro.

| Delegações | Ex-presidentes |
|---|---|
| 3 conselheiros federais<br>**"Voto"** | Membros honorários vitalícios<br>**"Voz"** |

**Anteriores de 1994 têm direito de voz e voto**

## *Competências privativas do Conselho Federal*

1. Dar cumprimento às finalidades da OAB.
2. Representar, em juízo ou fora dele, os interesses coletivos ou individuais dos advogados.

3. Velar pela dignidade, independência, prerrogativas e valorização da advocacia;
4. Representar, com exclusividade, os advogados brasileiros nos órgãos e eventos internacionais da advocacia.
5. Editar e alterar o Regulamento Geral, o Código de Ética e Disciplina, e os Provimentos que julgar necessários.
6. Adotar medidas para assegurar o regular funcionamento dos Conselhos Seccionais.
7. Intervir nos Conselhos Seccionais, onde e quando constatar grave violação do EAOAB ou do Regulamento Geral.
8. Cassar ou modificar, de ofício ou mediante representação, qualquer ato, de órgão ou autoridade da OAB, contrário ao EAOAB, ao Regulamento Geral, ao Código de Ética e Disciplina, e aos Provimentos, ouvida a autoridade ou o órgão em causa.
9. Julgar, em grau de recurso, as questões decididas pelos Conselhos Seccionais, nos casos previstos no EAOAB e no Regulamento Geral.
10. Dispor sobre a identificação dos inscritos na OAB e sobre os respectivos símbolos privativos.
11. Apreciar o relatório anual e deliberar sobre o balanço e as contas de sua diretoria.
12. Homologar ou mandar suprir relatório anual, o balanço e as contas dos Conselhos Seccionais.
13. Elaborar as listas constitucionalmente previstas, para o preenchimento dos cargos nos tribunais judiciários de âmbito nacional ou interestadual, com advogados que estejam em pleno exercício da profissão, vedada a inclusão de nome de membro do próprio Conselho ou de outro órgão da OAB.
14. Ajuizar ação direta de inconstitucionalidade de normas legais e atos normativos, ação civil pública, mandado de segurança coletivo, mandado de injunção e demais ações cuja legitimação lhe seja outorgada por lei.
15. Colaborar com o aperfeiçoamento dos cursos jurídicos, e opinar, previamente, nos pedidos apresentados aos órgãos competentes para criação, reconhecimento ou credenciamento desses cursos.
16. Autorizar, pela maioria absoluta das delegações, a oneração ou alienação de seus bens imóveis.
17. Participar de concursos públicos, nos casos previstos na Constituição e na lei, em todas as suas fases, quando tiverem abrangência nacional ou interestadual.
18. Resolver os casos omissos no EAOAB.
19. Fiscalizar, acompanhar e definir parâmetros e diretrizes da relação jurídica mantida entre **advogados e sociedades de advogados ou**

**entre escritório de advogados sócios e advogado associado**, inclusive no que se refere ao cumprimento dos requisitos norteadores da associação sem vínculo empregatício.

20. Promover, por intermédio da **Câmara de Mediação e Arbitragem, a solução sobre questões atinentes à relação entre advogados sócios ou associados** e homologar, caso necessário, **quitações de honorários entre advogados e sociedades de advogados**, observado o disposto no inciso XXXV do *caput* do art. 5º da Constituição Federal.

IMPORTANTE LEMBRAR

**Intervenção nos Conselhos Seccionais:** Para que ocorra a intervenção em Conselho Seccional é necessária a prévia aprovação por dois terços das delegações, garantido o amplo direito de defesa do Conselho Seccional respectivo, nomeando-se diretoria provisória para o prazo que se fixar.

### ■ *Órgãos de atuação do Conselho Federal*

O Conselho Federal atua através do **Conselho Pleno, Órgão Especial do Conselho Pleno, Câmaras, Diretoria e Presidente**.

**Conselho Federal**

| Conselho Pleno | Órgão Especial do Conselho Pleno | Câmaras |
|---|---|---|
| Presidente,<br>Secretário-Geral,<br>Conselheiros Federais (Delegações),<br>Ex-presidentes | Vice-Presidente,<br>Secretário-Geral Adjunto,<br>**UM** Conselheiro Federal de cada delegação,<br>ex-presidentes. | 1ª Câmara<br>2ª Câmara<br>3ª Câmara |

## 13.2. CONSELHOS SECCIONAIS

A jurisdição dos Conselhos Seccionais abrange os respectivos **territórios dos Estados-membros e do Distrito Federal.** Além das atribuições previstas no Estatuto e no Regulamento Geral, exercem, no âmbito de sua competência, atribuições do Conselho Federal, que não sejam privativas deste.

## Composição do Conselho Seccional

Os Conselhos Seccionais são compostos por conselheiros eleitos em número proporcional ao de advogados inscritos em seus territórios. Essa proporção observa a seguinte regra:

| | | |
|---|---|---|
| Abaixo de 3.000 Inscritos | → | Até 30 membros |
| A partir de 3.000 inscritos | → | Mais um membro por grupo completo de três mil inscritos, até o total de 80 membros. |

Os conselheiros seccionais têm direito a voto nas deliberações do Conselho Seccional. Os seus **ex-presidentes são membros honorários vitalícios com direito a voz** em suas sessões, mas o direito de voto está assegurado aos que tenham assumido o cargo até a data da publicação do Estatuto (4 de julho de 1994).

O Presidente do Instituto dos Advogados local é membro honorário, somente com **direito a voz** nas sessões do Conselho.

O Presidente do Conselho Federal, os Conselheiros Federais integrantes da respectiva delegação, o Presidente da Caixa de Assistência dos Advogados e os Presidentes das Subseções, se presentes às sessões do Conselho Seccional, têm **direito a voz**.

## Competências privativas do Conselho Seccional

1. Editar seu Regimento Interno e Resoluções.
2. Criar as Subseções e a Caixa de Assistência dos Advogados.
3. Julgar, em grau de recurso, as questões decididas por seu Presidente, por sua diretoria, pelo Tribunal de Ética e Disciplina, pelas diretorias das Subseções e da Caixa de Assistência dos Advogados.
4. Fiscalizar a aplicação da receita, apreciar o relatório anual e deliberar sobre o balanço e as contas de sua diretoria, das diretorias das Subseções e da Caixa de Assistência dos Advogados.
5. Fixar a tabela de honorários, válida para todo o território estadual.
6. Realizar o Exame de Ordem.
7. Decidir os pedidos de inscrição nos quadros de advogados e estagiários.
8. Manter cadastro de seus inscritos.

9. Fixar, alterar e receber contribuições obrigatórias, preços de serviços e multas.
10. Participar da elaboração dos concursos públicos, em todas as suas fases, nos casos previstos na Constituição e nas leis, no âmbito do seu território.
11. Determinar, com exclusividade, critérios para o traje dos advogados, no exercício profissional.
12. Aprovar e modificar seu orçamento anual.
13. Definir a composição e o funcionamento do **Tribunal de Ética e Disciplina**, e escolher seus membros.
14. Eleger as listas, constitucionalmente previstas, para preenchimento dos cargos nos tribunais judiciários, no âmbito de sua competência e na forma do Provimento do Conselho Federal, vedada a inclusão de membros do próprio Conselho e de qualquer órgão da OAB.
15. Intervir nas Subseções e na Caixa de Assistência dos Advogados.
16. Desempenhar outras atribuições previstas no Regulamento Geral.
17. Fiscalizar, **por designação expressa do Conselho Federal da OAB**, a relação jurídica mantida entre **advogados e sociedades de advogados e o advogado associado** em atividade na circunscrição territorial de cada seccional, inclusive no que se refere ao cumprimento dos requisitos norteadores da associação sem vínculo empregatício.
18. Promover, por intermédio da Câmara de Mediação e Arbitragem, **por designação do Conselho Federal da OAB, a solução sobre questões atinentes à relação entre advogados sócios ou associados e os escritórios de advocacia** sediados na base da seccional e homologar, caso necessário, **quitações de honorários** entre advogados e sociedades de advogados, observado o disposto no inciso XXXV do *caput* do art. 5º da Constituição Federal.

IMPORTANTE LEMBRAR

| | | |
|---|---|---|
| Para o **Conselho Federal intervir nos Conselhos Seccionais**, no caso de afronta ao Estatuto ou ao Regulamento Geral | → | Depende de aprovação prévia de **dois terços das delegações** |
| Para o **Conselho Seccional intervir nas Subseções ou na Caixa de Assistência dos Advogados** | → | Depende de voto de **dois terços de seus membros** |

| Conselho Seccional é competente para ajuizar, após deliberação: |
|---|
| • Ação direta de inconstitucionalidade de leis ou atos normativos estaduais e municipais, em face da **Constituição Estadual ou da Lei Orgânica do Distrito Federal.**<br>• Ação civil pública, para defesa de interesses difusos de caráter geral e coletivos e individuais homogêneos.<br>• Mandado de segurança coletivo, em defesa de seus inscritos, independentemente de autorização pessoal dos interessados.<br>• Mandado de injunção, em face da Constituição Estadual ou da Lei Orgânica do Distrito Federal. |

## *Tribunais de Ética e Disciplina*

Conforme já estudado, compete privativamente ao Conselho Seccional definir a composição e o funcionamento do Tribunal de Ética e Disciplina, assim como escolher seus membros. As **competências** desse Tribunal, previstas no Código de Ética e Disciplina, podem ser resumidas da seguinte forma:

| Tribunais de Ética e Disciplina (TED)<br>Competências: | |
|---|---|
| • Julgar, em primeiro grau, os processos ético-disciplinares.<br>• Responder a consultas formuladas, em tese, sobre matéria ético-disciplinar.<br>• Cumprir competências conferidas pelo Regimento Interno da Seccional ou pelo Código de Ética para a instauração, instrução e julgamento de processos ético-disciplinares.<br>• Suspender, **preventivamente**, o acusado, em caso de conduta passível de acarretar repercussão prejudicial à advocacia.<br>• Organizar, promover e ministrar cursos, palestras e eventos da mesma natureza sobre ética profissional do advogado ou estabelecer parcerias com as Escolas de Advocacia, para esse objetivo. | |
| • Atuar como órgão mediador ou conciliador nas questões que envolvam: | a) dúvidas e pendências entre advogados;<br>b) partilha de honorários contratados em conjunto ou decorrentes de substabelecimento, bem como os que resultem de sucumbência, nas mesmas hipóteses;<br>c) controvérsias surgidas quando da dissolução de sociedade de advogados. |

## 13.3. SUBSEÇÕES

- São **criadas pelo Conselho Seccional.**
- Podem ter como área territorial a área correspondente a um ou mais municípios, ou, até mesmo, partes de um município, inclusive da capital do Estado.

| O Conselho Seccional fixará | |
|---|---|
| | a sua área territorial |
| | os limites de sua competência e autonomia |
| | as dotações específicas destinadas à sua manutenção. |

A **Subseção pode ser integrada por um Conselho** quando contar com um mínimo de **cem advogados profissionalmente domiciliados na sua área territorial**. Nesse caso, o Conselho da Subseção exerce, quando cabível, as funções do Conselho Seccional no âmbito de sua jurisdição.

### ■ *Requisito para a criação de uma Subseção*

Para que uma Subseção seja criada, necessita-se do número mínimo de **15 advogados profissionalmente domiciliados em sua área territorial**.

### ■ *Competências das Subseções*

1. Dar cumprimento efetivo às finalidades da OAB.
2. Velar pela dignidade, independência e valorização da advocacia.
3. Fazer valer as prerrogativas do advogado.
4. Representar a OAB perante os poderes constituídos.
5. Desempenhar as atribuições previstas no Regulamento Geral ou por delegação de competência do Conselho Seccional.

**Competências do Conselho da Subseção (quando houver)**

- Exercer as funções e atribuições do Conselho Seccional, na forma do Regimento interno deste.
- Editar seu Regimento interno, que deve ser referenciado pelo Conselho Seccional.
- Editar resoluções, no âmbito de sua competência.
- Instaurar e instruir processos disciplinares.
- Receber pedido de inscrição nos quadros de advogado e estagiário, instruindo e emitindo parecer prévio, para decisão do Conselho Seccional.

## 13.4. CAIXAS DE ASSISTÊNCIA DOS ADVOGADOS

São criadas pelos Conselhos Seccionais com a finalidade de prestar assistência aos seus inscritos, adquirindo personalidade jurídica com a aprovação e registro de seu Estatuto pelo respectivo Conselho Seccional da OAB.

O requisito para a sua criação é a existência de **mais de 1.500 inscritos no Conselho** respectivo.

A sua manutenção, também, compete ao Conselho Seccional que transfere a **metade da receita das anuidades recebidas, descontadas às deduções obrigatórias** previstas no Regulamento Geral.

IMPORTANTE LEMBRAR

1. A **Coordenação Nacional das Caixas**, composta de seus presidentes, constitui Órgão de Assessoramento do Conselho Federal da OAB para a política nacional de assistência e seguridade dos advogados.
2. O Conselho Seccional, mediante voto de 2/3 de seus membros, pode **intervir na Caixa de Assistência dos Advogados**, no caso de descumprimento de suas finalidades, designando diretoria provisória, enquanto durar a intervenção.

O patrimônio da Caixa de Assistência dos Advogados será incorporado ao do Conselho Seccional, que a criou e a manteve, diante da sua desativação ou extinção.

## QUESTÕES

**01. (OAB FGV – XXVI Exame) O Conselho Seccional X pretende criar a subseção Z, que abrange três municípios. Estima-se que, na área territorial pretendida para a subseção Z, haveria cerca de cinquenta advogados profissionalmente domiciliados. O mesmo Conselho Seccional também pretende criar as subseções W e Y, de modo que W abrangeria a região norte e Y abrangeria a região sul de um mesmo município. Considerando o caso narrado, de acordo com o Estatuto da Advocacia e da OAB, assinale a afirmativa correta.**

A) Não é autorizada, pelo Estatuto da Advocacia e da OAB, a criação da subseção Z com a área territorial pretendida. Quanto às subseções W e Y, poderão ser criadas se contarem, cada qual, com um número mínimo de cem advogados nela profissionalmente domiciliados.

B) Não é autorizada, pelo Estatuto da Advocacia e da OAB, a criação da subseção Z, em razão da área territorial pretendida. Quanto às subseções W e Y, poderão ser criadas se contarem, cada qual, com um número mínimo de quinze advogados nela profissionalmente domiciliados.

C) A criação da subseção Z, com a área territorial pretendida, é autorizada pelo Estatuto da Advocacia e da OAB. Da mesma forma, as subseções W e Y poderão ser criadas se contarem, cada qual, com um número mínimo de quinze advogados nelas profissionalmente domiciliados.

D) A criação da subseção Z, com a área territorial pretendida, é autorizada pelo Estatuto da Advocacia e da OAB. Já a criação das subseções W e Y, em razão da área territorial pretendida, não é autorizada pelo Estatuto da Advocacia e da OAB, independentemente do número de advogados nela profissionalmente domiciliados.

**02. (OAB FGV – XXV Exame) Em determinada sessão do Conselho Seccional da OAB do Estado da Bahia, compareceram Arthur, Presidente do Conselho Federal da OAB; Daniel, Conselheiro Federal da OAB, integrante da delegação da Bahia, e Carlos, ex--Presidente do Conselho Seccional da OAB do Estado da Bahia.**

**De acordo com o Estatuto da OAB, para as deliberações nessa sessão,**

A) Arthur tem direito a voz e voto. Daniel e Carlos têm direito somente a voz.

B) Daniel tem direito a voz e voto. Arthur e Carlos têm direito somente a voz.

C) Daniel e Carlos têm direito a voz e voto. Arthur tem direito somente a voz.

D) Arthur, Daniel e Carlos têm direito somente a voz.

**03. (OAB FGV – XXII Exame) Em determinada subseção da OAB, constatou-se grave violação à disciplina prevista na Lei n. 8.906/94, no que diz respeito ao exercício de suas atribuições de representar a OAB perante os poderes constituídos e de fazer valer as prerrogativas do advogado.**

**Considerando a situação hipotética narrada, assinale a afirmativa correta.**

A) Compete ao Conselho Federal da OAB intervir na aludida subseção mediante voto de dois terços de seus membros.

B) Compete ao Conselho Federal da OAB intervir na aludida subseção mediante decisão por maioria do Órgão Especial do Conselho Pleno.

C) Compete ao Conselho Seccional respectivo da OAB intervir na aludida subseção mediante decisão unânime de sua diretoria.

D) Compete ao Conselho Seccional respectivo da OAB intervir na aludida subseção mediante voto de dois terços de seus membros.

**04. (OAB FGV – XXII Exame) O Conselho Seccional X da OAB criou dez subseções e uma Caixa de Assistência dos Advogados. Dentre as subseções, inclui-se a Subseção Y, cuja área territorial abrange um município.**

**Considerando a hipótese narrada, analise as afirmativas a seguir e assinale a única correta.**

A) O Conselho Seccional X é dotado de personalidade jurídica própria; já a Caixa de Assistência dos Advogados e a Subseção Y não possuem personalidade jurídica própria, caracterizando-se como partes autônomas do Conselho Seccional X.

B) O Conselho Seccional X e a Caixa de Assistência dos Advogados são dotados de personalidade jurídica própria; já a Subseção Y não possui personalidade jurídica própria, caracterizando-se como parte autônoma do Conselho Seccional X.

C) O Conselho Seccional X, a Caixa de Assistência dos Advogados e a Subseção Y não possuem personalidade jurídica própria. Trata-se de órgãos da Ordem dos Advogados do Brasil (OAB), a qual é dotada de personalidade jurídica.

D) O Conselho Seccional X, a Caixa de Assistência dos Advogados e a Subseção Y possuem, cada qual, personalidade jurídica própria.

**05. (OAB FGV – XXI Exame) O advogado Roni foi presidente do Conselho Federal da OAB em mandato exercido por certo triênio, na década entre 2000 e 2010. Sobre a participação de Roni, na condição de ex-presidente do Conselho Federal, nas sessões do referido Conselho, assinale a afirmativa correta.**

A) Não integra a atual composição do Conselho Federal da OAB. Logo, apenas pode participar das sessões na condição de ouvinte, não lhe sendo facultado direito a voto ou direito a voz.

B) Integra a atual composição do Conselho Federal da OAB, na qualidade de membro honorário vitalício, sendo-lhe conferido direito a voto e direito a voz nas sessões.

C) Não integra a atual composição do Conselho Federal da OAB. Logo, apenas pode participar das sessões na condição de convidado honorário, não lhe sendo facultado direito a voto, mas, sim, direito a voz.

D) Integra a atual composição do Conselho Federal da OAB, na qualidade de membro honorário vitalício, sendo-lhe conferido apenas direito a voz nas sessões e não direito a voto.

**06. (OAB FGV – XIII Exame) A respeito da competência do Conselho Federal da OAB, assinale a opção *incorreta*.**

A) Compete ao Conselho Federal da OAB representar, em juízo ou fora dele, os interesses coletivos ou individuais dos advogados.

B) Compete ao Conselho Federal da OAB editar seu regimento interno e o regimento interno das Seccionais da OAB.

C) Compete ao Conselho Federal da OAB julgar, em grau de recurso, as questões decididas pelos Conselhos Seccionais, nos casos previstos no EAOAB e no regulamento geral.

D) Compete ao Conselho Federal da OAB velar pela dignidade, independência, prerrogativas e valorização da advocacia.

**07. (OAB FGV – XII Exame) Sobre as competências dos Conselhos Seccionais da OAB, assinale a afirmativa correta.**

A) Ajuizar, após deliberação, ação direta de inconstitucionalidade de leis estaduais em face da Constituição Estadual e ação direta de inconstitucionalidade de leis federais em face da Constituição Federal.

B) Ajuizar, após deliberação, mandado de segurança coletivo em defesa de seus inscritos, independentemente de autorização pessoal dos interessados.

C) Ajuizar, independentemente de deliberação, ações de indenização contra todos aqueles que ofenderem seus inscritos, em razão do exercício da profissão.

D) Ajuizar, após deliberação, mandado de injunção, em face da Constituição Estadual ou em face da Constituição Federal.

**08. (OAB FGV – VIII Exame) As alternativas a seguir apresentam algumas das competências do Conselho Federal da Ordem dos Advogados do Brasil, à exceção de uma. Assinale-a.**

A) Representar, em juízo ou fora dele, os interesses coletivos dos advogados.

B) Velar pela dignidade, independência, prerrogativas e valorização da advocacia.

C) Representar, sem exclusividade, os advogados brasileiros nos órgãos e eventos internacionais da advocacia.

D) Editar e alterar o Regulamento Geral, o Código de Ética e Disciplina, e os Provimentos que julgar necessários.

**09. (OAB FGV – XXVIII Exame) Em certo Estado da Federação X, há notícias fundadas acerca de irregularidades na Caixa de Assistência dos Advogados, em razão de malversação de receitas, gerando hipótese de intervenção.**

**Considerando a situação hipotética, assinale a afirmativa correta.**

A) Quanto à receita destinada à Caixa de Assistência dos Advogados, cabe-lhe metade da receita das anuidades recebidas pelo Conselho Seccional. Diante da notícia de malversação dos valores, a intervenção na Caixa de Assistência dos advogados é atribuição do Conselho Seccional do estado X.

B) Quanto à receita destinada à Caixa de Assistência dos Advogados, não lhe podem ser destinados valores decorrentes das anuidades recebidas pelo Conselho Seccional, mas apenas contribuições específicas. Diante da notícia de malversação dos valores, a intervenção na Caixa de Assistência dos advogados é atribuição do Conselho Federal da OAB.

C) Quanto à receita destinada à Caixa de Assistência dos Advogados, cabe-lhe metade da receita das anuidades recebidas pelo Conselho Seccional. Diante da notícia de malversação dos valores, a intervenção na Caixa de Assistência dos advogados é atribuição do Conselho Federal da OAB.

D) Quanto à receita destinada à Caixa de Assistência dos Advogados, não lhe podem ser destinados valores decorrentes das anuidades recebidas pelo Conselho Seccional, mas apenas contribuições específicas. Diante da notícia de malversação dos valores, a intervenção na Caixa de Assistência dos advogados é atribuição do Conselho Seccional do estado X.

**10. (OAB FGV – XXIX Exame) Os sócios de certa sociedade de advogados divergiram intensamente quanto à solução de questões relativas a conduta disciplinar, relação com clientes e honorários. Em razão disso, passaram a pesquisar quais as atribuições do Tribunal de Ética e Disciplina, do Conselho Seccional da OAB respectivo, que poderiam ajudar a solver suas dificuldades.**

**Considerando o caso narrado, bem como os limites de competência do Tribunal de Ética e Disciplina do Conselho Seccional, previstos no Código de Ética e Disciplina da OAB, assinale a afirmativa correta.**

A) Não compete ao Tribunal de Ética e Disciplina responder a consultas realizadas em tese por provocação dos advogados, atuando apenas diante de situações concretas.

B) Compete ao Tribunal de Ética e Disciplina atuar como um conciliador em pendências concretas relativas à partilha de honorários entre advogados contratados conjuntamente.

C) Não compete ao Tribunal de Ética e Disciplina ministrar cursos destinados a solver dúvidas usuais dos advogados no que se refere à conduta ética que deles é esperada.

D) Compete ao Tribunal de Ética e Disciplina coordenar as ações do Conselho Seccional respectivo e dos demais Conselhos Seccionais, com o objetivo de reduzir a ocorrência das infrações disciplinares mais frequentes.

**11. (OAB FGV - XXXV Exame) O advogado Cauã Silva foi presidente de certo Conselho Seccional da OAB, tendo seu mandato se encerrado há mais de uma década. Desde então, embora tenha permanecido como aguerrido defensor das prerrogativas e dos direitos dos advogados, Cauã não mais concorreu a nenhum cargo na OAB.**

**Considerando a situação hipotética narrada, assinale a afirmativa correta.**

A) Cauã, quando cessado seu mandato, deixou de integrar o Conselho Seccional da OAB.

B) Cauã permanece como membro honorário do Conselho Seccional da OAB, mas não tem direito de voto ou de voz nas sessões.

C) Cauã é ainda membro honorário do Conselho Seccional da OAB e o será de forma vitalícia, tendo, contudo, apenas direito de voz nas sessões.

D) Cauã permanece como membro honorário do Conselho Seccional da OAB, a quem são conferidos os direitos a voz e voto nas sessões do Conselho.

---

**Gabarito:** 01. C / 02. D / 03. D / 04. B / 05. D / 06. B / 07. B / 08. C / 09. A / 10. B / 11. C

# 14 ELEIÇÕES E MANDATO

arts. 63 – 67, EAOAB

## ▪ *Datas e prazo do mandato*

A eleição para os cargos da OAB é realizada na segunda quinzena do mês de novembro. Porém, a Diretoria do Conselho Federal será eleita no dia 31 de janeiro do ano seguinte ao da eleição.

O início do mandato se dá em primeiro de janeiro, com exceção do Conselho Federal, onde se inicia em primeiro de fevereiro. Para todos os cargos, o **prazo do mandato é de três anos**.

## ▪ *Voto*

O **voto é obrigatório** para todos(as) advogados(as) regularmente inscritos(as) na OAB, sendo que a ausência, injustificada, implica na aplicação de multa equivalente a 20% do valor da anuidade. No caso da apresentação de justificativa, esta será devidamente apreciada.

IMPORTANTE LEMBRAR

O advogado com **inscrição suplementar** pode votar no Conselho onde mantém esta inscrição, devendo comunicar o Conselho que seja inscrito originalmente.

Os Conselheiros Federais votam individualmente na eleição para a escolha da Diretoria do Conselho Federal.

## ***Remuneração***

Nenhum ocupante de cargo ou mandato na OAB é remunerado.

## ***Requisitos para elegibilidade***

Não é permitido o registro de candidatura isolada, devendo o interessado integrar uma chapa. Para integrar uma chapa, alguns **requisitos** devem ser observados:

- Ser advogado, com inscrição principal ou suplementar, no respectivo Conselho Seccional;
- Estar quite com as anuidades;
- Não exercer atividade incompatível com a advocacia;
- Não ocupar cargo exonerável *ad nutum;*
- Não ter sido condenado em definitivo por infração disciplinar, salvo se reabilitado pela OAB, ou não ter representação disciplinar em curso, já julgada procedente por órgão do Conselho Federal;
- Exercer efetivamente a advocacia, **há mais de 03 anos nas eleições para os cargos de Conselheiro Seccional e das Subseções**, quando houver, e **há mais de 05 anos, nas eleições para os demais cargos**;
- Não integrar listas em tramitação para provimento de cargos nos tribunais judiciais ou administrativos.

No caso de ser dirigente de Conselho Seccional ou da Caixa de Assistência dos Advogados, responsável pelas contas, deverá estar em dia com a sua prestação ao Conselho Federal.

## ***Composição da chapa do Conselho Seccional***

A chapa para o Conselho Seccional deve ser composta dos candidatos à

- Conselheiros Seccionais.
- Diretoria do Conselho Seccional.
- Conselheiros Federais.
- Diretoria da Caixa de Assistência dos Advogados para eleição conjunta.

A chapa da Subseção será composta pelos candidatos à diretoria e de seu conselho, se houver.

**IMPORTANTE LEMBRAR**

São admitidas a registro apenas **chapas completas**, que deverão **atender aos seguintes percentuais**:

- 50% para candidaturas de cada gênero.
- Ao mínimo, de 30% (trinta por cento) de advogados negros e de advogadas negras, assim considerados os(as) inscritos(as) na Ordem dos Advogados do Brasil que se classificam (autodeclaração) como negros(as), ou seja, pretos(as) ou pardos(as), ou definição análoga (critérios subsidiários de heteroidentificação).

Os percentuais citados estão em conformidade com a **Resolução n. 05/2020, publicada no *DEOAB* em 14-4-2021, e Resolução n. 08/2021, publicada no *DEOAB* em 10-9-2021**.

## ■ *Extinção do mandato:*

Extingue-se o mandato automaticamente, antes do seu término, quando

- Ocorrer qualquer hipótese de cancelamento de inscrição.
- Ocorrer qualquer hipótese de licenciamento do profissional.
- O titular sofrer condenação disciplinar.
- O titular faltar, sem motivo justificado, a três reuniões ordinárias consecutivas de cada órgão deliberativo do Conselho ou da diretoria da Subseção ou da Caixa de Assistência dos Advogados, não podendo ser reconduzido no mesmo período de mandato.

Extinto qualquer mandato nessas hipóteses, cabe ao Conselho Seccional escolher o substituto, caso não haja suplente.

## ■ *Eleição no Conselho Federal*

- Será admitido registro, junto ao Conselho Federal, de candidatura à presidência, desde seis meses até um mês antes da eleição;
- O requerimento de registro deverá vir acompanhado do apoio de, no mínimo, seis Conselhos Seccionais;

- Até um mês antes das eleições, deverá ser requerido o registro da chapa completa, sob pena de cancelamento da candidatura respectiva;
- No dia 31 de janeiro do ano seguinte ao da eleição, o Conselho Federal elegerá, em reunião presidida pelo conselheiro mais antigo, por voto secreto e para mandato de três anos, sua diretoria, que tomará posse no dia seguinte;
- Será considerada eleita a chapa que obtiver maioria simples dos votos dos Conselheiros Federais, presente a metade mais um de seus membros.

## QUESTÕES

**01. (OAB FGV – XX Exame) Fabiano é conselheiro eleito de certo Conselho Seccional da OAB. No curso do mandato, Fabiano pratica infração disciplinar e sofre condenação, em definitivo, à pena de censura.**

**Considerando a situação descrita e o disposto no Estatuto da OAB, o mandato de Fabiano no Conselho Seccional**

A) será extinto apenas se a sanção disciplinar aplicada for de exclusão.

B) será extinto apenas se a sanção por infração disciplinar aplicada for de exclusão ou de suspensão.

C) será extinto independentemente da natureza da sanção disciplinar aplicada.

D) será extinto apenas se a sanção aplicada for de suspensão ou se for reincidente em infração disciplinar.

**02. (OAB FGV – XX Exame) Charles é presidente de certo Conselho Seccional da OAB. Não obstante, no curso do mandato, Charles vê-se envolvido em dificuldades no seu casamento com Emma, e decide renunciar ao mandato para dedicar-se as suas questões pessoais.**

**Sobre o caso, assinale a afirmativa correta.**

A) O sucessor de Charles deverá ser eleito pelo Conselho Federal da OAB, dentre os membros do Conselho Seccional respectivo.

B) O sucessor de Charles deverá ser eleito pelo Conselho Seccional respectivo, dentre seus membros.

C) O sucessor de Charles deverá ser eleito pela Subseção respectiva, dentre seus membros.

D) O sucessor de Charles deverá ser eleito por votação direta dos advogados regularmente inscritos perante o Conselho Seccional respectivo.

**03. (OAB FGV – XIX Exame) Os jovens Rodrigo, 30 anos, e Bibiana, 35 anos, devidamente inscritos em certa seccional da OAB, desejam candidatar-se, pela primeira vez, a cargos de diretoria do Conselho Seccional respectivo. Rodrigo está regularmente**

**inscrito na referida seccional da OAB há seis anos, sendo dois anos como estagiário. Bibiana, por sua vez, exerceu regularmente a profissão por três anos, após a conclusão do curso de Direito. Contudo, afastou-se por dois anos e retornou à advocacia há um ano. Ambos não exercem funções incompatíveis com a advocacia, ou cargos exoneráveis *ad nutum*. Tampouco integram listas para provimento de cargos em tribunais ou ostentam condenação por infração disciplinar. Bibiana e Rodrigo estão em dia com suas anuidades.**

**Considerando a situação narrada, assinale a afirmativa correta.**

A) Apenas Bibiana preenche as condições de elegibilidade para os cargos.

B) Apenas Rodrigo preenche as condições de elegibilidade para os cargos.

C) Bibiana e Rodrigo preenchem as condições de elegibilidade para os cargos.

D) Nenhum dos dois advogados preenche as condições de elegibilidade para os cargos.

**04. (OAB FGV – XIX Exame) Carlos integrou a chapa de candidatos ao Conselho Seccional que obteve a maioria dos votos válidos e tomou posse em primeiro de janeiro do ano seguinte ao de sua eleição. Um ano após o início do mandato, Carlos passou a ocupar um cargo de direção no Conselho de Administração de uma empresa, controlada pela Administração Pública, sediada em outro estado da Federação.**

**Nesse caso, de acordo com o Estatuto da OAB, assinale a afirmativa correta.**

A) Não se extingue o mandato de Carlos, pois a ocupação de cargo de direção em empresa controlada pela Administração Pública, em estado da Federação distinto do abrangido pelo Conselho Seccional, não configura incompatibilidade a ensejar o cancelamento de sua inscrição.

B) Extingue-se automaticamente o mandato de Carlos, pois a ocupação de cargo de direção em empresa controlada pela Administração Pública, em qualquer circunstância, configura incompatibilidade a ensejar o cancelamento de sua inscrição.

C) Extingue-se o mandato de Carlos mediante deliberação de dois terços dos membros do Conselho Seccional, pois a ocupação de cargo de direção em empresa controlada pela Administração Pública pode configurar incompatibilidade a ensejar o cancelamento de sua inscrição.

D) Não se extingue o mandato de Carlos, pois a ocupação de cargo de direção em empresa controlada pela Administração Pública, em qualquer circunstância, não configura incompatibilidade a ensejar o cancelamento de sua inscrição.

**05. (OAB FGV – XV Exame) Messias é advogado com mais de 30 anos de atuação profissional e deseja colaborar para o aperfeiçoamento da advocacia. O Presidente da Seccional onde possui inscrição principal sugere que ele participe da política associativa e lance sua candidatura a Conselheiro Federal.**

**Observadas as regras do Estatuto da OAB, assinale a afirmativa correta.**

A) A eleição de Conselheiro Federal da OAB é indireta e secreta.

B) O Conselheiro Federal da OAB integra uma das chapas concorrentes para as eleições seccionais.

C) A indicação para o Conselho Federal é realizada pelo Colégio de Presidentes da OAB.

D) O Conselheiro Federal é indicado livremente pelas Seccionais da OAB.

**06. (OAB FGV – XXX Exame) Beatriz, advogada regularmente inscrita na OAB, deseja organizar uma chapa para concorrer à diretoria de Subseção. Ao estudar os pressupostos para a formação da chapa, a realização das eleições e o futuro exercício do cargo, Beatriz concluiu corretamente que**

A) a chapa deverá ser integrada por advogados em situação regular junto à OAB, que exerçam cargos em comissão, desde que atuem, efetivamente, na profissão há mais de cinco anos.

B) a eleição será realizada na segunda quinzena do mês de novembro, do último ano do mandato, sendo o comparecimento obrigatório para todos os advogados inscritos na OAB.

C) o mandato é de três anos, iniciando-se em primeiro de fevereiro do ano seguinte ao da eleição.

D) o mandato extingue-se automaticamente, antes do seu término, sempre que o titular faltar, sem motivo justificado, a mais de três reuniões ordinárias.

**07. (OAB FGV – XXXI Exame) Os advogados Diego, Willian e Pablo, todos em situação regular perante a OAB, desejam candidatar-se ao cargo de conselheiro de um Conselho Seccional da OAB.**

**Diego é advogado há dois anos e um dia, sendo sócio de uma sociedade simples de prestação de serviços de advocacia e nunca foi condenado por infração disciplinar. Willian, por sua vez, exerce a advocacia há exatos quatro anos e constituiu sociedade unipessoal de advocacia, por meio da qual advoga atualmente.**

**Willian já foi condenado pela prática de infração disciplinar, tendo obtido reabilitação um ano e três meses após o cumprimento da sanção imposta.**

**Já Pablo é advogado há cinco anos e um dia e nunca respondeu por prática de qualquer infração disciplinar. Atualmente, Pablo exerce certo cargo em comissão, exonerável *ad nutum*, cumprindo atividades exclusivas da advocacia.**

**Considerando as informações acima e o disposto na Lei n. 8.906/94, assinale a afirmativa correta.**

A) Apenas Diego e Willian cumprem os requisitos para serem eleitos para o cargo pretendido.

B) Apenas Willian cumpre os requisitos para ser eleito para o cargo pretendido.

C) Apenas Diego e Pablo cumprem os requisitos para serem eleitos para o cargo pretendido.

D) Apenas Pablo cumpre os requisitos para ser eleito para o cargo pretendido.

**08. (OAB FGV - XXXV Exame) Vitor deseja se candidatar ao Cargo de Conselheiro Seccional da OAB. Ao estudar a legislação aplicável, Vitor concluiu que poderia concorrer ao cargo em questão, ainda que**

A) estivesse em atraso com o pagamento da anuidade.

B) exercesse efetivamente a profissão há menos de 3 (três) anos.

C) ocupasse cargo de provimento efetivo em órgão da Administração Pública indireta.

D) tivesse sido condenado por infração disciplinar resultante da prática de crime há mais de um ano, mesmo sem ter obtido a reabilitação criminal.

Gabarito: 01. C / 02. B / 03. D / 04. B / 05. B / 06. B / 07. B / 08. C

# 15 PROCESSO DISCIPLINAR

**arts. 68 – 77, EAOAB**
**arts. 55 – 69, CED**

Conforme já estudado, compete à Ordem dos Advogados do Brasil promover, com exclusividade, a representação, a defesa, a seleção e a **disciplina dos advogados** em toda a República Federativa do Brasil. Dessa forma, eventual infração, supostamente praticada por um de seus inscritos, justifica a abertura de devido processo disciplinar perante a instituição para a apuração adequada da conduta do profissional.

Mesmo se tratando de processo de natureza administrativa, portanto "simplificado" em relação ao processo judicial, o contraditório c a ampla defesa devem ser observados, de modo que nenhum de seus inscritos poderá ser punido sem que ocorra sua defesa no processo.

**IMPORTANTE LEMBRAR**

A **jurisdição disciplinar não exclui a comum,** de maneira que, quando o fato constituir crime ou contravenção, deve ser comunicado às autoridades competentes.

## *Diplomas aplicados*

Os processos na OAB devem observa as regras previstas no Estatuto da Advocacia, em seu Regulamento Geral e no Código de Ética e Disciplina. No entanto, não havendo disposição em contrário, aplicam-se subsidiariamente ao processo disciplinar as regras da legislação processual penal comum e, aos demais processos, as regras gerais do procedimento administrativo comum e da legislação processual civil, nessa ordem.

| | | |
|---|---|---|
| **Processos na OAB** | → | • Estatuto da Advocacia<br>• Código de Ética e Disciplina<br>• Regulamento Geral do Estatuto |

**De forma subsidiária:**

| | | |
|---|---|---|
| **Processo Disciplinar** | → | • Regras da legislação processual penal comum |
| **Demais processos** | → | Regras gerais do:<br>• Procedimento administrativo comum<br>• Legislação processual civil |

## ▪ *Instauração*

**O processo disciplinar instaura-se**

- De ofício pela OAB (Presidente do Conselho Seccional, Presidente da Subseção ou Presidente do TED), em função do conhecimento do fato quando obtido de fonte idônea ou em virtude de comunicação da autoridade competente.
- Por representação de pessoa interessada.

IMPORTANTE LEMBRAR

**Anonimato:** Não é considerado como fonte idônea a que consistir em denúncia anônima.

## ▪ *Formulação da representação*

A representação será formulada ao **Presidente do Conselho Seccional** ou ao **Presidente da Subseção**. Pode ser feita por escrito ou verbalmente, sendo reduzida a termo.

Note que o Regimento Interno das Seccionais pode atribuir ao Tribunal de Ética e Disciplina a competência para a instauração do processo disciplinar. Nesse caso, a representação poderá ser dirigida ao **Presidente do TED** ou será a este encaminhada pelo Presidente do Conselho Seccional ou da Subseção, que a houver recebido.

## ■ *Itens que a representação deve apresentar*

**A representação deverá conter**

- a identificação do representante, com a sua qualificação civil e endereço;
- a narração dos fatos;
- os documentos que a instruam e a indicação de outras provas a ser produzidas;
- o rol de testemunhas, **até o máximo de cinco**, se houver;
- a assinatura do representante ou a certificação de quem a tomou por termo.

## ■ *Prazo*

O princípio da ampla defesa assegura ao representado, nos momentos oportunos, o oferecimento de **defesa prévia, razões finais e recursos** nos processos disciplinares.

Quanto ao prazo para manifestação dos advogados, estagiários e terceiros, nos processos em geral da OAB, o Estatuto estabelece que seja de **15 dias**, inclusive para a interposição de recursos.

**Início da contagem**

- Nos casos de **comunicação por ofício reservado ou de notificação pessoal**, considera-se dia do começo do prazo o **primeiro dia útil imediato ao da juntada aos autos do respectivo aviso de recebimento**.
- Nos atos, notificações e decisões divulgados por meio do ***Diário Eletrônico da Ordem dos Advogados do Brasil***, o prazo terá início no primeiro dia útil seguinte à publicação, assim considerada o primeiro **dia útil seguinte** ao da disponibilização da informação no *Diário*.

**IMPORTANTE LEMBRAR**

1. Todos os prazos processuais necessários à manifestação nos processos em geral da OAB são de **quinze dias, computados somente os dias úteis**.
2. Por motivo relevante, a juízo do relator, o **prazo para defesa prévia poderá ser prorrogado**.

## *Sustentação oral*

É admitida a sustentação oral na sessão de julgamento, pelo tempo de **15 minutos, após o voto do relator**. Convém destacar que o Código de Ética estabeleceu uma ordem para que seja realizada, sendo primeiro pelo representante e, em seguida, pelo representado.

## *Defensor dativo*

Conforme já estudado, deve ser assegurado ao representado o amplo direito de defesa, podendo acompanhar o processo em todos os termos, pessoalmente ou por intermédio de procurador, oferecendo defesa prévia após receber notificação, razões finais após a instrução e defesa oral perante o Tribunal de Ética e Disciplina, por ocasião do julgamento. Deve-se destacar, no entanto, a possibilidade de indicação de defensor dativo no processo disciplinar.

| | |
|---|---|
| **Será designado**, pelo Presidente do Conselho ou da Subseção, para defender o representado em duas hipóteses | • Quando o representado não for encontrado.<br>• Quando o representado for encontrado e permanecer revel. |

## *Testemunhas*

O Código de Ética e Disciplina possibilita que o interessado e o representado indiquem testemunhas, até o **limite máximo de 5**.

As partes, representante e o representado, devem cuidar do comparecimento de suas testemunhas, salvo se, ao apresentarem o respectivo rol, requererem, por motivo justificado, que sejam notificadas a comparecer à audiência de instrução do processo.

## *Sigilo do processo*

A inocência do representado é presumida enquanto não existir condenação. Assim o **processo disciplinar tramita em sigilo,** com acesso permitido somente:

| | | |
|---|---|---|
| às partes | aos defensores das partes | à autoridade judiciária competente |

## *Indeferimento de provas*

A produção de determinado meio de prova poderá ser indeferida pelo relator, de forma fundamentada, quando se demonstrar protelatório, ilícito, impertinente ou desnecessário.

## *Revisão do processo disciplinar*

O pedido de revisão observa, no que couber, o procedimento do processo disciplinar, tendo autuação própria e sendo os autos apensados aos do processo que se relaciona. Alguns pontos devem ser destacados:

| | |
|---|---|
| **Hipóteses de cabimento** | Erro de julgamento.<br>Condenação baseada em falsa prova. |
| **Legitimidade para requerer** | Advogado punido com a sanção disciplinar. |
| **Competência para processar e julgar o processo de revisão** | Órgão de que emanou a condenação final:<br>- Conselho Seccional.<br>- Conselho Federal (Segunda Câmara, em sessão plenária). |
| **Efeitos da decisão condenatória** | Regra geral: Não são suspensos.<br>Podem ser suspensos quando o relator, diante da relevância dos fundamentos e o risco de consequências irreparáveis para o requerente, conceder tutela cautelar para suspender a execução. |
| **Representante (notificação):** | A parte representante somente será notificada para integrar o processo de revisão se o relator entender que deste podem resultar danos ao interesse que motivou a representação. |

## *Reabilitação*

Decorrido um ano do cumprimento da sanção, o advogado poderá requerer sua reabilitação, demonstrando provas efetivas de bom comportamento no exercício da advocacia e na vida social.

O pedido de reabilitação observa o procedimento do processo disciplinar, tendo autuação própria e devendo ser apensado aos autos do processo a que se refira.

A competência para processar e julgar o pedido de reabilitação é do **Conselho Seccional,** que tenha sido aplicada a sanção disciplinar ou do **Conselho Federal**, nos casos em que mantém competência originária.

## *Competência para processar e julgar*

| | | |
|---|---|---|
| **Conselho Seccional** | → | O poder de punir disciplinarmente os inscritos na OAB compete ao Conselho Seccional do **local da infração.** |

<table>
<tr><td rowspan="4">Conselho Federal</td><td rowspan="4">→</td><td colspan="2">- Falta cometida perante o Conselho Federal.</td></tr>
<tr><td colspan="2">Representação contra</td></tr>
<tr><td>- Membros do Conselho Federal.<br>- Presidentes de Conselhos Seccionais.</td><td>2ª Câmara</td></tr>
<tr><td>- Membros da Diretoria do Conselho Federal.<br>- Membros Honorários Vitalícios.<br>- Detentores da Medalha Rui Barbosa.</td><td>Conselho Pleno</td></tr>
</table>

Representações contra dirigente de Subseção são processadas e julgadas pelo Conselho Seccional.

A decisão condenatória irrecorrível deve ser comunicada ao Conselho Seccional onde o representado tenha inscrição principal, a fim de que seja registrada em seus assentamentos.

**IMPORTANTE LEMBRAR: Prestação do serviço jurídico**

| | | |
|---|---|---|
| Cabe, privativamente, ao **Conselho Federal**, em processo disciplinar próprio, | → | dispor, analisar e decidir sobre a **prestação efetiva do serviço jurídico** realizado pelo advogado. |
| ↓ | | |
| É **nulo**, em qualquer esfera de responsabilização, o ato praticado com **violação a esta competência** privativa do Conselho Federal. | | |

Competência acrescentada pela Lei n. 14.365/2022, ao incluir o § 14 e o § 16 no art. 7º do Estatuto da Advocacia.

## *Termo de Ajustamento de Conduta (TAC)*

Com a Resolução n. 4/2020, os arts. 47-A e 58-A foram acrescentados ao Código de Ética e Disciplina, estabelecendo a possibilidade da celebração de Termo de Ajustamento de Conduta – TAC em determinadas situações.

Quanto ao referido termo, algumas informações merecem ser destacadas:

| Termo de Ajustamento de Conduta – TAC | |
|---|---|
| **Hipótese de admissão** | Casos de **infrações disciplinares puníveis com censura.**<br>Para **cessar publicidade irregular** praticada por advogados e estagiários. |
| **Requisitos para a formalização** | O fato apurado **não** pode ter gerado **repercussão negativa** à advocacia.<br>**Ausência de condenação disciplinar** transitada em julgado, salvo reabilitação.<br>**Não imputação** ao agente de prática de **mais de uma infração** disciplinar. |
| **Partes na celebração** | **Conselho Federal** ou **Conselhos Seccionais** com **Advogados** ou **Estagiários** |
| **Solicitação** | **De ofício ou a requerimento.** |
| **Regulamentação** | Provimento do Conselho Federal n. 200/2020. |

IMPORTANTE LEMBRAR

1. A celebração do TAC implica a suspensão do processo disciplinar pelo **prazo de 3 (três) anos**, após o qual será arquivado definitivamente, sem anotações nos assentos profissionais (*Provimento n. 200/2020*).
2. É **vedada a celebração do TAC** por advogado ou estagiário já beneficiado com o instituto nos 3 (três) anos anteriores à conduta a ser apurada (*Provimento n. 200/2020*).
3. Durante o prazo de suspensão previsto no TAC **não fluem os prazos prescricionais** (*Provimento n. 200/2020*).

## Procedimento

**Representação**

Designação de Relator, para presidir a instrução processual, pelo Presidente do Conselho Seccional ou o da Subseção, quando esta dispuser de Conselho.

↓

Os atos de instrução processual podem ser delegados ao Tribunal de Ética e Disciplina, conforme o regimento interno do Conselho Seccional.

↓

O relator, observando aos critérios de admissibilidade, emitirá parecer **propondo** a **instauração de processo** disciplinar ou o **arquivamento liminar da representação.**

↓

O relator determina a **notificação** dos **interessados** para prestar esclarecimentos ou a do **representado** para apresentar **defesa prévia**, no prazo de 15 dias.

↓

Apresentação de Defesa prévia, com os documentos de instrução e rol de **testemunhas**, até o limite de 5. Se for o caso, será designada audiência para oitiva do representante, do representado e das testemunhas.

↓

Após a Defesa prévia, o relator pode se manifestar pelo indeferimento liminar da representação, que deverá ser decidido pelo Presidente do Conselho Seccional, para determinar seu arquivamento.

↓

Diligências

↓

Concluída a instrução, o relator profere **parecer preliminar**, a ser submetido ao Tribunal de Ética e Disciplina.

↓

Abre-se prazo sucessivo de 15 dias,ao interessado e ao representado, para apresentação de **razões finais**.

↓

O **Presidente do Tribunal de Ética e Disciplina** designa **relator para proferir voto**.

↓

Sessão de julgamento: Após o voto do relator, é facultada a sustentação oral pelo tempo de 15 minutos.

**Acórdão.**

## 15.1. RECURSO

**arts. 75 – 77, EAOAB**

| **Prazo:** | **15 dias** | |
|---|---|---|
| **Competência:** | **Conselho Seccional** | Das decisões do(a):<br>- Tribunal de Ética e Disciplina.<br>- Presidente do Conselho Seccional.<br>- Diretoria da Subseção.<br>- Diretoria da Caixa de Assistência dos Advogados. |
| | **Conselho Federal** | Das decisões proferidas pelo Conselho Seccional:<br>- não unânimes.<br>- unânimes, que contrariem o Estatuto, decisão do Conselho Federal ou de outro Conselho Seccional, o Regulamento Geral, o Código de Ética e Disciplina ou Provimentos. |

**Efeitos**

- Devolutivo.
- Suspensivo (exceto se tratarem de eleições, de suspensão preventiva e de cancelamento de inscrição obtida com falsa prova).

## 15.2. SUSPENSÃO PREVENTIVA

O Tribunal de Ética e Disciplina onde o acusado tenha inscrição principal pode suspendê-lo preventivamente, em caso de repercussão prejudicial à dignidade da advocacia, depois de ouvi-lo em sessão especial para a qual deve ser notificado a comparecer, exceto se não atender a notificação. Nesse caso, o processo disciplinar deve ser concluído no prazo de 90 dias.

| Suspensão preventiva | |
|---|---|
| **Hipótese de cabimento** | Infração capaz de provocar repercussão prejudicial à dignidade da advocacia. |
| **Competência** | Tribunal de Ética e Disciplina do Conselho Seccional onde o acusado tenha inscrição principal. |
| **Recurso** | O recurso terá cabimento somente no efeito devolutivo. A suspensão tem cumprimento imediato. |

## QUESTÕES

**01 (OAB FGV – XXV Exame) Lina, cidadã que não exerce a advocacia, deseja endereçar à presidência de certa Subseção da OAB representação pela instauração de processo disciplinar em face de determinado advogado, pelo cometimento de infrações éticas. Assim, ela busca se informar sobre como pode oferecer tal representação e qual a forma adequada para tanto.**

**De acordo com o disposto no Código de Ética e Disciplina da OAB, Lina poderá oferecer representação pela instauração de processo disciplinar em face do advogado, mas**

A) deve endereçá-la ao presidente do respectivo Conselho Seccional, uma vez que receber e processar representações com tal conteúdo não se inclui entre as atribuições das Subseções. A representação poderá ser realizada por escrito ou verbalmente, com ou sem identificação do representante.

B) deve formulá-la ao presidente do Conselho Seccional ou ao presidente da Subseção. A representação poderá ser realizada por escrito ou verbalmente, mas é necessária a identificação do representante, sob pena de não ser considerada fonte idônea.

C) deve endereçá-la ao presidente do respectivo Conselho Seccional, uma vez que não se inclui entre as atribuições das Subseções receber e processar representações com tal conteúdo. A representação deverá ser realizada por escrito, não sendo consideradas fontes idôneas as representações verbais ou sem identificação do representante.

D) deve formulá-la ao presidente do Conselho Seccional ou ao presidente da Subseção. A representação poderá ser realizada por escrito ou verbalmente, com ou sem identificação do representante. Será considerada fonte idônea ainda que oferecida sem a identificação do representante.

**02. (OAB FGV – XXV Exame) O Tribunal de Ética e Disciplina de certo Conselho Seccional da OAB decidiu pela suspensão preventiva do advogado Hélio, acusado em processo disciplinar. Hélio, todavia, interpôs o recurso cabível contra tal decisão.**

**Considerando as regras sobre os recursos em processos que tramitam perante a OAB, bem como a situação descrita, assinale a afirmativa correta.**

A) Em regra, os recursos em processos que tramitam perante a OAB têm efeito suspensivo. Assim, no caso narrado, o recurso interposto por Hélio será dotado do aludido efeito.

B) Em regra, os recursos em processos que tramitam perante a OAB não têm efeito suspensivo. Todavia, nesse caso, excepcionalmente, pode ser atribuído o efeito, se demonstrada a probabilidade de provimento ou se, sendo relevante a fundamentação, o recorrente indicar risco de dano grave ou de difícil reparação.

C) Em regra, os recursos em processos que tramitam perante a OAB têm efeito suspensivo. Todavia, o recurso manejado por Hélio se inclui em hipótese excepcional, na qual é vedado o efeito suspensivo.

D) Em regra, os recursos em processos que tramitam perante a OAB não têm efeito suspensivo, não sendo permitida a concessão de tal efeito por decisão da autoridade julgadora. Assim, no caso narrado, o recurso interposto por Hélio não será dotado de efeito suspensivo.

**03. (OAB FGV – XXIII Exame) Nilza, advogada, responde a processo disciplinar perante certo Conselho Seccional da OAB, em razão da suposta prática de infração disciplinar que, se comprovada, poderá sujeitá-la à sanção de exclusão.**

**Sobre o tema, assinale a afirmativa correta.**

A) O processo disciplinar instaurado em face de Nilza tramita em sigilo, até o seu término, só tendo acesso às suas informações as partes, seus defensores e a autoridade competente.

B) O processo disciplinar instaurado em face de Nilza é público, sendo facultado o acesso aos autos a qualquer advogado regularmente inscrito, para exercício do controle externo.

C) O processo disciplinar instaurado em face de Nilza é, em regra, público, sendo facultado o acesso aos autos a qualquer cidadão. Porém, excepcionalmente, pode ser decretado o sigilo, a critério da autoridade processante, quando justificada a necessidade de preservação do direito à intimidade.

D) O processo disciplinar instaurado em face de Nilza tramita, em regra, em sigilo, só tendo acesso às suas informações as partes, seus defensores e a autoridade competente. Torna-se, porém, público se o Tribunal de Ética e Disciplina do Conselho decidir suspender Nilza preventivamente.

**04. (OAB FGV – XXII Exame) Cláudio, advogado inscrito na Seccional da OAB do Estado do Rio de Janeiro, praticou infração disciplinar em território abrangido pela Seccional da OAB do Estado da São Paulo. Após representação do interessado, o Conselho de Ética e Disciplina da Seccional da OAB do Estado do Rio de Janeiro instaurou processo disciplinar para apuração da infração.**

**Sobre o caso, de acordo com o Estatuto da OAB, o Conselho de Ética e Disciplina da Seccional da OAB do Estado do Rio de Janeiro**

A) não tem competência para punir disciplinarmente Cláudio, pois a competência é exclusivamente do Conselho Seccional em cuja base territorial tenha ocorrido a infração, salvo se a falta for cometida perante o Conselho Federal.

B) tem competência para punir disciplinarmente Cláudio, pois a competência é exclusivamente do Conselho Seccional em que o advogado se encontra inscrito, salvo se a falta for cometida perante o Conselho Federal.

C) tem competência para punir disciplinarmente Cláudio, pois a competência é concorrente entre o Conselho Seccional em que o advogado se encontra inscrito e o Conselho Seccional em cuja base territorial tenha ocorrido a infração, salvo se a falta for cometida perante o Conselho Federal.

D) não tem competência para punir disciplinarmente Cláudio, pois a competência é exclusivamente do Conselho Federal, ainda que a falta não tenha sido cometida perante este, quando o advogado for inscrito em uma Seccional e a infração tiver ocorrido na base territorial de outra.

**05. (OAB FGV – XXI Exame) Lúcia, advogada, foi processada disciplinarmente e, após a interposição de recurso, o Conselho Seccional do Estado de Pernambuco confirmou, por unanimidade, a sanção de suspensão pelo prazo de trinta dias, nos termos do Art. 37, § 1º, do Estatuto da OAB. Lúcia verificou, contudo, existir decisão em sentido contrário, em caso idêntico ao seu, no Conselho Seccional do Estado de Minas Gerais.**

**De acordo com o Estatuto da OAB, contra a decisão definitiva unânime proferida pelo Conselho Seccional do Estado de Pernambuco,**

A) não cabe recurso ao Conselho Federal, em qualquer hipótese.

B) cabe recurso ao Conselho Federal, por contrariar decisão do Conselho Seccional de Minas Gerais.

C) cabe recurso ao Conselho Federal, se a decisão contrariar também decisão do Conselho Federal, e não apenas decisão do Conselho Seccional de Minas Gerais.

D) cabe recurso ao Conselho Federal, em qualquer hipótese, ainda que não existisse decisão em sentido contrário do Conselho Seccional de Minas Gerais.

**06. (OAB FGV – XVIII Exame) O Presidente de determinada Seccional da OAB recebeu representação contra advogado que nela era inscrito por meio de missiva anônima, que narrava grave infração disciplinar. Considerando a via eleita para a apresentação da representação, foi determinado o arquivamento do expediente, sem instauração de processo disciplinar. Pouco tempo depois, foi publicada matéria jornalística sobre investigação realizada pela Polícia Federal que tinha como objeto a mesma infração disciplinar que havia sido narrada na missiva anônima e indicando o nome do investigado naquele procedimento inquisitorial. Com base na reportagem, foi determinada, pelo Presidente da Seccional, a instauração de processo disciplinar.**

**Sobre o procedimento adotado pelo Presidente da Seccional em questão, assinale a afirmativa correta.**

A) Deveria ter instaurado processo disciplinar quando recebeu a missiva anônima.

B) Não poderia ter instaurado processo disciplinar em nenhuma das oportunidades.

C) Deveria ter instaurado processo disciplinar em qual quer uma das oportunidades.

D) Poderia ter instaurado processo disciplinar a partir da publicação da matéria jornalística.

**07. (OAB FGV – XV Exame) O advogado João, inscrito na Seccional do estado X, cometeu grave infração ética ao atuar em determinada causa no estado Y. Assinale a opção que indica o Conselho Seccional com poder de punir disciplinarmente o advogado infrator.**

A) Apenas o Conselho Seccional do estado X terá poder para punir João disciplinarmente.

B) Apenas o Conselho Seccional do estado Y terá poder para punir João disciplinarmente.

C) Apenas o Conselho Federal terá poder para punir João disciplinarmente.

D) Os Conselhos Seccionais dos estados X e Y terão poderes concorrentes para punir João disciplinarmente.

**08. (OAB FGV – XIII Exame) Maria da Silva, advogada, apresenta requerimento ao Presidente da Seccional da OAB tendo o seu pleito sido indeferido.**

**Nos termos do Estatuto da Advocacia, cabe recurso ao**

A) Conselho Seccional da OAB.

B) Conselho Federal da OAB.

C) Presidente do Conselho Federal da OAB.

D) Presidente do Tribunal de Ética da OAB.

**09. (OAB FGV – XXVIII Exame) Maria teve processo disciplinar recém instaurado contra si pelo Conselho Seccional da OAB, no qual está inscrita. No dia seguinte à sua notificação por meio de edital, encontra-se no fórum com Tânia, sua ex--colega de faculdade, que veio comentar com Maria sobre o conteúdo do referido processo.**

**De acordo com o Estatuto da OAB, Tânia poderia conhecer o conteúdo do processo disciplinar instaurado, em face de Maria,**

A) por qualquer meio, dada a natureza pública de sua tramitação.

B) se fosse parte, defensora de parte ou autoridade judiciária competente, dada a natureza sigilosa de sua tramitação.

C) caso tivesse tido acesso à notificação inicial, feita por meio de edital, dada a natureza pública de sua tramitação.

D) em nenhuma hipótese, dada a natureza sigilosa de sua tramitação.

**10. (OAB FGV – XXIX Exame) O Conselho Seccional X da OAB proferiu duas decisões, ambas unânimes e definitivas, em dois processos distintos. Acerca da matéria que é objeto do processo 1, há diversos julgados, em sentido diametralmente oposto, proferidos pelo Conselho Seccional Y da OAB. Quanto ao processo 2, há apenas uma decisão contrária, outrora proferida pelo Conselho Federal da OAB. De acordo com a situação narrada, assinale a afirmativa correta.**

A) Cabe recurso da decisão proferida no processo 1 ao Conselho Federal da OAB, com fundamento na divergência com as decisões emanadas do Conselho Seccional Y. Também cabe recurso da decisão proferida no processo 2 ao Conselho Federal da OAB, com base na divergência com a decisão anterior do Conselho Federal.

B) Não cabe recurso da decisão proferida no processo 1 ao Conselho Federal da OAB, com fundamento na divergência com as decisões emanadas do Conselho Seccional Y. No entanto, cabe recurso da decisão proferida no processo 2 ao Conselho Federal da OAB, com base na divergência com a decisão anterior do Conselho Federal.

C) Cabe recurso da decisão proferida no processo 1 ao Conselho Federal da OAB, com fundamento na divergência com as decisões emanadas do Conselho Seccional Y. No entanto, não cabe recurso da decisão proferida no processo 2 ao Conselho Federal da OAB, com base na divergência com a decisão anterior do Conselho Federal.

D) Não cabem recursos das decisões proferidas no processo 1 e no processo 2, tendo em vista a definitividade das decisões emanadas do Conselho Seccional.

**11. (OAB FGV – XXXI Exame) Havendo indícios de que Sara obteve inscrição na Ordem dos Advogados do Brasil mediante prova falsa, foi instaurado contra ela processo disciplinar. Sobre o tema, assinale a afirmativa correta.**

A) O processo disciplinar contra Sara pode ser instaurado de ofício ou mediante representação, que pode ser anônima.

B) Em caso de revelia de Sara, o processo disciplinar seguirá, independentemente de designação de defensor dativo.

C) O processo disciplinar instaurado contra Sara será, em regra, público.

D) O recurso contra eventual decisão que determine o cancelamento da inscrição de Sara não terá efeito suspensivo.

**12. (OAB FGV – XXXIV Exame) Beatriz, advogada, oferece representação perante a OAB em razão de Isabela, outra advogada que atua na mesma área e na mesma cidade, ter supostamente praticado atos de captação de causas.**

**Preocupada com as consequências dessa representação, Isabela decidiu estudar as normas que regem possível processo disciplinar a ser instaurado perante a OAB.**

**Ao fazê-lo, Isabela concluiu que**

A) o processo disciplinar pode ser instaurado de ofício, não dependendo de representação de autoridade ou da pessoa interessada.

B) o processo disciplinar tramita em sigilo até o seu término, permitindo-se o acesso às suas informações somente às partes e a seus defensores por ordem da autoridade judiciária competente.

C) ao representado deve ser assegurado amplo direito de defesa, cabendo ao Tribunal de Ética e Disciplina, por ocasião do julgamento, avaliar a necessidade de defesa oral.

D) se, após a defesa prévia, o relator se manifestar pelo indeferimento liminar da representação, o processo deverá ser levado a julgamento pelo Tribunal de Ética e Disciplina, que poderá determinar seu arquivamento.

**Gabarito:** 01. B / 02. C / 03. A / 04. A / 05. B / 06. D / 07. B / 08. A / 09. B / 10. A / 11. D / 12. A

# 16 DICAS SOBRE O REGULAMENTO GERAL DO ESTATUTO DA ADVOCACIA E DA ORDEM DOS ADVOGADOS DO BRASIL

| O Regulamento Geral do Estatuto da Advocacia e da OAB é dividido em **três títulos** | | |
|---|---|---|
| Título I<br>arts. 1º – 43, RGEAOAB | Título II<br>arts. 44 – 150, RGEAOAB | Título III<br>arts. 151 – 158, RGEAOAB |
| "Da Atividade de Advocacia" | "Da Ordem dos Advogados do Brasil" | "Das Disposições Gerais" |

As dicas selecionadas indicam pontos que merecem ser relembrados:

## ▪ *Patrimônio da OAB*

O patrimônio do Conselho Federal, do Conselho Seccional, da Caixa de Assistência dos Advogados e da Subseção é constituído de *bens móveis e imóveis* e outros bens e valores que tenham adquirido ou venham a adquirir.

| | | |
|---|---|---|
| Conselho Federal<br>Conselho Seccional | *Devem aprovar a*<br>→ | Alienação ou oneração de bens imóveis |
| Diretoria | *Decide pela*<br>→ | Aquisição de qualquer bem<br>Disposição de bens móveis |

## ▪ *OAB em eventos internacionais*

A OAB pode participar e colaborar em eventos internacionais, de interesse da advocacia.

Quando autorizados pelo Presidente Nacional, os Conselhos Seccionais podem representar a OAB em geral ou os advogados brasileiros em eventos internacionais ou no exterior.

## *Cargos nos órgãos da OAB*

Os cargos da Diretoria do Conselho Seccional têm as mesmas denominações atribuídas aos da Diretoria do Conselho Federal.

**IMPORTANTE LEMBRAR**

Diante de vaga de cargo de diretoria do Conselho Federal ou do Conselho Seccional decorrente de perda do mandato, morte ou renúncia, o substituto será eleito pelo Conselho a que se vincule, entre os seus membros.

## *Deduções obrigatórias da receita das anuidades*

As receitas brutas mensais das *anuidades* serão deduzidas em 60%, para a seguinte destinação

- *10%* para o Conselho Federal.
- *3%* para o Fundo Cultural.
- *2%* para o Fundo de Integração e Desenvolvimento Assistencial dos Advogados (FIDA), regulamentado em Provimento do Conselho Federal.
- *45%* para as despesas administrativas e manutenção do Conselho Seccional.

**IMPORTANTE LEMBRAR**

Cabe à Caixa de Assistência dos Advogados a metade da receita das anuidades recebidas pelo Conselho Seccional, considerado o valor resultante após as deduções obrigatórias. Poderão ser deduzidas despesas, desde que previamente pactuadas.

## *Estrutura e funcionamento do Conselho Federal da OAB*

O Conselho Federal é o órgão supremo da OAB, com sede na Capital da República, e atua por meio dos seguintes órgãos:

| Conselho Pleno | Órgão Especial do Conselho Pleno | Câmaras:<br>Primeira<br>Segunda<br>Terceira | Diretoria | Presidente |
|---|---|---|---|---|

Os Conselheiros Federais, no exercício do mandato, atuam no interesse da advocacia nacional, e não apenas no de seus representados diretos. O seu cargo é incompatível com o de membro de outros órgãos da OAB, exceto quando se tratar de ex-Presidente do Conselho Federal e do Conselho Seccional. Nesse caso, ficam impedidos de debater e votar as matérias quando houver participado da deliberação local.

O Conselheiro, em sua delegação, é substituto dos demais, nos órgãos do Conselho, diante de faltas ou impedimentos ou no caso de licença. Se estiverem presentes dois substitutos, a preferência é do mais antigo no Conselho e, em caso de coincidência, do que tiver inscrição mais antiga.

**IMPORTANTE LEMBRAR**

1. O voto em qualquer órgão colegiado do Conselho Federal é tomado por delegação, em ordem alfabética, seguido dos ex-presidentes, com direito a voto.
2. Os membros da Diretoria votam como integrantes de suas delegações.
3. O Conselheiro Federal opina, mas não participa da votação de matéria de interesse específico da unidade que representa.
4. Na eleição dos membros da Diretoria do Conselho Federal, somente votam os Conselheiros Federais, individualmente.

## ■ *Órgãos de atuação do Conselho Federal*

### Conselho Pleno

| | |
|---|---|
| **Composição** | O Conselho Pleno é integrado pelos Conselheiros Federais de cada delegação e pelos ex-Presidentes.<br>É presidido pelo Presidente do Conselho Federal e secretariado pelo Secretário-Geral. |
| **Competências** | • Deliberar, em caráter nacional, sobre propostas e indicações relacionadas às finalidades institucionais da OAB (art. 44, I, do EAOAB) e sobre as demais atribuições previstas no art. 54 do EAOAB, respeitadas as competências privativas dos demais órgãos deliberativos do Conselho Federal.<br>• Eleger o sucessor dos membros da Diretoria do Conselho Federal em caso de vacância.<br>• Regular, mediante resolução, matérias de sua competência que não exijam edição de Provimento.<br>• Instituir, mediante Provimento, comissões permanentes para assessorar o Conselho Federal e a Diretoria.<br>• Pode decidir sobre todas as matérias privativas de seu órgão Especial quando o Presidente atribuir-lhes caráter de urgência e grande relevância. |

| | |
|---|---|
| **Observação** | Para editar e alterar o Regulamento Geral, o Código de Ética e Disciplina e os Provimentos e para intervir nos Conselhos Seccionais, é indispensável o ***quórum*** *de dois terços das delegações.* |

## Órgão Especial do Conselho Pleno

| | |
|---|---|
| **Composição** | O Órgão Especial é composto de um Conselheiro Federal integrante de cada delegação, sem prejuízo de sua participação no Conselho Pleno, e pelos ex-Presidentes.<br>É presidido pelo Vice-Presidente e secretariado pelo Secretário-Geral Adjunto.<br>Note-se que a delegação indica seu representante ao Órgão Especial do Conselho Pleno. |
| **Competências** | Deliberar sobre:<br>• recurso contra *decisões das Câmaras* quando não tenham sido unânimes ou, sendo unânimes, contrariem a Constituição, as leis, o Estatuto, as decisões do Conselho Federal, o Regulamento Geral, o Código de Ética e Disciplina ou os Provimentos;<br>• recurso contra *decisões unânimes das Turmas* quando estas contrariarem a Constituição, as leis, o Estatuto, as decisões do Conselho Federal, o Regulamento Geral, o Código de Ética e Disciplina ou os Provimentos;<br>• recurso contra decisões do Presidente ou da Diretoria do Conselho Federal e do Presidente do Órgão Especial;<br>• consultas escritas, formuladas em tese, relativas às matérias de competência das Câmaras especializadas ou à interpretação do Estatuto, do Regulamento Geral, do Código de Ética e Disciplina e dos Provimentos, devendo todos os Conselhos Seccionais ser cientificados do conteúdo das respostas;<br>• conflitos ou divergências entre órgãos da OAB;<br>• determinação ao Conselho Seccional competente para instaurar processo, quando, em autos ou peças submetidos ao conhecimento do Conselho Federal, encontrar fato que constitua infração disciplinar. |
| **Observações** | O Presidente do Órgão Especial vota por sua delegação e tem o voto de qualidade no caso de empate.<br>A decisão do Órgão Especial constitui orientação dominante da OAB sobre a matéria quando consolidada em súmula publicada no *Diário Eletrônico da OAB.* |

## Primeira Câmara

| **Presidência** | A Primeira Câmara é presidida pelo Secretário-Geral. |
|---|---|
| **Competências** | • Decidir os recursos sobre:<br>- atividade de advocacia;<br>- direitos e prerrogativas dos advogados e estagiários;<br>- inscrição nos quadros da OAB;<br>- incompatibilidades;<br>- impedimentos.<br>• Expedir resoluções regulamentando o Exame de Ordem.<br>• Julgar as representações sobre as matérias de sua competência.<br>• Propor, instruir e julgar os incidentes de uniformização de decisões de sua competência.<br>• Determinar ao Conselho Seccional competente a instauração de processo quando, em autos ou peças submetidas ao seu julgamento, tomar conhecimento de fato que constitua infração disciplinar.<br>• Julgar os recursos interpostos contra decisões de seu Presidente. |

## Segunda Câmara

| **Presidência** | A Segunda Câmara é presidida pelo Secretário-Geral Adjunto. |
|---|---|
| **Competências** | • Decidir os recursos sobre ética e deveres do advogado.<br>• Decidir os recursos sobre infrações e sanções disciplinares.<br>• Promover em âmbito nacional a ética do advogado, juntamente com os Tribunais de Ética e Disciplina, editando resoluções regulamentares ao Código de Ética e Disciplina.<br>• Julgar as representações sobre as matérias de sua competência.<br>• Propor, instruir e julgar os incidentes de uniformização de decisões de sua competência.<br>• Determinar ao Conselho Seccional competente a instauração de processo quando, em autos ou peças submetidas ao seu julgamento, tomar conhecimento de fato que constitua infração disciplinar.<br>• Julgar os recursos interpostos contra decisões de seu Presidente.<br>• Eleger, entre seus integrantes, os membros da Corregedoria do Processo Disciplinar com atribuição, em caráter nacional, de orientar e fiscalizar a tramitação dos processos disciplinares de competência da OAB. |

## Terceira Câmara

| **Presidência** | A Terceira Câmara é presidida pelo Tesoureiro. |
|---|---|
| **Competências** | • Decidir os recursos relativos à estrutura, aos órgãos e ao processo eleitoral da OAB.<br>• Decidir os recursos sobre sociedades de advogados, advogados associados e advogados empregados.<br>• Apreciar os relatórios anuais e deliberar sobre o balanço e as contas da Diretoria do Conselho Federal e dos Conselhos Seccionais.<br>• Suprir as omissões ou regulamentar as normas aplicáveis às Caixas de Assistência dos Advogados, inclusive mediante resoluções.<br>• Modificar ou cancelar, de ofício ou a pedido de qualquer pessoa, dispositivo do Regimento Interno do Conselho Seccional que contrarie o Estatuto ou este Regulamento Geral.<br>• Julgar as representações sobre as matérias de sua competência.<br>• Propor, instruir e julgar os incidentes de uniformização de decisões de sua competência.<br>• Determinar ao Conselho Seccional competente a instauração de processo quando, em autos ou peças submetidas ao seu julgamento, tomar conhecimento de fato que constitua infração disciplinar.<br>• Julgar os recursos interpostos contra decisões de seu Presidente. |

## Diretoria do Conselho Federal

A diretoria do Conselho Federal é composta de

- um Presidente.
- um Vice-Presidente.
- um Secretário-Geral.
- um Secretário-Geral Adjunto.
- um Tesoureiro.

O Presidente é substituído em suas faltas, licenças e impedimentos pelo Vice-Presidente, pelo Secretário-Geral, pelo Secretário-Geral Adjunto e pelo Tesoureiro, nessa ordem.

O Vice-Presidente, o Secretário-Geral, o Secretário-Geral Adjunto e o Tesoureiro substituem-se sucessivamente, em suas faltas e impedimentos ocasionais, visto que o último será substituído pelo Conselheiro Federal mais antigo e, diante de coincidência de mandatos, pelo de inscrição mais antiga.

| Competências |
| --- |
| ***Compete à Diretoria, coletivamente:***<br>• dar execução às deliberações dos órgãos deliberativos do Conselho;<br>• elaborar e submeter à Terceira Câmara, na forma e no prazo estabelecidos no Regulamento Geral, o orçamento anual da receita e da despesa, o relatório anual, o balanço e as contas;<br>• elaborar estatística anual dos trabalhos e julgados do Conselho;<br>• distribuir e redistribuir as atribuições e competências entre os seus membros;<br>• elaborar e aprovar o plano de cargos e salários e a política de administração de pessoal do Conselho, propostos pelo Secretário-Geral;<br>• promover assistência financeira aos órgãos da OAB, em caso de necessidade comprovada e de acordo com previsão orçamentária;<br>• definir critérios para despesas com transporte e hospedagem dos Conselheiros, membros das comissões e convidados;<br>• alienar ou onerar bens móveis;<br>• resolver os casos omissos no Estatuto e no Regulamento Geral, *ad referendum* do Conselho Pleno. |
| ***Compete ao Presidente:***<br>• representar a OAB em geral e os advogados brasileiros, no país e no exterior, em juízo ou fora dele;<br>• representar o Conselho Federal, em juízo ou fora dele;<br>• convocar e presidir o Conselho Federal e executar suas decisões;<br>• adquirir, onerar e alienar bens imóveis, quando autorizado, e administrar o patrimônio do Conselho Federal, juntamente com o Tesoureiro;<br>• aplicar penas disciplinares no caso de infração cometida no âmbito do Conselho Federal;<br>• assinar, com o Tesoureiro, cheques e ordens de pagamento;<br>• executar e fazer executar o Estatuto e a legislação complementar. |
| ***Compete ao Vice-Presidente:***<br>• presidir o órgão Especial e executar suas decisões;<br>• executar as atribuições que lhe forem cometidas pela Diretoria ou delegadas, por portaria, pelo Presidente. |
| ***Compete ao Secretário-Geral:***<br>• presidir a Primeira Câmara e executar suas decisões;<br>• dirigir todos os trabalhos de Secretaria do Conselho Federal;<br>• secretariar as sessões do Conselho Pleno;<br>• manter sob sua guarda e inspeção todos os documentos do Conselho Federal;<br>• controlar a presença e declarar a perda de mandato dos Conselheiros Federais;<br>• executar a administração do pessoal do Conselho Federal;<br>• emitir certidões e declarações do Conselho Federal. |

***Compete ao Secretário-Geral Adjunto:***

- presidir a Segunda Câmara e executar suas decisões;
- organizar e manter o cadastro nacional dos advogados e estagiários, requisitando os dados e as informações necessários aos Conselhos Seccionais e promovendo as medidas essenciais;
- executar as atribuições que lhe forem cometidas pela Diretoria ou delegadas pelo Secretário-Geral;
- secretariar o Órgão Especial.

***Compete ao Tesoureiro:***

- presidir a Terceira Câmara e executar suas decisões;
- manter sob sua guarda os bens e valores e o almoxarifado do Conselho;
- administrar a Tesouraria, controlar e pagar todas as despesas autorizadas e assinar cheques e ordens de pagamento com o Presidente;
- elaborar a proposta de orçamento anual, o relatório, os balanços e as contas mensais e anuais da Diretoria;
- propor à Diretoria a tabela de custas do Conselho Federal;
- fiscalizar e cobrar as transferências devidas pelos Conselhos Seccionais ao Conselho Federal, propondo à Diretoria a intervenção nas Tesourarias dos inadimplentes;
- manter inventário dos bens móveis e imóveis do Conselho Federal, atualizado anualmente;
- receber e dar quitação dos valores recebidos pelo Conselho Federal.

## *Conselhos Seccionais*

O Regulamento Geral enumera, além do previsto nos arts. 57 e 58 do EAOAB, outras competências do Conselho Seccional, que merecem ser destacadas, tais como:

– Adotar medidas para assegurar o regular funcionamento das Subseções;

– Cassar ou modificar, de ofício ou mediante representação, qualquer ato de sua diretoria e dos demais órgãos executivos e deliberativos, da diretoria ou do conselho da Subseção e da diretoria da Caixa de Assistência dos Advogados, contrários ao Estatuto, ao Regulamento Geral, aos Provimentos, ao Código de Ética e Disciplina, ao seu Regimento Interno e às suas Resoluções;

– Ajuizar, após deliberação:

  a) ação direta de inconstitucionalidade de leis ou atos normativos estaduais e municipais, em face da Constituição Estadual ou da Lei Orgânica do Distrito Federal;

b) ação civil pública, para defesa de interesses difusos de caráter geral e coletivo e individuais homogêneos;

c) mandado de segurança coletivo, em defesa de seus inscritos, independentemente de autorização pessoal dos interessados;

d) mandado de injunção, diante da Constituição Estadual ou da Lei Orgânica do Distrito Federal.

## ■ *Conferências e Colégios de Presidentes*

| Conferência Nacional da Advocacia Brasileira (CNA) | |
|---|---|
| **CNA** | Trata-se de órgão consultivo máximo do Conselho Federal. |
| **Data** | Reúne-se a cada três anos, no segundo ano do mandato. |
| **Objetivo** | Tem por finalidade o estudo e o debate das questões e dos problemas referentes às finalidades da OAB e ao congraçamento dos advogados. |
| **Conclusões** | As suas conclusões têm caráter de recomendação aos Conselhos correspondentes. |
| **Membros das Conferências** | • *Efetivos*: os Conselheiros e Presidentes dos órgãos da OAB presentes, os advogados e estagiários inscritos na Conferência, todos *com direito a voto*.<br>• *Convidados*: as pessoas a quem a Comissão Organizadora conceder tal qualidade, *sem direito a voto, salvo se for advogado*.<br>Estudantes de direito, *mesmo inscritos como estagiários na OAB*, são membros ouvintes, escolhendo um porta-voz entre os presentes em cada sessão da Conferência. |
| **Comissão Organizadora** | A Conferência é dirigida por uma Comissão Organizadora, *designada pelo Presidente do Conselho*, por ele presidida e integrada pelos membros da Diretoria e outros convidados.<br>A Comissão Organizadora define:<br>• a distribuição do temário;<br>• os nomes dos expositores;<br>• a programação dos trabalhos;<br>• os serviços de apoio e infraestrutura;<br>• o regimento interno da Conferência.<br>É representada pelo Presidente, com poderes para cumprir a programação estabelecida e decidir as questões ocorrentes e os casos omissos. |

Por sua vez, as Conferências dos Advogados dos Estados e do Distrito Federal são órgãos consultivos dos Conselhos Seccionais. Também se reúnem a cada três anos, no segundo ano do mandato.

O *Colégio de Presidentes dos Conselhos Seccionais* é regulamentado no Provimento n. 61/87 do Conselho Federal da OAB. O Colégio de Presidentes das Subseções é regulamentado no Regimento Interno do Conselho Seccional.

### ■ *Medalha Rui Barbosa*

É a comenda máxima conferida pelo Conselho Federal às grandes personalidades da advocacia brasileira. Pode ser concedida uma vez, no prazo do mandato do Conselho. Será entregue ao homenageado em sessão solene.

### ■ *Ação Direta de Inconstitucionalidade*

As indicações de ajuizamento de ação direta de inconstitucionalidade submetem-se ao juízo prévio de admissibilidade da Diretoria para aferição da relevância da defesa dos princípios e das normas constitucionais.

**IMPORTANTE LEMBRAR**

Note que, se a indicação for subscrita por Conselho Seccional da OAB, por entidade de caráter nacional ou por delegação do Conselho Federal, a matéria não se sujeita ao juízo de admissibilidade da Diretoria.

### ■ *Opinião prévia dos cursos jurídicos*

Compete à Comissão Nacional de Educação Jurídica do Conselho Federal *opinar previamente* nos pedidos para criação, reconhecimento e credenciamento dos cursos jurídicos referidos no art. 54, XV, do EAOAB.

O Conselho Seccional, em cuja área de atuação situar-se a instituição de ensino superior interessada, será ouvido preliminarmente.

## QUESTÕES

**01. (OAB FGV – XXIV Exame) O Conselho Seccional Y da OAB, entendendo pela inconstitucionalidade de certa norma em face da Constituição da República, subscreve indicação de ajuizamento de ação direta de inconstitucionalidade, endereçando-a ao Conselho Federal da OAB.**

**Considerando o caso apresentado, de acordo com o Regulamento Geral do Estatuto da Advocacia e da OAB, assinale a afirmativa correta.**

A) A mencionada indicação de ajuizamento de ação direta de inconstitucionalidade submete-se a obrigatório juízo prévio de admissibilidade realizado pela Diretoria do Conselho Federal para aferição da relevância da defesa dos princípios e das normas constitucionais. Caso seja admitida, o relator, designado pelo Presidente, independentemente da decisão da Diretoria, pode levantar preliminar de inadmissibilidade perante o Conselho Pleno, quando não encontrar norma ou princípio constitucionais violados pelo ato normativo. Após, se aprovado o ajuizamento da ação, esta será proposta pelo Presidente do Conselho Federal.

B) A mencionada indicação de ajuizamento de ação direta de inconstitucionalidade submete-se a obrigatório juízo prévio de admissibilidade realizado pela Segunda Câmara do Conselho Federal para aferição da relevância da defesa dos princípios e das normas constitucionais. Caso seja admitida, o relator designado pelo Presidente, independentemente da decisão da Segunda Câmara, pode levantar preliminar de inadmissibilidade perante o Conselho Pleno, quando não encontrar norma ou princípio constitucionais violados pelo ato normativo. Após, se aprovado o ajuizamento da ação, esta será proposta pelo Presidente do Conselho Federal.

C) A mencionada indicação de ajuizamento de ação direta de inconstitucionalidade não se sujeita a juízo prévio obrigatório de admissibilidade, seja pela Diretoria ou qualquer Câmara do Conselho Federal. Porém, o relator, designado pelo Presidente, pode levantar preliminar de inadmissibilidade perante o Conselho Pleno, quando não encontrar norma ou princípio constitucionais violados pelo ato normativo. Após, se aprovado o ajuizamento da ação, esta será proposta pelo Presidente do Conselho Federal.

D) A mencionada indicação de ajuizamento de ação direta de inconstitucionalidade não se sujeita a juízo prévio obrigatório de admissibilidade seja pela Diretoria ou qualquer Câmara do Conselho Federal. Porém, o relator designado pelo Presidente, pode levantar preliminar de inadmissibilidade perante o Conselho Pleno, quando não encontrar norma ou princípio constitucionais violados pelo ato normativo. Após, se aprovado o ajuizamento da ação, esta será proposta pelo relator designado.

**02. (OAB FGV – XX Exame) As advogadas Tereza, Gabriela e Esmeralda desejam integrar a lista a ser encaminhada ao Tribunal de Justiça de determinado estado da federação, para preenchimento de vaga constitucionalmente destinada aos advogados na composição do Tribunal. Tereza exerce regular e efetivamente a atividade de advocacia há 15 anos. Possui reputação ilibada e saber jurídico tão notório que a permitiu ser eleita conselheira suplente, para a atual gestão, de determinada subseção da OAB. Gabriela, embora nunca tenha integrado órgão da OAB, exerce, regular e efetivamente, a advocacia há 06 anos e é conhecida por sua conduta ética e seu profundo conhecimento do Direito. Por sua vez, Esmeralda pratica regularmente a advocacia há 10 anos. Também é inconteste seu extenso conhecimento jurídico. A reputação ilibada de Esmeralda é comprovada diariamente no corretíssimo exercício de sua função de tesoureira da Caixa de Assistência de Advogados da Seccional da OAB na qual inscrita.**

**Sobre o caso narrado, assinale a afirmativa correta.**

A) Nenhuma das advogadas deverá compor a lista a ser encaminhada ao Tribunal de Justiça.

B) Apenas Tereza e Esmeralda deverão compor a lista a ser encaminhada ao Tribunal de Justiça.

C) Apenas Gabriela deverá compor a lista a ser encaminhada ao Tribunal de Justiça.

D) Apenas Tereza deverá compor a lista a ser encaminhada ao Tribunal de Justiça.

**03. (OAB FGV – XIX Exame) As Subseções X e Y da OAB, ambas criadas pelo Conselho Seccional Z, reivindicam a competência para desempenhar certa atribuição. Não obstante, o Conselho Seccional Z defende que tal atribuição é de sua competência. Caso instaurado um conflito de competência envolvendo as Subseções X e Y e outro envolvendo a Subseção X e o Conselho Seccional Z, assinale a opção que relaciona, respectivamente, os órgãos competentes para decidir os conflitos.**

A) O conflito de competência entre as subseções deve ser decidido pelo Conselho Seccional Z, cabendo recurso ao Conselho Federal da OAB. Do mesmo modo, o conflito entre a Subseção X e o Conselho Seccional Z será decidido pelo Conselho Seccional Z, cabendo recurso ao Conselho Federal da OAB.

B) O conflito de competência entre as subseções deve ser decidido pelo Conselho Seccional Z, cabendo recurso ao Conselho Federal da OAB. Já o conflito entre a Subseção X e o Conselho Seccional Z será decidido, em única instância, pelo Conselho Federal da OAB.

C) Ambos os conflitos de competência serão decididos, em única instância, pelo Conselho Federal da OAB.

D) O conflito de competência entre as subseções deve ser decidido, em única instância, pelo Conselho Seccional Z. O conflito entre a Subseção X e o Conselho Seccional Z será decidido, em única instância, pelo Conselho Federal da OAB.

**04. (OAB FGV – X Exame) João, advogado regularmente inscrito nos quadros da Ordem dos Advogados do Brasil, veio a ser indiciado por força de investigação proposta em face de um dos seus inúmeros clientes, não tendo o causídico participado de qualquer ato ilícito, mas apenas como advogado. Veio a saber que seu nome fora incluído por força de exercício considerado exacerbado de sua atividade advocatícia. Contratou advogado para a sua defesa no inquérito criminal e postulou assistência à Ordem dos Advogados do Brasil por entender feridas suas prerrogativas profissionais. Observado tal relato, consoante as normas do Regulamento Geral do Estatuto da Advocacia e da OAB, assinale a afirmativa correta.**

A) Ao contratar advogado para a defesa da sua pretensão, não mais cabe à Ordem dos Advogados interferir no processo para salvaguardar eventuais prerrogativas feridas.

B) A atuação da Ordem dos Advogados na defesa das prerrogativas profissionais implicará a assistência de representante da instituição, mesmo com defensor constituído.

C) A assistência da Ordem dos Advogados está restrita a processos judiciais ou administrativos, mas não a inquéritos.

D) A postulação de assistência deve ser examinada pelo Conselho Federal da Ordem dos Advogados que pode autorizar ou não essa atividade.

**05. (OAB FGV – IX Exame) Assinale a afirmativa que indica como ocorrerá, em havendo necessidade, a criação de novos Conselhos Seccionais, de acordo com as normas do Regulamento Geral do Estatuto da Advocacia e da OAB.**

A) Por meio de Lei aprovada pelo Congresso Nacional.

B) Por meio de Medida Provisória Federal.

C) Por Provimento do Conselho Federal.

D) Por meio de Resolução do Conselho Federal.

**06. (OAB FGV – XXVIII Exame) Em certo local, pretende-se a aquisição de um imóvel pelo Conselho Seccional respectivo da OAB, para funcionar como centro de apoio em informática aos advogados inscritos. Também se negocia a constituição de hipoteca sobre outro bem imóvel que já integra o patrimônio deste Conselho Seccional.**

**De acordo com o caso narrado, com fulcro no disposto no Regulamento Geral do Estatuto da Advocacia e da OAB, assinale a afirmativa correta.**

A) A aquisição do imóvel dependerá de autorização da maioria dos membros efetivos do Conselho Seccional; já a constituição da hipoteca é decisão que compete à Diretoria do Conselho Seccional.

B) Tanto a aquisição do imóvel como a constituição da hipoteca dependerão de autorização da maioria dos membros efetivos do Conselho Seccional.

C) Tanto a aquisição do imóvel como a constituição da hipoteca são decisões que competem à Diretoria do Conselho Seccional, dispensada autorização dos membros efetivos do Conselho Seccional.

D) A aquisição do imóvel é decisão que compete à Diretoria do Conselho Seccional; já a constituição da hipoteca dependerá de autorização da maioria dos membros efetivos do Conselho Seccional.

**07. (OAB FGV – XXII Exame) No ano de 2017, deverá se realizar a Conferência Nacional da Advocacia Brasileira, órgão consultivo máximo do Conselho Federal, que se reúne trienalmente. Cientes do evento, Raul, Francisco e Caetano decidem participar como membros efetivos da Conferência. Raul, advogado, é conselheiro de certo Conselho Seccional da OAB. Francisco é advogado, regularmente inscrito na OAB, e não exerce previamente função junto a qualquer órgão da instituição. Caetano é estagiário, regularmente inscrito como tal junto à OAB, e também não exerce previamente função em nenhum de seus órgãos.**

**Considerando o disposto no Regulamento Geral do Estatuto da Advocacia e da OAB, assinale a afirmativa correta.**

A) Raul participará como membro efetivo da Conferência Nacional da Advocacia Brasileira, caso em que terá direito a voto. Os demais, mesmo inscritos na Conferência, poderão participar apenas como convidados ou ouvintes, sem direito a voto.

B) Francisco, se inscrito, e Raul participarão como membros efetivos da Conferência Nacional da Advocacia Brasileira. Porém, o direito a voto é conferido apenas a Raul. Caetano, ainda que inscrito na conferência, somente poderá participar como ouvinte.

C) Francisco e Caetano, se inscritos na Conferência Nacional da Advocacia Brasileira, dela participarão como membros efetivos, mas o direito a voto é conferido apenas a Francisco. Raul fica impedido de participar como membro efetivo da conferência, tendo em vista que já exerce função em órgão da OAB.

D) Raul participará como membro efetivo da Conferência Nacional da Advocacia Brasileira. Do mesmo modo, Francisco e Caetano, se inscritos na conferência, poderão participar como membros efetivos, permitindo-se, aos três, o direito a voto.

**08. (OAB FGV – XVI Exame) Compete ao Conselho Seccional ajuizar, após deliberação:**

A) Ação direta de inconstitucionalidade em face de leis ou atos normativos federais.

B) Queixa-crime contra quem tenha ofendido os advogados inscritos na respectiva Seccional.

C) Mandado de segurança individual em favor dos advogados inscritos na respectiva Seccional, independentemente de vinculação com o exercício da profissão.

D) Mandado de segurança coletivo, em defesa de seus inscritos, independentemente de autorização pessoal dos interessados.

Gabarito: 01. C / 02. A / 03. A / 04. B / 05. D / 06. D / 07. D / 08. D

# 17 DICAS SOBRE O CÓDIGO DE ÉTICA E DISCIPLINA DA OAB

| | |
|---|---|
| 1. | O advogado deve ter consciência de que o Direito é um meio de mitigar as desigualdades para o encontro de soluções justas. |
| 2. | O advogado deve abster-se de ingressar ou atuar em pleitos administrativos ou judiciais perante autoridades com as quais tenha vínculos negociais ou familiares. |
| 3. | O advogado deve abster-se de utilizar de influência indevida, em seu benefício ou do cliente. |
| 4. | O advogado deve abster-se de contratar honorários advocatícios em valores aviltantes. |
| 5. | Constitui dever do advogado desaconselhar lides temerárias, a partir de um juízo preliminar de viabilidade jurídica. |
| 6. | É defeso (proibido) ao advogado expor os fatos em Juízo ou na via administrativa falseando deliberadamente a verdade e utilizando de má-fé. |
| 7. | O advogado deve ter consciência que a lei é um instrumento para garantir a igualdade de todos. |
| 8. | O advogado, ainda que vinculado ao cliente ou constituinte, mediante relação empregatícia ou por contrato de prestação permanente de serviços, ou como integrante de departamento jurídico, ou de órgão de assessoria jurídica, público ou privado, deve zelar pela sua liberdade e independência. |
| 9. | O advogado deve informar o cliente quanto a eventuais riscos de sua pretensão, e das consequências que poderão advir da demanda. |
| 10 | As relações entre advogado e cliente baseiam-se na confiança recíproca. |
| 11. | Concluída a causa ou arquivado o processo, presume-se cumprido e extinto o mandato. |
| 12. | O advogado não deve aceitar procuração de quem já tenha patrono constituído, sem prévio conhecimento deste, salvo por motivo plenamente justificável ou para adoção de medidas judiciais urgentes e inadiáveis. |

| | |
|---|---|
| 13. | O advogado não deve deixar ao abandono ou ao desamparo as causas sob seu patrocínio. Diante de dificuldades insuperáveis ou inércia do cliente quanto a providências que lhe tenham sido solicitadas, recomenda-se a renúncia do mandato. |
| 14. | Advogados integrantes da mesma sociedade profissional, ou reunidos em caráter permanente para cooperação recíproca, não podem representar, em juízo ou fora dele, clientes com interesses opostos. |
| 15. | A advocacia *pro bono* pode ser exercida em favor de instituições sociais sem fins econômicos, aos seus assistidos que não dispuserem de recursos para a contratação de profissional, e para pessoas naturais que, igualmente, não dispuserem de recursos para, sem prejuízo do próprio sustento, contratar advogado. |
| 16. | O sigilo profissional cederá em face de circunstâncias excepcionais que configurem justa causa. |
| 17. | A publicidade profissional do advogado tem caráter meramente informativo e deve primar pela discrição e sobriedade, não podendo configurar captação de clientela ou mercantilização da profissão. |
| 18. | É vedada a inclusão de fotografias pessoais ou de terceiros nos cartões de visitas do advogado, bem como menção de qualquer emprego, cargo ou função ocupado, atual ou pretérito, em qualquer órgão ou instituição, salvo o de professor universitário. |
| 19. | A telefonia e a internet podem ser utilizadas como veículo de publicidade, inclusive para o envio de mensagens a destinatários certos, desde que não impliquem o oferecimento de serviços ou representem forma de captação de clientela. |
| 20. | A prestação de serviços profissionais por advogado será contratada preferencialmente por escrito. |
| 21. | Nos processos disciplinares que envolverem divergência sobre a percepção de honorários da sucumbência entre advogados, deverá ser tentada a conciliação destes, preliminarmente pelo relator. |
| 22. | É lícito ao advogado ou à sociedade de advogados empregar, para o recebimento de honorários, sistema de cartão de crédito, mediante credenciamento junto a empresa operadora do ramo. |
| 23. | A representação contra membros da diretoria do Conselho Federal, Membros Honorários Vitalícios e detentores da Medalha Rui Barbosa será processada e julgada pelo Conselho Federal, sendo competente o Conselho Pleno. |
| 24. | A conclusão ou desistência da causa obriga o advogado a devolver ao cliente bens, valores e documentos que lhe hajam sido confiados e ainda estejam em seu poder. |

| | |
|---|---|
| 25. | O advogado deve abster-se de patrocinar causa contrária à validade ou legitimidade de ato jurídico em cuja formação haja colaborado ou intervindo de qualquer maneira; da mesma forma, deve declinar seu impedimento ou o da sociedade que integre quando houver conflito de interesses motivado por intervenção anterior no trato de assunto que se prenda ao patrocínio solicitado. |
| 26. | Compete aos Tribunais de Ética e Disciplina responder a consultas formuladas, em tese, sobre matéria ético-disciplinar. |
| 27. | Salvo em causa própria, não poderá o advogado, enquanto exercer cargos ou funções em órgãos da OAB ou tiver assento, em qualquer condição, nos seus Conselhos, atuar em processos que tramitem perante a entidade nem oferecer pareceres destinados a instruí-los. |
| 28. | Não há causa criminal indigna de defesa, cumprindo ao advogado agir, como defensor, no sentido de que a todos seja concedido tratamento condizente com a dignidade da pessoa humana, sob a égide das garantias constitucionais. |
| 29. | Compete aos Tribunais de Ética e Disciplina julgar, em primeiro grau, os processos ético-disciplinares. |
| 30. | A Corregedoria-Geral do Processo Disciplinar coordenará ações do Conselho Federal e dos Conselhos Seccionais voltadas para o objetivo de reduzir a ocorrência das infrações disciplinares mais frequentes. |

## QUESTÕES

**01. (OAB FGV – XXIV Exame) Severino, advogado, é notório conhecedor das normas procedimentais e disciplinares do Estatuto da Advocacia e da OAB, bem como de seu regulamento, atuando na defesa de colegas advogados em processos disciplinares. Recentemente, Severino foi eleito conselheiro, passando a exercer essa função em certo Conselho Seccional da OAB.**

**Considerando o caso descrito, assinale a afirmativa correta.**

A) Severino não poderá, enquanto exercer a função de conselheiro, atuar em processos disciplinares que tramitem perante qualquer órgão da OAB, sequer em causa própria.

B) Severino não poderá, enquanto for conselheiro, atuar em processos disciplinares que tramitem perante o Conselho Seccional onde exerce sua função. Porém, perante os demais conselhos, não há vedação à sua atuação, em causa própria ou alheia.

C) Severino não poderá, enquanto for conselheiro, atuar em processos disciplinares que tramitem perante o Conselho Seccional onde exerce sua função e o Conselho Federal da OAB. Porém, perante os demais conselhos, não há vedação à sua atuação, em causa própria ou alheia.

D) Severino não poderá, enquanto exercer a função, atuar em processos disciplinares que tramitem perante qualquer órgão da OAB, salvo em causa própria.

**02. (OAB FGV – XXI Exame) A advogada Kátia exerce, de forma eventual e voluntária, a advocacia *pro bono* em favor de certa instituição social, a qual possui personalidade jurídica como associação, bem como de pessoas físicas economicamente hipossuficientes.**

**Em razão dessa prática, sempre que pode, Kátia faz menção pública à sua atuação pro bono, por entender que isto revela correição de caráter e gera boa publicidade de seus serviços como advogada, para obtenção de clientes em sua atuação remunerada.**

**Considerando as informações acima, assinale a afirmativa correta.**

A) Kátia comete infração ética porque a advocacia *pro bono* não pode ser destinada a pessoas jurídicas, sob pena de caracterização de aviltamento de honorários. Kátia também comete infração ética ao divulgar sua atuação *pro bono* como instrumento de publicidade para obtenção de clientela.

B) Kátia comete infração ética, ao divulgar sua atuação *pro bono* como instrumento de publicidade para obtenção de clientela. Quanto à atuação *pro bono* em favor de pessoas jurídicas, inexiste vedação.

C) Kátia comete infração ética porque a advocacia *pro bono* não pode ser destinada a pessoas jurídicas, sob pena de caracterização de aviltamento de honorários. Quanto à divulgação de seus serviços *pro bono* para obtenção de clientela, inexiste vedação.

D) A situação narrada não revela infração ética. Inexistem óbices à divulgação por Kátia de seus serviços *pro bono* para obtenção de clientela, bem como à atuação *pro bono* em favor de pessoas jurídicas.

**03. (OAB FGV – XXI Exame) Janaína é procuradora do município de Oceanópolis e atua, fora da carga horária demandada pela função, como advogada na sociedade de advogados Alfa, especializada em Direito Tributário. A profissional já foi professora na universidade estadual Beta, situada na localidade, tendo deixado o magistério há um ano, quando tomou posse como procuradora municipal.**

**Atualmente, Janaína deseja imprimir cartões de visitas para divulgação profissional de seu endereço e telefones. Assim, dirigiu-se a uma gráfica e elaborou o seguinte modelo: no centro do cartão, consta o nome e o número de inscrição de Janaína na OAB. Logo abaixo, o endereço e os telefones do escritório. No canto superior direito, há uma pequena fotografia da advogada, com vestimenta adequada. Na parte inferior do cartão, estão as seguintes inscrições "procuradora do município de Oceanópolis", "advogada – Sociedade de Advogados Alfa" e "ex-professora da Universidade Beta". A impressão será feita em papel branco com proporções usuais e grafia discreta na cor preta.**

**Considerando a situação descrita, assinale a afirmativa correta.**

A) Os cartões de visitas pretendidos por Janaína não são adequados às regras referentes à publicidade profissional. São vedados: o emprego de fotografia pessoal e a referência ao cargo de procurador municipal. Os demais elementos poderão ser mantidos.

B) Os cartões de visitas pretendidos por Janaína, pautados pela discrição e sobriedade, são adequados às regras referentes à publicidade profissional.

C) Os cartões de visitas pretendidos por Janaína não são adequados às regras referentes à publicidade profissional. São vedados: o emprego de fotografia e a referência ao cargo de magistério que Janaína não mais exerce. Os demais elementos poderão ser mantidos.

D) Os cartões de visitas pretendidos por Janaína não são adequados às regras referentes à publicidade profissional. São vedados: a referência ao cargo de magistério que Janaína não mais exerce e a referência ao cargo de procurador municipal. Os demais elementos poderão ser mantidos.

**04. (OAB FGV – XXI Exame) Florentino, advogado regularmente inscrito na OAB, além da advocacia, passou a exercer também a profissão de corretor de imóveis, obtendo sua inscrição no conselho pertinente. Em seguida, Florentino passou a divulgar suas atividades, por meio de uma placa na porta de um de seus escritórios, com os dizeres: Florentino, advogado e corretor de imóveis.**

**Sobre o tema, assinale a afirmativa correta.**

A) É vedado a Florentino exercer paralelamente a advocacia e a corretagem de imóveis.

B) É permitido a Florentino exercer paralelamente a advocacia e a corretagem de imóveis, desde que não sejam prestados os serviços de advocacia aos mesmos clientes da outra atividade. Além disso, é permitida a utilização da placa empregada, desde que seja discreta, sóbria e meramente informativa.

C) É permitido a Florentino exercer paralelamente a advocacia e a corretagem de imóveis. Todavia, é vedado o emprego da aludida placa, ainda que discreta, sóbria e meramente informativa.

D) É permitido a Florentino exercer paralelamente a advocacia e a corretagem de imóveis, inclusive em favor dos mesmos clientes. Também é permitido empregar a aludida placa, desde que seja discreta, sóbria e meramente informativa.

**05. (OAB FGV – XXI Exame) José, bacharel em Direito, constitui Cesar, advogado, como seu procurador para atuar em demanda a ser proposta em face de Natália. Ajuizada a demanda, após o pedido de tutela provisória ter sido indeferido, José orienta César a opor Embargos de Declaração, embora não vislumbre omissão, contradição ou obscuridade na decisão, tampouco erro material a corrigir.**

**César, porém, acredita que a medida mais adequada é a interposição de Agravo de Instrumento, pois entende que a decisão poderá ser revista pelo tribunal, facultando-se, ainda, ao juízo de primeira instância reformar sua decisão.**

**Diante da divergência, assinale a opção que indica o posicionamento correto.**

A) César deverá, em qualquer hipótese, seguir a orientação de José, que é parte na demanda e possui formação jurídica.

B) César deverá esclarecer José quanto à sua estratégia, mas subordinar-se, ao final, à orientação deste, pois no exercício do mandato atua como patrono da parte.

C) César deverá imprimir a orientação que lhe pareça mais adequada à causa, sem se subordinar à orientação de José, mas procurando esclarecê-lo quanto à sua estratégia.

D) César deverá imprimir a orientação que lhe pareça mais adequada à causa, sem se subordinar à orientação de José, e sem procurar esclarecê-lo quanto à sua estratégia, pois, no seu ministério privado, presta serviço público.

**06. (OAB FGV – XXI Exame) Luciana e Antônio são advogados que, embora não tenham constituído sociedade, atuam em conjunto em algumas causas, por meio de substabelecimentos conferidos reciprocamente. Em regra, acordam informalmente a divisão do trabalho e dos honorários.**

**Todavia, após obterem sucesso em caso de valor vultoso, não chegaram a um consenso acerca da partilha dos honorários, pois cada um entendeu que sua participação foi preponderante. Assim, decidiram submeter a questão à Ordem dos Advogados.**

**Nesse caso,**

A) havendo divergência, a partilha dos honorários entre Luciana e Antônio deve ser feita atribuindo-se metade a cada um, pois quando não há prévio acordo é irrelevante a participação de cada um no processo.

B) compete ao Tribunal de Ética e Disciplina atuar como mediador na partilha de honorários, podendo indicar mediador que contribua no sentido de que a distribuição se faça proporcionalmente à atuação de cada um no processo.

C) compete ao juiz da causa em que houve a condenação em honorários especificar o percentual ou o quanto é devido a cada um dos patronos, de modo que a distribuição se faça proporcionalmente à atuação de cada um no processo.

D) compete à Caixa de Assistência aos Advogados atuar como mediadora na partilha de honorários, podendo indicar mediador que contribua no sentido de que a distribuição se faça proporcionalmente à atuação de cada um no processo.

**07. (OAB FGV – XXIII Exame) O Dr. Silvestre, advogado, é procurado por um cliente para patrociná-lo em duas demandas em curso, nas quais o aludido cliente figura como autor. Ao verificar o andamento processual dos feitos, Silvestre observa que o primeiro processo tramita perante a juíza Dra. Isabel, sua tia. Já o segundo processo tramita perante o juiz Dr. Zacarias, que, coincidentemente, é o locador do imóvel onde o Dr. Silvestre reside.**

**Considerando o disposto no Código de Ética e Disciplina da OAB, assinale a afirmativa correta.**

A) O Dr. Silvestre cometerá infração ética se atuar em qualquer dos processos, tendo em vista o grau de parentesco com a primeira magistrada e a existência de relação negocial com o segundo juiz.

B) O Dr. Silvestre cometerá infração ética apenas se atuar no processo que tramita perante a juíza Dra. Isabel, tendo em vista o grau de parentesco com a magistrada. Quanto ao segundo processo, não há vedação ética ao patrocínio na demanda.

C) O Dr. Silvestre cometerá infração ética apenas se atuar no processo que tramita perante o juiz Dr. Zacarias, tendo em vista a existência de relação negocial com o magistrado. Quanto ao primeiro processo, não há vedação ética ao patrocínio na demanda.

D) O Dr. Zacarias não cometerá infração ética se atuar em ambos os feitos, pois as hipóteses de suspeição e impedimento dos juízes versam sobre seu relacionamento com as partes, e não com os advogados.

**08. (OAB FGV – XXVI Exame) Juan e Pablo, ambos advogados, atuaram conjuntamente patrocinando uma demanda trabalhista em favor de certo trabalhador empregado. Tiveram bastante sucesso no exercício dessa função, tendo se valido de teses jurídicas notórias. Em razão disso, após o fim desse processo, duas pessoas jurídicas contrataram, respectivamente, Juan e Pablo, como integrantes de seus departamentos jurídicos, em relação empregatícia. A sociedade que empregou Juan determinou que ele atue de forma consultiva, emitindo parecer sobre a mesma questão jurídica tratada naquele primeiro processo, embora adotando orientação diversa, desta feita favorável aos empregadores. A pessoa jurídica que emprega Pablo pretende que ele realize sua defesa, em juízo, em processos nos quais ela é ré, sobre a mesma questão, também sustentando o posicionamento favorável aos empregadores.**

**Considerando o caso narrado, assinale a afirmativa correta.**

A) Juan e Pablo podem, de maneira legítima, recusar a atuação consultiva e o patrocínio das demandas judiciais, respectivamente, sem que isso implique violação aos seus deveres profissionais.

B) Apenas Juan pode, de maneira legítima, recusar a atuação consultiva sem que isso implique violação aos seus deveres profissionais.

C) Apenas Pablo pode, de maneira legítima, recusar o patrocínio das demandas judiciais sem que isso implique violação aos seus deveres profissionais.

D) As recusas quanto à atuação consultiva e ao patrocínio das demandas judiciais, por Juan e Pablo, respectivamente, implicam violações aos seus deveres profissionais.

**Gabarito:** 01. D / 02. B / 03. A / 04. C / 05. C / 06. B / 07. A / 08. A

# 18 LEGISLAÇÃO ESPECÍFICA

## 18.1. ESTATUTO DA ADVOCACIA E A ORDEM DOS ADVOGADOS DO BRASIL (OAB)

### LEI N. 8.906, DE 4 DE JULHO DE 1994

*Dispõe sobre o Estatuto da Advocacia e a Ordem dos Advogados do Brasil (OAB).*

O Presidente da República, faço saber que o Congresso Nacional decreta e eu sanciono a seguinte lei:

### TÍTULO I
### Da Advocacia

#### CAPÍTULO I
#### Da Atividade de Advocacia

**Art. 1º** São atividades privativas de advocacia:

**I** – a postulação a ~~qualquer~~ órgão do Poder Judiciário e aos juizados especiais;

▪ *Vide* ADIN 1.127-8.

**II** – as atividades de consultoria, assessoria e direção jurídicas.

**§ 1º** Não se inclui na atividade privativa de advocacia a impetração de *habeas corpus* em qualquer instância ou tribunal.

**§ 2º** Os atos e contratos constitutivos de pessoas jurídicas, sob pena de nulidade, só podem ser admitidos a registro, nos órgãos competentes, quando visados por advogados.

**§ 3º** É vedada a divulgação de advocacia em conjunto com outra atividade.

**Art. 2º** O advogado é indispensável à administração da justiça.

**§ 1º** No seu ministério privado, o advogado presta serviço público e exerce função social.

**§ 2º** No processo judicial, o advogado contribui, na postulação de decisão favorável ao seu constituinte, ao convencimento do julgador, e seus atos constituem múnus público.

**§ 2º-A.** No processo administrativo, o advogado contribui com a postulação de decisão favorável ao seu constituinte, e os seus atos constituem múnus público.

- Redação dada pela Lei n. 14.365, de 2022.

**§ 3º** No exercício da profissão, o advogado é inviolável por seus atos e manifestações, nos limites desta lei.

**Art. 2º-A.** O advogado pode contribuir com o processo legislativo e com a elaboração de normas jurídicas, no âmbito dos Poderes da República.

- Redação dada pela Lei n. 14.365, de 2022.

**Art. 3º** O exercício da atividade de advocacia no território brasileiro e a denominação de advogado são privativos dos inscritos na Ordem dos Advogados do Brasil (OAB),

**§ 1º** Exercem atividade de advocacia, sujeitando-se ao regime desta lei, além do regime próprio a que se subordinem, os integrantes da Advocacia-Geral da União, da Procuradoria da Fazenda Nacional, da Defensoria Pública e das Procuradorias e Consultorias Jurídicas dos Estados, do Distrito Federal, dos Municípios e das respectivas entidades de administração indireta e fundacional.

**§ 2º** O estagiário de advocacia, regularmente inscrito, pode praticar os atos previstos no art. 1º, na forma do regimento geral, em conjunto com advogado e sob responsabilidade deste.

**Art. 3º-A.** Os serviços profissionais de advogado são, por sua natureza, técnicos e singulares, quando comprovada sua notória especialização, nos termos da lei.

- Incluído pela Lei n. 14.039, de 2020.

**Parágrafo único.** Considera-se notória especialização o profissional ou a sociedade de advogados cujo conceito no campo de sua especialidade, decorrente de desempenho anterior, estudos, experiências, publicações, organização, aparelhamento, equipe técnica ou de outros requisitos relacionados com suas atividades, permita inferir que o seu trabalho é essencial e indiscutivelmente o mais adequado à plena satisfação do objeto do contrato.

- Incluído pela Lei n. 14.039, de 2020.

**Art. 4º** São nulos os atos privativos de advogado praticados por pessoa não inscrita na OAB, sem prejuízo das sanções civis, penais e administrativas.

**Parágrafo único.** São também nulos os atos praticados por advogado impedido – no âmbito do impedimento – suspenso, licenciado ou que passar a exercer atividade incompatível com a advocacia.

**Art. 5º** O advogado postula, em juízo ou fora dele, fazendo prova do mandato.

**§ 1º** O advogado, afirmando urgência, pode atuar sem procuração, obrigando-se a apresentá-la no prazo de quinze dias, prorrogável por igual período.

**§ 2º** A procuração para o foro em geral habilita o advogado a praticar todos os atos judiciais, em qualquer juízo ou instância, salvo os que exijam poderes especiais.

**§ 3º** O advogado que renunciar ao mandato continuará, durante os dez dias seguintes à notificação da renúncia, a representar o mandante, salvo se for substituído antes do término desse prazo.

**§ 4º** As atividades de consultoria e assessoria jurídicas podem ser exercidas de modo verbal ou por escrito, a critério do advogado e do cliente, e independem de outorga de mandato ou de formalização por contrato de honorários.

▪ Redação dada pela Lei n. 14.365, de 2022.

## CAPÍTULO II
## Dos Direitos do Advogado

**Art. 6º** Não há hierarquia nem subordinação entre advogados, magistrados e membros do Ministério Público, devendo todos tratar-se com consideração e respeito recíprocos.

**Parágrafo único.** As autoridades e os servidores públicos dos Poderes da República, os serventuários da Justiça e os membros do Ministério Público devem dispensar ao advogado, no exercício da profissão, tratamento compatível com a dignidade da advocacia e condições adequadas a seu desempenho, preservando e resguardando, de ofício, a imagem, a reputação e a integridade do advogado nos termos desta Lei.

▪ Redação dada pela Lei n. 14.365, de 2022.

**Art. 7º** São direitos do advogado:

**I** – exercer, com liberdade, a profissão em todo o território nacional;

**II** – a inviolabilidade de seu escritório ou local de trabalho, bem como de seus instrumentos de trabalho, de sua correspondência escrita, eletrônica, telefônica e telemática, desde que relativas ao exercício da advocacia;

▪ Inciso II com a redação dada pela Lei n. 11.767/2008.

**III** – comunicar-se com seus clientes, pessoal e reservadamente, mesmo sem procuração, quando estes se acharem presos, detidos ou recolhidos em estabelecimentos civis ou militares, ainda que considerados incomunicáveis;

**IV** – ter a presença de representante da OAB, quando preso em flagrante, por motivo ligado ao exercício da advocacia, para lavratura do auto respectivo, sob pena de nulidade e, nos demais casos, a comunicação expressa à seccional da OAB;

**V** – não ser recolhido preso, antes de sentença transitada em julgado, senão em sala de Estado Maior, com instalações e comodidades condignas, ~~assim reconhecidas pela OAB,~~ e, na sua falta, em prisão domiciliar;

▪ *Vide* ADIN 1.127-8.

**VI** – ingressar livremente:

***a)*** nas salas de sessões dos tribunais, mesmo além dos cancelos que separam a parte reservada aos magistrados;

*b)* nas salas e dependências de audiências, secretarias, cartórios, ofícios de justiça, serviços notariais e de registro, e, no caso de delegacias e prisões, mesmo fora da hora de expediente e independentemente da presença de seus titulares;

*c)* em qualquer edifício ou recinto em que funcione repartição judicial ou outro serviço público onde o advogado deva praticar ato ou colher prova ou informação útil ao exercício da atividade profissional, dentro do expediente ou fora dele, e ser atendido, desde que se ache presente qualquer servidor ou empregado;

*d)* em qualquer assembléia ou reunião de que participe ou possa participar o seu cliente, ou perante a qual este deva comparecer, desde que munido de poderes especiais;

**VII** – permanecer sentado ou em pé e retirar-se de quaisquer locais indicados no inciso anterior, independentemente de licença;

**VIII** – dirigir-se diretamente aos magistrados nas salas e gabinetes de trabalho, independentemente de horário previamente marcado ou outra condição, observando-se a ordem de chegada;

**IX** – ~~sustentar oralmente as razões de qualquer recurso ou processo, nas sessões de julgamento, após o voto do relator, em instância judicial ou administrativa, pelo prazo de quinze minutos, salvo se prazo maior for concedido~~;

- *Vide* ADIN 1.127-8 e ADIN 1.105-7.

**IX-A** – (VETADO);

**X** – usar da palavra, pela ordem, em qualquer tribunal judicial ou administrativo, órgão de deliberação coletiva da administração pública ou comissão parlamentar de inquérito, mediante intervenção pontual e sumária, para esclarecer equívoco ou dúvida surgida em relação a fatos, a documentos ou a afirmações que influam na decisão;

- Redação dada pela Lei n. 14.365, de 2022.

**XI** – reclamar, verbalmente ou por escrito, perante qualquer juízo, tribunal ou autoridade, contra a inobservância de preceito de lei, regulamento ou regimento;

**XII** – falar, sentado ou em pé, em juízo, tribunal ou órgão de deliberação coletiva da Administração Pública ou do Poder Legislativo;

**XIII** – examinar, em qualquer órgão dos Poderes Judiciário e Legislativo, ou da Administração Pública em geral, autos de processos findos ou em andamento, mesmo sem procuração, quando não estiverem sujeitos a sigilo ou segredo de justiça, assegurada a obtenção de cópias, com possibilidade de tomar apontamentos;

- Inciso XIII com a redação dada pela Lei n. 13.793/2019.

**XIV** – examinar, em qualquer instituição responsável por conduzir investigação, mesmo sem procuração, autos de flagrante e de investigações de qualquer natureza, findos ou em andamento, ainda que conclusos à autoridade, podendo copiar peças e tomar apontamentos, em meio físico ou digital;

- Inciso XIV com a redação dada pela Lei n. 13.245/2016.

**XV** – ter vista dos processos judiciais ou administrativos de qualquer natureza, em cartório ou na repartição competente, ou retirá-los pelos prazos legais;

**XVI** – retirar autos de processos findos, mesmo sem procuração, pelo prazo de dez dias;

**XVII** – ser publicamente desagravado, quando ofendido no exercício da profissão ou em razão dela;

**XVIII** – usar os símbolos privativos da profissão de advogado;

**XIX** – recusar-se a depor como testemunha em processo no qual funcionou ou deva funcionar, ou sobre fato relacionado com pessoa de quem seja ou foi advogado, mesmo quando autorizado ou solicitado pelo constituinte, bem como sobre fato que constitua sigilo profissional;

**XX** – retirar-se do recinto onde se encontre aguardando pregão para ato judicial, após trinta minutos do horário designado e ao qual ainda não tenha comparecido a autoridade que deva presidir a ele, mediante comunicação protocolizada em juízo.

**XXI** – assistir a seus clientes investigados durante a apuração de infrações, sob pena de nulidade absoluta do respectivo interrogatório ou depoimento e, subsequentemente, de todos os elementos investigatórios e probatórios dele decorrentes ou derivados, direta ou indiretamente, podendo, inclusive, no curso da respectiva apuração:

■ Inciso XXI incluído pela Lei n. 13.245/2016.

***a)*** apresentar razões e quesitos;

■ Alínea *a* incluída pela Lei n. 13.245/2016.

***b)*** VETADO. Lei n. 13.245/2016.

▪ Incluído pela Lei n. 13.245/2016.

**§ 1º** (Revogado).

▪ Redação dada pela Lei n. 14.365, de 2022.

**1) (revogado);**

▪ Redação dada pela Lei n. 14.365, de 2022.

**2) (revogado);**

▪ Redação dada pela Lei n. 14.365, de 2022.

**3) (revogado).**

▪ Redação dada pela Lei n. 14.365, de 2022.

**§ 2º** (Revogado).

▪ Redação dada pela Lei n. 14.365, de 2022.

**§ 2º-A.** (VETADO).

▪ Redação dada pela Lei n. 14.365, de 2022.

**§ 2º-B.** Poderá o advogado realizar a sustentação oral no recurso interposto contra a decisão monocrática de relator que julgar o mérito ou não conhecer dos seguintes recursos ou ações:

▪ Incluído pela Lei n. 14.365, de 2022.

**I** – recurso de apelação;

▪ Incluído pela Lei n. 14.365, de 2022.

**II** – recurso ordinário;

▪ Incluído pela Lei n. 14.365, de 2022.

**III** – recurso especial;

▪ Incluído pela Lei n. 14.365, de 2022.

**IV** – recurso extraordinário;

- Incluído pela Lei n. 14.365, de 2022.

**V** – embargos de divergência;

- Incluído pela Lei n. 14.365, de 2022.

**VI** – ação rescisória, mandado de segurança, reclamação, *habeas corpus* e outras ações de competência originária.

- Incluído pela Lei n. 14.365, de 2022.

**§ 3º** O advogado somente poderá ser preso em flagrante, por motivo de exercício da profissão, em caso de crime inafiançável, observado o disposto no inciso IV deste artigo.

**§ 4º** O Poder Judiciário e o Poder Executivo devem instalar, em todos os juizados, fóruns, tribunais, delegacias de polícia e presídios, salas especiais permanentes para os advogados, com uso ~~e controle~~ assegurados à OAB.

- *Vide* ADIN 1.127-8.

**§ 5º** No caso de ofensa a inscrito na OAB, no exercício da profissão ou de cargo ou função de órgão da OAB, o conselho competente deve promover o desagravo público do ofendido, sem prejuízo da responsabilidade criminal em que incorrer o infrator.

**§ 6º** Presentes indícios de autoria e materialidade da prática de crime por parte de advogado, a autoridade judiciária competente poderá decretar a quebra da inviolabilidade de que trata o inciso II do *caput* deste artigo, em decisão motivada, expedindo mandado de busca e apreensão, específico e pormenorizado, a ser cumprido na presença de representante da OAB, sendo, em qualquer hipótese, vedada a utilização dos documentos, das mídias e dos objetos pertencentes a clientes do advogado averiguado, bem como dos demais instrumentos de trabalho que contenham informações sobre clientes.

- Incluído pela Lei n. 11.767/2008.

**§ 6º-A.** A medida judicial cautelar que importe na violação do escritório ou do local de trabalho do advogado será determinada em hipótese excepcional, desde que exista fundamento em indício, pelo órgão acusatório.

- Promulgação de partes vetadas. Incluído pela Lei n. 14.365, de 2022.

**§ 6º-B.** É vedada a determinação da medida cautelar prevista no § 6º-A deste artigo se fundada exclusivamente em elementos produzidos em declarações do colaborador sem confirmação por outros meios de prova.

- Promulgação de partes vetadas. Incluído pela Lei n. 14.365, de 2022.

**§ 6º-C.** O representante da OAB referido no § 6º deste artigo tem o direito a ser respeitado pelos agentes responsáveis pelo cumprimento do mandado de busca e apreensão, sob pena de abuso de autoridade, e o dever de zelar pelo fiel cumprimento do objeto da investigação, bem como de impedir que documentos, mídias e objetos não relacionados à investigação, especialmente de outros processos do mesmo cliente ou de outros clientes que não sejam pertinentes à persecução penal, sejam analisados, fotografados, filmados, retirados ou apreendidos do escritório de advocacia.

- Promulgação de partes vetadas. Incluído pela Lei n. 14.365, de 2022.

**§ 6º-D.** No caso de inviabilidade técnica quanto à segregação da documentação, da mídia ou dos objetos não relacionados à investigação, em razão da sua natureza ou volume, no momento da execução da decisão judicial de apreensão ou de retirada do material, a cadeia de custódia preservará o sigilo do seu conteúdo, assegurada a presença do representante da OAB, nos termos dos §§ 6º-F e 6º-G deste artigo.

- Promulgação de partes vetadas. Incluído pela Lei n. 14.365, de 2022.

**§ 6º-E.** Na hipótese de inobservância do § 6º-D deste artigo pelo agente público responsável pelo cumprimento do mandado de busca e apreensão, o representante da OAB fará o relatório do fato ocorrido, com a inclusão dos nomes dos servidores, dará conhecimento à autoridade judiciária e o encaminhará à OAB para a elaboração de notícia-crime.

- Promulgação de partes vetadas. Incluído pela Lei n. 14.365, de 2022.

**§ 6º-F.** É garantido o direito de acompanhamento por representante da OAB e pelo profissional investigado durante a análise dos documentos e dos dispositivos de armazenamento de informação pertencentes a advogado, apreendidos ou interceptados, em todos os atos, para assegurar o cumprimento do disposto no inciso II do *caput* deste artigo.

- Promulgação de partes vetadas. Incluído pela Lei n. 14.365, de 2022.

**§ 6º-G.** A autoridade responsável informará, com antecedência mínima de 24 (vinte e quatro) horas, à seccional da OAB a data, o horário e o local em que serão analisados os documentos e os equipamentos apreendidos, garantido o direito de acompanhamento, em todos os atos, pelo representante da OAB e pelo profissional investigado para assegurar o disposto no § 6º-C deste artigo.

- Promulgação de partes vetadas. Incluído pela Lei n. 14.365, de 2022.

**§ 6º-H.** Em casos de urgência devidamente fundamentada pelo juiz, a análise dos documentos e dos equipamentos apreendidos poderá acontecer em prazo inferior a 24 (vinte e quatro) horas, garantido o direito de acompanhamento, em todos os atos, pelo representante da OAB e pelo profissional investigado para assegurar o disposto no § 6º-C deste artigo.

- Promulgação de partes vetadas. Incluído pela Lei n. 14.365, de 2022.

**§ 6º-I.** É vedado ao advogado efetuar colaboração premiada contra quem seja ou tenha sido seu cliente, e a inobservância disso importará em processo disciplinar, que poderá culminar com a aplicação do disposto no inciso III do caput do art. 35 desta Lei, sem prejuízo das penas previstas no art. 154 do Decreto-Lei n. 2.848, de 7 de dezembro de 1940 (Código Penal).

- Incluído pela Lei n. 14.365, de 2022.

**§ 7º** A ressalva constante do § 6º deste artigo não se estende a clientes do advogado averiguado que estejam sendo formalmente investigados como seus partícipes ou co-autores pela prática do mesmo crime que deu causa à quebra da inviolabilidade.

- Incluído pela Lei n. 11.767/2008.

**§ 8º** (VETADO).

**§ 9º** (VETADO).

- §§ 8º e 9º incluídos pela Lei n. 11.767/2008.

**§ 10.** Nos autos sujeitos a sigilo, deve o advogado apresentar procuração para o exercício dos direitos de que trata o inciso XIV.

**§ 11.** No caso previsto no inciso XIV, a autoridade competente poderá delimitar o acesso do advogado aos elementos de prova relacionados a diligências em andamento e ainda não documentados nos autos, quando houver risco de comprometimento da eficiência, da eficácia ou da finalidade das diligências.

**§ 12.** A inobservância aos direitos estabelecidos no inciso XIV, o fornecimento incompleto de autos ou o fornecimento de autos em que houve a retirada de peças já incluídas no caderno investigativo implicará responsabilização criminal e funcional por abuso de autoridade do responsável que impedir o acesso do advogado com o intuito de prejudicar o exercício da defesa, sem prejuízo do direito subjetivo do advogado de requerer acesso aos autos ao juiz competente.

▪ §§ 10 a 12 incluídos pela Lei n. 13.245/2016.

**§ 13.** O disposto nos incisos XIII e XIV do *caput* deste artigo aplica-se integralmente a processos e a procedimentos eletrônicos, ressalvado o disposto nos §§ 10 e 11 deste artigo.

▪ § 13 incluído pela Lei n. 13.793/2019.

**§ 14.** Cabe, privativamente, ao Conselho Federal da OAB, em processo disciplinar próprio, dispor, analisar e decidir sobre a prestação efetiva do serviço jurídico realizado pelo advogado.

▪ Incluído pela Lei n. 14.365, de 2022.

**§ 15.** Cabe ao Conselho Federal da OAB dispor, analisar e decidir sobre os honorários advocatícios dos serviços jurídicos realizados pelo advogado, resguardado o sigilo, nos termos do Capítulo VI desta Lei, e observado o disposto no inciso XXXV do *caput* do art. 5º da Constituição Federal.

▪ Incluído pela Lei n. 14.365, de 2022.

**§ 16.** É nulo, em qualquer esfera de responsabilização, o ato praticado com violação da competência privativa do Conselho Federal da OAB prevista no § 14 deste artigo.

▪ Incluído pela Lei n. 14.365, de 2022.

**Art. 7º-A.** São direitos da advogada:

**I** – gestante:

***a)*** entrada em tribunais sem ser submetida a detectores de metais e aparelhos de raios X;

***b)*** reserva de vaga em garagens dos fóruns dos tribunais;

**II** – lactante, adotante ou que der à luz, acesso a creche, onde houver, ou a local adequado ao atendimento das necessidades do bebê;

**III** – gestante, lactante, adotante ou que der à luz, preferência na ordem das sustentações orais e das audiências a serem realizadas a cada dia, mediante comprovação de sua condição;

**IV** – adotante ou que der à luz, suspensão de prazos processuais quando for a única patrona da causa, desde que haja notificação por escrito ao cliente.

**§ 1º** Os direitos previstos à advogada gestante ou lactante aplicam-se enquanto perdurar, respectivamente, o estado gravídico ou o período de amamentação.

**§ 2º** Os direitos assegurados nos incisos II e III deste artigo à advogada adotante ou que der à luz serão concedidos pelo prazo previsto no art. 392 do Decreto-Lei n. 5.452, de 1º de maio de 1943 (Consolidação das Leis do Trabalho).

**§ 3º** O direito assegurado no inciso IV deste artigo à advogada adotante ou que der à luz será concedido pelo prazo previsto no § 6º do art. 313 da Lei n. 13.105, de 16 de março de 2015 (Código de Processo Civil).

■ Art. 7º-A incluído pela Lei n. 13.363/2016.

**Art. 7º-B.** Constitui crime violar direito ou prerrogativa de advogado previstos nos incisos II, III, IV e V do *caput* do art. 7º desta Lei:

■ Acrescentado pela Lei n. 13.869/2019, originalmente vetado, todavia promulgado em 27-9-2019.

**Pena** – detenção, de 2 (dois) a 4 (quatro) anos, e multa.

▪ Incluído pela Lei n. 14.365, de 2022.

## CAPÍTULO III
## Da Inscrição

**Art. 8º** Para inscrição como advogado é necessário:

**I** – capacidade civil;

**II** – diploma ou certidão de graduação em direito, obtido em instituição de ensino oficialmente autorizada e credenciada;

**III** – título de eleitor e quitação do serviço militar, se brasileiro;

**IV** – aprovação em Exame de Ordem;

**V** – não exercer atividade incompatível com a advocacia;

**VI** – idoneidade moral;

**VII** – prestar compromisso perante o conselho.

**§ 1º** O Exame da Ordem é regulamentado em provimento do Conselho Federal da OAB.

**§ 2º** O estrangeiro ou brasileiro, quando não graduado em direito no Brasil, deve fazer prova do título de graduação, obtido em instituição estrangeira, devidamente revalidado, além de atender aos demais requisitos previstos neste artigo.

**§ 3º** A inidoneidade moral, suscitada por qualquer pessoa, deve ser declarada mediante decisão que obtenha no mínimo dois terços dos votos de todos os membros do conselho competente, em procedimento que observe os termos do processo disciplinar.

**§ 4º** Não atende ao requisito de idoneidade moral aquele que tiver sido condenado por crime infamante, salvo reabilitação judicial.

**Art. 9º** Para inscrição como estagiário é necessário:

**I** – preencher os requisitos mencionados nos incisos I, III, V, VI e VII do art. 8º;

**II** – ter sido admitido em estágio profissional de advocacia.

**§ 1º** O estágio profissional de advocacia, com duração de dois anos, realizado nos últimos anos do curso jurídico, pode ser mantido pelas respectivas instituições de ensino superior pelos Conselhos da OAB, ou por setores, órgãos jurídicos e escritórios de advocacia credenciados pela OAB, sendo obrigatório o estudo deste Estatuto e do Código de Ética e Disciplina.

**§ 2º** A inscrição do estagiário é feita no Conselho Seccional em cujo território se localize seu curso jurídico.

**§ 3º** O aluno de curso jurídico que exerça atividade incompatível com a advocacia pode freqüentar o estágio ministrado pela respectiva instituição de ensino superior, para fins de aprendizagem, vedada a inscrição na OAB.

**§ 4º** O estágio profissional poderá ser cumprido por bacharel em Direito que queira se inscrever na Ordem.

**§ 5º** Em caso de pandemia ou em outras situações excepcionais que impossibilitem as atividades presenciais, declaradas pelo poder público, o estágio profissional poderá ser realizado no regime de teletrabalho ou de trabalho a distância em sistema remoto ou não, por qualquer meio telemático, sem configurar vínculo de emprego a adoção de qualquer uma dessas modalidades.

- Incluído pela Lei n. 14.365, de 2022.

**§ 6º** Se houver concessão, pela parte contratante ou conveniada, de equipamentos, sistemas e materiais ou reembolso de despesas de infraestrutura ou instalação, todos destinados a viabilizar a realização da atividade de estágio prevista no § 5º deste artigo, essa informação deverá constar, expressamente, do convênio de estágio e do termo de estágio.

- Incluído pela Lei n. 14.365, de 2022.

**Art. 10.** A inscrição principal do advogado deve ser feita no Conselho Seccional em cujo território pretende estabelecer o seu domicílio profissional, na forma do regulamento geral.

**§ 1º** Considera-se domicílio profissional a sede principal da atividade de advocacia, prevalecendo, na dúvida, o domicílio da pessoa física do advogado.

**§ 2º** Além da principal, o advogado deve promover a inscrição suplementar nos Conselhos Seccionais em cujos territórios passar a exercer habitualmente a profissão considerando-se habitualidade a intervenção judicial que exceder de cinco causas por ano.

**§ 3º** No caso de mudança efetiva de domicílio profissional para outra unidade federativa, deve o advogado requerer a transferência de sua inscrição para o Conselho Seccional correspondente.

**§ 4º** O Conselho Seccional deve suspender o pedido de transferência ou de inscrição suplementar, ao verificar a existência de vício ou ilegalidade na inscrição principal, contra ela representando ao Conselho Federal.

**Art. 11.** Cancela-se a inscrição do profissional que:

**I** – assim o requerer;

**II** – sofrer penalidade de exclusão;

**III** – falecer;

**IV** – passar a exercer, em caráter definitivo, atividade incompatível com a advocacia;

**V** – perder qualquer um dos requisitos necessários para inscrição.

**§ 1º** Ocorrendo uma das hipóteses dos incisos II, III e IV, o cancelamento deve ser promovido, de ofício, pelo conselho competente ou em virtude de comunicação por qualquer pessoa.

**§ 2º** Na hipótese de novo pedido de inscrição – que não restaura o número de inscrição anterior – deve o interessado fazer prova dos requisitos dos incisos I, V, VI e VII do art. 8º.

**§ 3º** Na hipótese do inciso II deste artigo, o novo pedido de inscrição também deve ser acompanhado de provas de reabilitação.

**Art. 12.** Licencia-se o profissional que:

**I** – assim o requerer, por motivo justificado;

**II** – passar a exercer, em caráter temporário, atividade incompatível com o exercício da advocacia;

**III** – sofrer doença mental considerada curável.

**Art. 13.** O documento de identidade profissional, na forma prevista no regulamento geral, é de uso obrigatório no exercício da atividade de advogado ou de estagiário e constitui prova de identidade civil para todos os fins legais.

**Art. 14.** É obrigatória a indicação do nome e do número de inscrição em todos os documentos assinados pelo advogado, no exercício de sua atividade.

**Parágrafo único.** É vedado anunciar ou divulgar qualquer atividade relacionada com o exercício da advocacia ou o uso da expressão escritório de advocacia, sem indicação expressa do nome e do número de inscrição dos advogados que o integrem ou o número de registro da sociedade de advogados na OAB.

## CAPÍTULO IV
## Da Sociedade de Advogados

**Art. 15.** Os advogados podem reunir-se em sociedade simples de prestação de serviços de advocacia ou constituir sociedade unipessoal de advocacia, na forma disciplinada nesta Lei e no regulamento geral.

■ *Caput* com a redação dada pela Lei n. 13.247/2016.

**§ 1º** A sociedade de advogados e a sociedade unipessoal de advocacia adquirem personalidade jurídica com o registro aprovado dos seus atos constitutivos no Conselho Seccional da OAB em cuja base territorial tiver sede.

**§ 2º** Aplica-se à sociedade de advogados e à sociedade unipessoal de advocacia o Código de Ética e Disciplina, no que couber.

■ §§ 1º e 2º com a redação dada pela Lei n. 13.247/2016.

**§ 3º** As procurações devem ser outorgadas individualmente aos advogados e indicar a sociedade de que façam parte.

**§ 4º** Nenhum advogado pode integrar mais de uma sociedade de advogados, constituir mais de uma sociedade unipessoal de advocacia, ou integrar, simultaneamente, uma sociedade de advogados e uma sociedade unipessoal de advocacia, com sede ou filial na mesma área territorial do respectivo Conselho Seccional.

**§ 5º** O ato de constituição de filial deve ser averbado no registro da sociedade e arquivado no Conselho Seccional onde se instalar, ficando os sócios, inclusive o titular da sociedade unipessoal de advocacia, obrigados à inscrição suplementar.

**§ 6º** Os advogados sócios de uma mesma sociedade profissional não podem representar em juízo clientes de interesses opostos.

**§ 7º** A sociedade unipessoal de advocacia pode resultar da concentração por um advogado das quotas de uma sociedade de advogados, independentemente das razões que motivaram tal concentração.

- §§ 4º a 7º incluídos pela Lei n. 13.247/2016.

**§ 8º** Nas sociedades de advogados, a escolha do sócio-administrador poderá recair sobre advogado que atue como servidor da administração direta, indireta e fundacional, desde que não esteja sujeito ao regime de dedicação exclusiva, não lhe sendo aplicável o disposto no inciso X do *caput* do art. 117 da Lei n. 8.112, de 11 de dezembro de 1990, no que se refere à sociedade de advogados.

- Promulgação de partes vetadas. Incluído pela Lei n. 14.365, de 2022.

**§ 9º** A sociedade de advogados e a sociedade unipessoal de advocacia deverão recolher seus tributos sobre a parcela da receita que efetivamente lhes couber, com a exclusão da receita que for transferida a outros advogados ou a sociedades que atuem em forma de parceria para o atendimento do cliente.

- Promulgação de partes vetadas. Incluído pela Lei n. 14.365, de 2022.

**§ 10.** Cabem ao Conselho Federal da OAB a fiscalização, o acompanhamento e a definição de parâmetros e de diretrizes da relação jurídica mantida entre advogados e sociedades de advogados ou entre escritório de advogados sócios e advogado associado, inclusive no que se refere ao cumprimento dos requisitos norteadores da associação sem vínculo empregatício autorizada expressamente neste artigo.

- Incluído pela Lei n. 14.365, de 2022.

**§ 11.** Não será admitida a averbação do contrato de associação que contenha, em conjunto, os elementos caracterizadores de relação de emprego previstos na Consolidação das Leis do Trabalho (CLT), aprovada pelo Decreto-Lei n. 5.452, de 1º de maio de 1943.

- Incluído pela Lei n. 14.365, de 2022.

**§ 12.** A sociedade de advogados e a sociedade unipessoal de advocacia podem ter como sede, filial ou local de trabalho espaço de uso individual ou compartilhado com outros escritórios de advocacia ou empresas, desde que respeitadas as hipóteses de sigilo previstas nesta Lei e no Código de Ética e Disciplina.

- Incluído pela Lei n. 14.365, de 2022.

**Art. 16.** Não são admitidas a registro nem podem funcionar todas as espécies de sociedades de advogados que apresentem forma ou características de sociedade empresária, que adotem denominação de fantasia, que realizem atividades estranhas à advocacia, que incluam como sócio ou titular de sociedade unipessoal de advocacia pessoa não inscrita como advogado ou totalmente proibida de advogar.

- *Caput* com a redação dada pela Lei n. 13.247/2016.

**§ 1º** A razão social deve ter, obrigatoriamente, o nome de, pelo menos, um advogado responsável pela sociedade, podendo permanecer o de sócio falecido, desde que prevista tal possibilidade no ato constitutivo.

**§ 2º** O impedimento ou a incompatibilidade em caráter temporário do advogado não o exclui da sociedade de advogados à qual pertença e deve ser averbado no registro da sociedade, observado o disposto nos arts. 27, 28, 29 e 30 desta Lei e proibida, em qualquer hipótese, a exploração de seu nome e de sua imagem em favor da sociedade.

- Redação dada pela Lei n. 14.365, de 2022.

**§ 3º** É proibido o registro, nos cartórios de registro civil de pessoas jurídicas e nas juntas comerciais, de sociedade que inclua, entre outras finalidades, a atividade de advocacia.

**§ 4º** A denominação da sociedade unipessoal de advocacia deve ser obrigatoriamente formada pelo nome do seu titular, completo ou parcial, com a expressão 'Sociedade Individual de Advocacia'.

- § 4º incluído pela Lei n. 13.247/2016.

**Art. 17.** Além da sociedade, o sócio e o titular da sociedade individual de advocacia respondem subsidiária e ilimitadamente pelos danos causados aos clientes por ação ou omissão no exercício da advocacia, sem prejuízo da responsabilidade disciplinar em que possam incorrer.

- Artigo com a redação pela Lei n. 13.247/2016.

**Art. 17-A.** O advogado poderá associar-se a uma ou mais sociedades de advogados ou sociedades unipessoais de advocacia, sem que estejam presentes os requisitos legais de vínculo empregatício, para prestação de serviços e participação nos resultados, na forma do Regulamento Geral e de Provimentos do Conselho Federal da OAB.

- Incluído pela Lei n. 14.365, de 2022.

**Art. 17-B.** A associação de que trata o art. 17-A desta Lei dar-se-á por meio de pactuação de contrato próprio, que poderá ser de caráter geral ou restringir-se a determinada causa ou trabalho e que deverá ser registrado no Conselho Seccional da OAB em cuja base territorial tiver sede a sociedade de advogados que dele tomar parte.

- Incluído pela Lei n. 14.365, de 2022.

**Parágrafo único.** No contrato de associação, o advogado sócio ou associado e a sociedade pactuarão as condições para o desempenho da atividade advocatícia e estipularão livremente os critérios para a partilha dos resultados dela decorrentes, devendo o contrato conter, no mínimo:

- Incluído pela Lei n. 14.365, de 2022.

**I** – qualificação das partes, com referência expressa à inscrição no Conselho Seccional da OAB competente;

- Incluído pela Lei n. 14.365, de 2022.

**II** – especificação e delimitação do serviço a ser prestado;

- Incluído pela Lei n. 14.365, de 2022.

**III** – forma de repartição dos riscos e das receitas entre as partes, vedada a atribuição da totalidade dos riscos ou das receitas exclusivamente a uma delas;

- Incluído pela Lei n. 14.365, de 2022.

**IV** – responsabilidade pelo fornecimento de condições materiais e pelo custeio das despesas necessárias à execução dos serviços;

- Incluído pela Lei n. 14.365, de 2022.

**V** – prazo de duração do contrato.

- Incluído pela Lei n. 14.365, de 2022.

## CAPÍTULO V
## Do Advogado Empregado

**Art. 18.** A relação de emprego, na qualidade de advogado, não retira a isenção técnica nem reduz a independência profissional inerentes à advocacia.

**§ 1º** O advogado empregado não está obrigado à prestação de serviços profissionais de interesse pessoal dos empregadores, fora da relação de emprego.

- Incluído pela Lei n. 14.365, de 2022.

**§ 2º** As atividades do advogado empregado poderão ser realizadas, a critério do empregador, em qualquer um dos seguintes regimes:

- Incluído pela Lei n. 14.365, de 2022.

**I** – exclusivamente presencial: modalidade na qual o advogado empregado, desde o início da contratação, realizará o trabalho nas dependências ou locais indicados pelo empregador;

- Incluído pela Lei n. 14.365, de 2022.

**II** – não presencial, teletrabalho ou trabalho a distância: modalidade na qual, desde o início da contratação, o trabalho será preponderantemente realizado fora das dependências do empregador, observado que o comparecimento nas dependências de forma não permanente, variável ou para participação em reuniões ou em eventos presenciais não descaracterizará o regime não presencial;

- Incluído pela Lei n. 14.365, de 2022.

**III** – misto: modalidade na qual as atividades do advogado poderão ser presenciais, no estabelecimento do contratante ou onde este indicar, ou não presenciais, conforme as condições definidas pelo empregador em seu regulamento empresarial, independentemente de preponderância ou não.

- Incluído pela Lei n. 14.365, de 2022.

**§ 3º** Na vigência da relação de emprego, as partes poderão pactuar, por acordo individual simples, a alteração de um regime para outro.

- Incluído pela Lei n. 14.365, de 2022.

**Art. 19.** O salário mínimo profissional do advogado será fixado em sentença normativa, salvo se ajustado em acordo ou convenção coletiva de trabalho.

**Art. 20.** A jornada de trabalho do advogado empregado, quando prestar serviço para empresas, não poderá exceder a duração diária de 8 (oito) horas contínuas e a de 40 (quarenta) horas semanais.

- Redação dada pela Lei n. 14.365, de 2022.

**§ 1º** Para efeitos deste artigo, considera-se como período de trabalho o tempo em que o advogado estiver à disposição do empregador, aguardando ou executando ordens, no seu escritório ou em atividades externas, sendo-lhe reembolsadas as despesas feitas com transporte, hospedagem e alimentação.

**§ 2º** As horas trabalhadas que excederem a jornada normal são remuneradas por um adicional não inferior a cem por cento sobre o valor da hora normal, mesmo havendo contrato escrito.

**§ 3º** As horas trabalhadas no período das vinte horas de um dia até as cinco horas do dia seguinte são remuneradas como noturnas, acrescidas do adicional de vinte e cinco por cento.

**Art. 21.** Nas causas em que for parte o empregador, ou pessoa por este representada, os honorários de sucumbência são devidos aos advogados empregados.

**Parágrafo único.** Os honorários de sucumbência, percebidos por advogado empregado de sociedade de advogados são partilhados entre ele e a empregadora, na forma estabelecida em acordo.

## CAPÍTULO VI
## Dos Honorários Advocatícios

**Art. 22.** A prestação de serviço profissional assegura aos inscritos na OAB o direito aos honorários convencionados, aos fixados por arbitramento judicial e aos de sucumbência.

**§ 1º** O advogado, quando indicado para patrocinar causa de juridicamente necessitado, no caso de impossibilidade da Defensoria Pública no local da prestação de serviço, tem direito aos honorários fixados pelo juiz, segundo tabela organizada pelo Conselho Seccional da OAB, e pagos pelo Estado.

**§ 2º** Na falta de estipulação ou de acordo, os honorários são fixados por arbitramento judicial, em remuneração compatível com o trabalho e o valor econômico da questão, observado obrigatoriamente o disposto nos §§ 2º, 3º, 4º, 5º, 6º, 6º-A, 8º, 8º-A, 9º e 10 do art. 85 da Lei n. 13.105, de 16 de março de 2015 (Código de Processo Civil).

- Redação dada pela Lei n. 14.365, de 2022.

**§ 3º** Salvo estipulação em contrário, um terço dos honorários é devido no início do serviço, outro terço até a decisão de primeira instância e o restante no final.

**§ 4º** Se o advogado fizer juntar aos autos o seu contrato de honorários antes de expedir-se o mandado de levantamento ou precatório, o juiz deve determinar que lhe sejam pagos diretamente, por dedução da quantia a ser recebida pelo constituinte, salvo se este provar que já os pagou.

**§ 5º** O disposto neste artigo não se aplica quando se tratar de mandato outorgado por advogado para defesa em processo oriundo de ato ou omissão praticada no exercício da profissão.

**§ 6º** O disposto neste artigo aplica-se aos honorários assistenciais, compreendidos como os fixados em ações coletivas propostas por entidades de classe em substituição processual, sem prejuízo aos honorários convencionais.

**§ 7º** Os honorários convencionados com entidades de classe para atuação em substituição processual poderão prever a faculdade de indicar os beneficiários que, ao optarem por adquirir os direitos, assumirão as obrigações decorrentes do contrato originário a partir do momento em que este foi celebrado, sem a necessidade de mais formalidades.

- §§ 6º e 7º incluídos pela Lei n. 13.725/2018.

**§ 8º** Consideram-se também honorários convencionados aqueles decorrentes da indicação de cliente entre advogados ou sociedade de advogados, aplicada a regra prevista no § 9º do art. 15 desta Lei.

- Incluído pela Lei n. 14.365, de 2022.

**Art. 22-A.** Fica permitida a dedução de honorários advocatícios contratuais dos valores acrescidos, a título de juros de mora, ao montante repassado aos Estados e aos Municípios na forma de precatórios, como complementação de fundos constitucionais.

- Incluído pela Lei n. 14.365, de 2022.

**Parágrafo único.** A dedução a que se refere o *caput* deste artigo não será permitida aos advogados nas causas que decorram da execução de título judicial constituído em ação civil pública ajuizada pelo Ministério Público Federal.

- Promulgação de partes vetadas. Incluído pela Lei n. 14.365, de 2022.

**Art. 23.** Os honorários incluídos na condenação, por arbitramento ou sucumbência, pertencem ao advogado, tendo este direito autônomo para executar a sentença nesta parte, podendo requerer que o precatório, quando necessário, seja expedido em seu favor.

- *Vide* ADIN 6.053.

**Art. 24.** A decisão judicial que fixar ou arbitrar honorários e o contrato escrito que os estipular são títulos executivos e constituem crédito privilegiado na falência, concordata, concurso de credores, insolvência civil e liquidação extrajudicial.

**§ 1º** A execução dos honorários pode ser promovida nos mesmos autos da ação em que tenha atuado o advogado, se assim lhe convier.

**§ 2º** Na hipótese de falecimento ou incapacidade civil do advogado, os honorários de sucumbência, proporcionais ao trabalho realizado, são recebidos por seus sucessores ou representantes legais.

~~**§ 3º** É nula qualquer disposição, cláusula, regulamento ou convenção individual ou coletiva que retire do advogado o direito ao recebimento dos honorários de sucumbência.~~

- *Vide* ADIN 1.194-4.

**§ 3º-A.** Nos casos judiciais e administrativos, as disposições, as cláusulas, os regulamentos ou as convenções individuais ou coletivas que retirem do sócio o direito ao recebimento dos honorários de sucumbência serão válidos somente após o protocolo de petição que revogue os poderes que lhe foram outorgados ou que noticie a renúncia a eles, e os honorários serão devidos proporcionalmente ao trabalho realizado nos processos.

- Incluído pela Lei n. 14.365, de 2022.

**§ 4º** O acordo feito pelo cliente do advogado e a parte contrária, salvo aquiescência do profissional, não lhe prejudica os honorários, quer os convencionados, quer os concedidos por sentença.

**§ 5º** Salvo renúncia expressa do advogado aos honorários pactuados na hipótese de encerramento da relação contratual com o cliente, o advogado mantém o direito aos honorários proporcionais ao trabalho realizado nos processos judiciais e administrativos em que tenha atuado, nos exatos termos do contrato celebrado, inclusive em relação aos eventos de sucesso que porventura venham a ocorrer após o encerramento da relação contratual.

- Incluído pela Lei n. 14.365, de 2022.

**§ 6º** O distrato e a rescisão do contrato de prestação de serviços advocatícios, mesmo que formalmente celebrados, não configuram renúncia expressa aos honorários pactuados.

- Incluído pela Lei n. 14.365, de 2022.

**§ 7º** Na ausência do contrato referido no § 6º deste artigo, os honorários advocatícios serão arbitrados conforme o disposto no art. 22 desta Lei.

- Incluído pela Lei n. 14.365, de 2022.

**Art. 24-A.** No caso de bloqueio universal do patrimônio do cliente por decisão judicial, garantir-se-á ao advogado a liberação de até 20% (vinte por cento) dos bens bloqueados para fins de recebimento de honorários e reembolso de gastos com a defesa, ressalvadas as causas relacionadas aos crimes previstos na Lei n. 11.343, de 23 de agosto de 2006 (Lei de Drogas), e observado o disposto no parágrafo único do art. 243 da Constituição Federal.

- Incluído pela Lei n. 14.365, de 2022.

**§ 1º** O pedido de desbloqueio de bens será feito em autos apartados, que permanecerão em sigilo, mediante a apresentação do respectivo contrato.

- Incluído pela Lei n. 14.365, de 2022.

**§ 2º** O desbloqueio de bens observará, preferencialmente, a ordem estabelecida no art. 835 da Lei n. 13.105, de 16 de março de 2015 (Código de Processo Civil).

- Incluído pela Lei n. 14.365, de 2022.

**§ 3º** Quando se tratar de dinheiro em espécie, de depósito ou de aplicação em instituição financeira, os valores serão transferidos diretamente para a conta do advogado ou do escritório de advocacia responsável pela defesa.

- Incluído pela Lei n. 14.365, de 2022.

**§ 4º** Nos demais casos, o advogado poderá optar pela adjudicação do próprio bem ou por sua venda em hasta pública para satisfação dos honorários devidos, nos termos do art. 879 e seguintes da Lei n. 13.105, de 16 de março de 2015 (Código de Processo Civil).

- Incluído pela Lei n. 14.365, de 2022.

**§ 5º** O valor excedente deverá ser depositado em conta vinculada ao processo judicial.

- Incluído pela Lei n. 14.365, de 2022.

**Art. 25.** Prescreve em cinco anos a ação de cobrança de honorários de advogado, contado o prazo:

**I** – do vencimento do contrato, se houver;

**II** – do trânsito em julgado da decisão que os fixar;

**III** – da ultimação do serviço extrajudicial;

**IV** – da desistência ou transação;

**V** – da renúncia ou revogação do mandato.

**Art. 25-A.** Prescreve em cinco anos a ação de prestação de contas pelas quantias recebidas pelo advogado de seu cliente, ou de terceiros por conta dele (art. 34, XXI).

- Artigo incluído pela Lei n. 11.902/2009.

**Art. 26.** O advogado substabelecido, com reserva de poderes, não pode cobrar honorários sem a intervenção daquele que lhe conferiu o substabelecimento.

**Parágrafo único.** O disposto no *caput* deste artigo não se aplica na hipótese de o advogado substabelecido, com reservas de poderes, possuir contrato celebrado com o cliente.

- Incluído pela Lei n. 14.365, de 2022.

## CAPÍTULO VII

## Das Incompatibilidades e Impedimentos

**Art. 27.** A incompatibilidade determina a proibição total, e o impedimento, a proibição parcial do exercício da advocacia.

**Art. 28.** A advocacia é incompatível, mesmo em causa própria, com as seguintes atividades:

**I** – chefe do Poder Executivo e membros da Mesa do Poder Legislativo e seus substitutos legais;

**II** – membros de órgãos do Poder Judiciário, do Ministério Público, dos tribunais e conselhos de contas, dos juizados especiais, da justiça de paz, juízes classistas, bem como de todos os que exerçam função de julgamento em órgãos de deliberação coletiva da administração pública direta e indireta;

- *Vide* ADIN 1127-8.

**III** – ocupantes de cargos ou funções de direção em Órgãos da Administração Pública direta ou indireta, em suas fundações e em suas empresas controladas ou concessionárias de serviço público;

**IV** – ocupantes de cargos ou funções vinculados direta ou indiretamente a qualquer órgão do Poder Judiciário e os que exercem serviços notariais e de registro;

**V** – ocupantes de cargos ou funções vinculados direta ou indiretamente a atividade policial de qualquer natureza;

**VI** – militares de qualquer natureza, na ativa;

**VII** – ocupantes de cargos ou funções que tenham competência de lançamento, arrecadação ou fiscalização de tributos e contribuições parafiscais;

**VIII** – ocupantes de funções de direção e gerência em instituições financeiras, inclusive privadas.

**§ 1º** A incompatibilidade permanece mesmo que o ocupante do cargo ou função deixe de exercê-lo temporariamente.

**§ 2º** Não se incluem nas hipóteses do inciso III os que não detenham poder de decisão relevante sobre interesses de terceiro, a juízo do conselho competente da OAB, bem como a administração acadêmica diretamente relacionada ao magistério jurídico.

**§ 3º** As causas de incompatibilidade previstas nas hipóteses dos incisos V e VI do *caput* deste artigo não se aplicam ao exercício da advocacia em causa própria, estritamente para fins de defesa e tutela de direitos pessoais, desde que mediante inscrição especial na OAB, vedada a participação em sociedade de advogados.

- Incluído pela Lei n. 14.365, de 2022.

**§ 4º** A inscrição especial a que se refere o § 3º deste artigo deverá constar do documento profissional de registro na OAB e não isenta o profissional do pagamento da contribuição anual, de multas e de preços de serviços devidos à OAB, na forma por ela estabelecida, vedada cobrança em valor superior ao exigido para os demais membros inscritos.

- Incluído pela Lei n. 14.365, de 2022.

**Art. 29.** Os Procuradores Gerais, Advogados Gerais, Defensores Gerais e dirigentes de órgãos jurídicos da Administração Pública direta, indireta e fundacional são exclusivamente legitimados para o exercício da advocacia vinculada à função que exerçam, durante o período da investidura.

**Art. 30.** São impedidos de exercer a advocacia:

**I –** os servidores da administração direta, indireta e fundacional, contra a Fazenda Pública que os remunere ou à qual seja vinculada a entidade empregadora;

**II –** os membros do Poder Legislativo, em seus diferentes níveis, contra ou a favor das pessoas jurídicas de direito público, empresas públicas, sociedades de economia mista, fundações públicas, entidades paraestatais ou empresas concessionárias ou permissionárias de serviço público.

**Parágrafo único.** Não se incluem nas hipóteses do inciso I os docentes dos cursos jurídicos.

## CAPÍTULO VIII
## Da Ética do Advogado

**Art. 31.** O advogado deve proceder de forma que o torne merecedor de respeito e que contribua para o prestígio da classe e da advocacia.

**§ 1º** O advogado, no exercício da profissão, deve manter independência em qualquer circunstância.

**§ 2º** Nenhum receio de desagradar a magistrado ou a qualquer autoridade, nem de incorrer em impopularidade, deve deter o advogado no exercício da profissão.

**Art. 32.** O advogado é responsável pelos atos que, no exercício profissional, praticar com dolo ou culpa.

**Parágrafo único.** Em caso de lide temerária, o advogado será solidariamente responsável com seu cliente, desde que coligado com este para lesar a parte contrária, o que será apurado em ação própria.

**Art. 33.** O advogado obriga-se a cumprir rigorosamente os deveres consignados no Código de Ética e Disciplina.

**Parágrafo único.** O Código de Ética e Disciplina regula os deveres do advogado para com a comunidade, o cliente, o outro profissional e, ainda, a publicidade, a recusa do patrocínio, o dever de assistência jurídica, o dever geral de urbanidade e os respectivos procedimentos disciplinares.

## CAPÍTULO IX

## Das Infrações e Sanções Disciplinares

**Art. 34.** Constitui infração disciplinar:

**I** – exercer a profissão, quando impedido de fazê-lo, ou facilitar, por qualquer meio, o seu exercício aos não inscritos, proibidos ou impedidos;

**II** – manter sociedade profissional fora das normas e preceitos estabelecidos nesta lei;

**III** – valer-se de agenciador de causas, mediante participação nos honorários a receber;

**IV** – angariar ou captar causas, com ou sem a intervenção de terceiros;

**V** – assinar qualquer escrito destinado a processo judicial ou para fim extrajudicial que não tenha feito, ou em que não tenha colaborado;

**VI** – advogar contra literal disposição de lei, presumindo-se a boa-fé quando fundamentado na inconstitucionalidade, na injustiça da lei ou em pronunciamento judicial anterior;

**VII** – violar, sem justa causa, sigilo profissional;

**VIII** – estabelecer entendimento com a parte adversa sem autorização do cliente ou ciência do advogado contrário;

**IX** – prejudicar, por culpa grave, interesse confiado ao seu patrocínio;

**X** – acarretar, conscientemente, por ato próprio, a anulação ou a nulidade do processo em que funcione;

**XI** – abandonar a causa sem justo motivo ou antes de decorridos dez dias da comunicação da renúncia;

**XII** – recusar-se a prestar, sem justo motivo, assistência jurídica, quando nomeado em virtude de impossibilidade da Defensoria Pública;

**XIII** – fazer publicar na imprensa, desnecessária e habitualmente, alegações forenses ou relativas a causas pendentes;

**XIV** – deturpar o teor de dispositivo de lei, de citação doutrinária ou de julgado, bem como de depoimentos, documentos e alegações da parte contrária, para confundir o adversário ou iludir o juiz da causa;

**XV** – fazer, em nome do constituinte, sem autorização escrita deste, imputação a terceiro de fato definido como crime;

**XVI** – deixar de cumprir, no prazo estabelecido, determinação emanada do órgão ou de autoridade da Ordem, em matéria da competência desta, depois de regularmente notificado;

**XVII** – prestar concurso a clientes ou a terceiros para realização de ato contrário à lei ou destinado a fraudá-la;

**XVIII** – solicitar ou receber de constituinte qualquer importância para aplicação ilícita ou desonesta;

**XIX** – receber valores, da parte contrária ou de terceiro, relacionados com o objeto do mandato, sem expressa autorização do constituinte;

**XX** – locupletar-se, por qualquer forma, à custa do cliente ou da parte adversa, por si ou interposta pessoa;

**XXI** – recusar-se, injustificadamente, a prestar contas ao cliente de quantias recebidas dele ou de terceiros por conta dele;

**XXII** – reter, abusivamente, ou extraviar autos recebidos com vista ou em confiança;

**XXIII** – deixar de pagar as contribuições, multas e preços de serviços devidos à OAB, depois de regularmente notificado a fazê-lo;

**XXIV** – incidir em erros reiterados que evidenciem inépcia profissional;

**XXV** – manter conduta incompatível com a advocacia;

**XXVI** – fazer falsa prova de qualquer dos requisitos para inscrição na OAB;

**XXVII** – tornar-se moralmente inidôneo para o exercício da advocacia;

**XXVIII** – praticar crime infamante;

**XXIX** – praticar, o estagiário, ato excedente de sua habilitação.

**Parágrafo único.** Inclui-se na conduta incompatível:

*a)* prática reiterada de jogo de azar, não autorizado por lei;

*b)* incontinência pública e escandalosa;

*c)* embriaguez ou toxicomania habituais.

**Art. 35.** As sanções disciplinares consistem em:

**I** – censura;

**II** – suspensão;

**III** – exclusão;

**IV** – multa.

**Parágrafo único.** As sanções devem constar dos assentamentos do inscrito, após o trânsito em julgado da decisão, não podendo ser objeto de publicidade a de censura.

**Art. 36.** A censura é aplicável nos casos de:

**I** – infrações definidas nos incisos I a XVI e XXIX do art. 34;

**II** – violação a preceito do Código de Ética e Disciplina;

**III** – violação a preceito desta lei, quando para a infração não se tenha estabelecido sanção mais grave.

**Parágrafo único.** A censura pode ser convertida em advertência, em ofício reservado, sem registro nos assentamentos do inscrito, quando presente circunstância atenuante.

**Art. 37.** A suspensão é aplicável nos casos de:

**I** – infrações definidas nos incisos XVII a XXV do art. 34;

**II** – reincidência em infração disciplinar.

**§ 1º** A suspensão acarreta ao infrator a interdição do exercício profissional, em todo o território nacional, pelo prazo de trinta dias a doze meses, de acordo com os critérios de individualização previstos neste capítulo.

**§ 2º** Nas hipóteses dos incisos XXI e XXIII do art. 34, a suspensão perdura até que satisfaça integralmente a dívida, inclusive com correção monetária.

**§ 3º** Na hipótese do inciso XXIV do art. 34, a suspensão perdura até que preste novas provas de habilitação.

**Art. 38.** A exclusão é aplicável nos casos de:

**I** – aplicação, por três vezes, de suspensão;

**II** – infrações definidas nos incisos XXVI a XXVIII do art. 34.

**Parágrafo único.** Para a aplicação da sanção disciplinar de exclusão, é necessária a manifestação favorável de dois terços dos membros do Conselho Seccional competente.

**Art. 39.** A multa, variável entre o mínimo correspondente ao valor de uma anuidade e o máximo de seu décuplo, é aplicável cumulativamente com a censura ou suspensão, em havendo circunstâncias agravantes.

**Art. 40.** Na aplicação das sanções disciplinares, são consideradas, para fins de atenuação, as seguintes circunstâncias, entre outras:

**I** – falta cometida na defesa de prerrogativa profissional;

**II** – ausência de punição disciplinar anterior;

**III** – exercício assíduo e proficiente de mandato ou cargo em qualquer órgão da OAB;

**IV** – prestação de relevantes serviços à advocacia ou à causa pública.

**Parágrafo único.** Os antecedentes profissionais do inscrito, as atenuantes, o grau de culpa por ele revelada, as circunstâncias e as conseqüências da infração são considerados para o fim de decidir:

*a)* sobre a conveniência da aplicação cumulativa da multa e de outra sanção disciplinar;

*b)* sobre o tempo de suspensão e o valor da multa aplicáveis.

**Art. 41.** É permitido ao que tenha sofrido qualquer sanção disciplinar requerer, um ano após seu cumprimento, a reabilitação, em face de provas efetivas de bom comportamento.

■ *Vide* art. 69, CED.

**Parágrafo único.** Quando a sanção disciplinar resultar da prática de crime, o pedido de reabilitação depende também da correspondente reabilitação criminal.

**Art. 42.** Fica impedido de exercer o mandato o profissional a quem forem aplicadas as sanções disciplinares de suspensão ou exclusão.

**Art. 43.** A pretensão à punibilidade das infrações disciplinares prescreve em cinco anos, contados da data da constatação oficial do fato.

**§ 1º** Aplica-se a prescrição a todo processo disciplinar paralisado por mais de três anos, pendente de despacho ou julgamento, devendo ser arquivado de ofício, ou a requerimento da parte interessada, sem prejuízo de serem apuradas as responsabilidades pela paralisação.

**§ 2º** A prescrição interrompe-se:

**I** – pela instauração de processo disciplinar ou pela notificação válida feita diretamente ao representado;

**II** – pela decisão condenatória recorrível de qualquer órgão julgador da OAB.

# TÍTULO II
# Da Ordem dos Advogados do Brasil

## CAPÍTULO I
## Dos Fins e da Organização

**Art. 44.** A Ordem dos Advogados do Brasil (OAB), serviço público, dotada de personalidade jurídica e forma federativa, tem por finalidade:

**I** – defender a Constituição, a ordem jurídica do Estado democrático de direito, os direitos humanos, a justiça social, e pugnar pela boa aplicação das leis, pela rápida administração da justiça e pelo aperfeiçoamento da cultura e das instituições jurídicas;

**II** – promover, com exclusividade, a representação, a defesa, a seleção e a disciplina dos advogados em toda a República Federativa do Brasil.

**§ 1º** A OAB não mantém com órgãos da Administração Pública qualquer vínculo funcional ou hierárquico.

**§ 2º** O uso da sigla OAB é privativo da Ordem dos Advogados do Brasil.

**Art. 45.** São órgãos da OAB:

**I** – o Conselho Federal;

**II** – os Conselhos Seccionais;

**III** – as Subseções;

**IV** – as Caixas de Assistência dos Advogados.

**§ 1º** O Conselho Federal, dotado de personalidade jurídica própria, com sede na capital da República, é o órgão supremo da OAB.

**§ 2º** Os Conselhos Seccionais, dotados de personalidade jurídica própria, têm jurisdição sobre os respectivos territórios dos Estados-membros, do Distrito Federal e dos Territórios.

**§ 3º** As Subseções são partes autônomas do Conselho Seccional, na forma desta lei e de seu ato constitutivo.

**§ 4º** As Caixas de Assistência dos Advogados, dotadas de personalidade jurídica própria, são criadas pelos Conselhos Seccionais, quando estes contarem com mais de mil e quinhentos inscritos.

**§ 5º** A OAB, por constituir serviço público, goza de imunidade tributária total em relação a seus bens, rendas e serviços.

**§ 6º** Os atos, as notificações e as decisões dos órgãos da OAB, salvo quando reservados ou de administração interna, serão publicados no *Diário Eletrônico da Ordem dos Advogados do Brasil*, a ser disponibilizado na internet, podendo ser afixados no fórum local, na íntegra ou em resumo.

■ Alterado pela Lei 13.688/2018 – *DOU*, 4-7-2018, S. 1, p. 1.

**Art. 46.** Compete à OAB fixar e cobrar, de seus inscritos, contribuições, preços de serviços e multas.

**Parágrafo único.** Constitui título executivo extrajudicial a certidão passada pela diretoria do Conselho competente, relativa a crédito previsto neste artigo.

**Art. 47.** O pagamento da contribuição anual à OAB isenta os inscritos nos seus quadros do pagamento obrigatório da contribuição sindical.

**Art. 48.** O cargo de conselheiro ou de membro de diretoria de órgão da OAB é de exercício gratuito e obrigatório, considerado serviço público relevante, inclusive para fins de disponibilidade e aposentadoria.

**Art. 49.** Os Presidentes dos Conselhos e das Subseções da OAB têm legitimidade para agir, judicial e extrajudicialmente, contra qualquer pessoa que infringir as disposições ou os fins desta lei.

**Parágrafo único.** As autoridades mencionadas no *caput* deste artigo têm, ainda, legitimidade para intervir, inclusive como assistentes, nos inquéritos e processos em que sejam indiciados, acusados ou ofendidos os inscritos na OAB.

**Art. 50.** Para os fins desta lei, os Presidentes dos Conselhos da OAB e das Subseções podem requisitar cópias de peças de autos e documentos a qualquer tribunal, magistrado, cartório e órgão da Administração Pública direta, indireta e fundacional.

■ *Vide* ADIN 1.127-8.

## CAPÍTULO II
## Do Conselho Federal

**Art. 51.** O Conselho Federal compõe-se:

**I** – dos conselheiros federais, integrantes das delegações de cada unidade federativa;

**II** – dos seus ex-presidentes, na qualidade de membros honorários vitalícios.

**§ 1º** Cada delegação é formada por três conselheiros federais.

**§ 2º** Os ex-presidentes têm direito apenas a voz nas sessões.

**§ 3º** O Instituto dos Advogados Brasileiros e a Federação Nacional dos Institutos dos Advogados do Brasil são membros honorários, somente com direito a voz nas sessões do Conselho Federal.

■ Promulgação de partes vetadas. Incluído pela Lei n. 14.365, de 2022.

**Art. 52.** Os presidentes dos Conselhos Seccionais, nas sessões do Conselho Federal, têm lugar reservado junto à delegação respectiva e direito somente a voz.

**Art. 53.** O Conselho Federal tem sua estrutura e funcionamento definidos no Regulamento Geral da OAB.

**§ 1º** O Presidente, nas deliberações do Conselho, tem apenas o voto de qualidade.

**§ 2º** O voto é tomado por delegação, e não pode ser exercido nas matérias de interesse da unidade que represente.

**§ 3º** Na eleição para a escolha da Diretoria do Conselho Federal, cada membro da delegação terá direito a 1 (um) voto, vedado aos membros honorários vitalícios.

■ § 3º incluído pela Lei n. 11.179/2005.

**Art. 54.** Compete ao Conselho Federal:

**I** – dar cumprimento efetivo às finalidades da OAB;

**II** – representar, em juízo ou fora dele, os interesses coletivos ou individuais dos advogados;

**III** – velar pela dignidade, independência, prerrogativas e valorização da advocacia;

**IV** – representar, com exclusividade, os advogados brasileiros nos órgãos e eventos internacionais da advocacia;

**V** – editar e alterar o Regulamento Geral, o Código de Ética e Disciplina, e os Provimentos que julgar necessários;

**VI** – adotar medidas para assegurar o regular funcionamento dos Conselhos Seccionais;

**VII** – intervir nos Conselhos Seccionais, onde e quando constatar grave violação desta lei ou do regulamento geral;

**VIII** – cassar ou modificar, de ofício ou mediante representação, qualquer ato, de órgão ou autoridade da OAB, contrário a esta lei, ao regulamento geral, ao Código de Ética e Disciplina, e aos Provimentos, ouvida a autoridade ou o órgão em causa;

**IX** – julgar, em grau de recurso, as questões decididas pelos Conselhos Seccionais, nos casos previstos neste estatuto e no regulamento geral;

**X** – dispor sobre a identificação dos inscritos na OAB e sobre os respectivos símbolos privativos;

**XI** – apreciar o relatório anual e deliberar sobre o balanço e as contas de sua diretoria;

**XII** – homologar ou mandar suprir relatório anual, o balanço e as contas dos Conselhos Seccionais;

**XIII** – elaborar as listas constitucionalmente previstas, para o preenchimento dos cargos nos tribunais judiciários de âmbito nacional ou interestadual, com advogados que estejam em pleno exercício da profissão, vedada a inclusão de nome de membro do próprio Conselho ou de outro órgão da OAB;

**XIV** – ajuizar ação direta de inconstitucionalidade de normas legais e atos normativos, ação civil pública, mandado de segurança coletivo, mandado de injunção e demais ações cuja legitimação lhe seja outorgada por lei;

**XV** – colaborar com o aperfeiçoamento dos cursos jurídicos, e opinar, previamente, nos pedidos apresentados aos órgãos competentes para criação, reconhecimento ou credenciamento desses cursos;

**XVI** – autorizar, pela maioria absoluta das delegações, a oneração ou alienação de seus bens imóveis;

**XVII** – participar de concursos públicos, nos casos previstos na Constituição e na lei, em todas as suas fases, quando tiverem abrangência nacional ou interestadual;

**XVIII** – resolver os casos omissos neste estatuto.

**XIX** – fiscalizar, acompanhar e definir parâmetros e diretrizes da relação jurídica mantida entre advogados e sociedades de advogados ou entre escritório de advogados sócios e advogado associado, inclusive no que se refere ao cumprimento dos requisitos norteadores da associação sem vínculo empregatício;

- Incluído pela Lei n. 14.365, de 2022.

**XX** – promover, por intermédio da Câmara de Mediação e Arbitragem, a solução sobre questões atinentes à relação entre advogados sócios ou associados e homologar, caso necessário, quitações de honorários entre advogados e sociedades de advogados, observado o disposto no inciso XXXV do *caput* do art. 5º da Constituição Federal.

- Incluído pela Lei n. 14.365, de 2022.

**Parágrafo único.** A intervenção referida no inciso VII deste artigo depende de prévia aprovação por dois terços das delegações, garantido o amplo direito de defesa do Conselho Seccional respectivo, nomeando-se diretoria provisória para o prazo que se fixar.

**Art. 55.** A diretoria do Conselho Federal é composta de um Presidente, de um Vice-Presidente, de um Secretário-Geral, de um Secretário-Geral Adjunto e de um Tesoureiro.

**§ 1º** O Presidente exerce a representação nacional e internacional da OAB, competindo-lhe convocar o Conselho Federal, presidi-lo, representá-lo ativa e passivamente, em juízo ou fora dele, promover-lhe a administração patrimonial e dar execução às suas decisões.

**§ 2º** O regulamento geral define as atribuições dos membros da diretoria e a ordem de substituição em caso de vacância, licença, falta ou impedimento.

**§ 3º** Nas deliberações do Conselho Federal, os membros da diretoria votam como membros de suas delegações, cabendo ao Presidente, apenas, o voto de qualidade e o direito de embargar a decisão, se esta não for unânime.

## CAPÍTULO III
## Do Conselho Seccional

**Art. 56.** O Conselho Seccional compõe-se de conselheiros em número proporcional ao de seus inscritos, segundo critérios estabelecidos no regulamento geral.

**§ 1º** São membros honorários vitalícios os seus ex-presidentes, somente com direito a voz em suas sessões.

**§ 2º** O Presidente do Instituto dos Advogados local é membro honorário, somente com direito a voz nas sessões do Conselho.

**§ 3º** Quando presentes às sessões do Conselho Seccional, o Presidente do Conselho Federal, os Conselheiros Federais integrantes da respectiva delegação, o Presidente da Caixa de Assistência dos Advogados e os Presidentes das Subseções, têm direito a voz.

**Art. 57.** O Conselho Seccional exerce e observa, no respectivo território, as competências, vedações e funções atribuídas ao Conselho Federal, no que couber e no âmbito de sua competência material e territorial, e as normas gerais estabelecidas nesta lei, no regulamento geral, no Código de Ética e Disciplina, e nos Provimentos.

**Art. 58.** Compete privativamente ao Conselho Seccional:

**I** – editar seu regimento interno e resoluções;

**II** – criar as Subseções e a Caixa de Assistência dos Advogados;

**III** – julgar, em grau de recurso, as questões decididas por seu Presidente, por sua diretoria, pelo Tribunal de Ética e Disciplina, pelas diretorias das Subseções e da Caixa de Assistência dos Advogados;

**IV** – fiscalizar a aplicação da receita, apreciar o relatório anual e deliberar sobre o balanço e as contas de sua diretoria, das diretorias das Subseções e da Caixa de Assistência dos Advogados;

**V** – fixar a tabela de honorários, válida para todo o território estadual;

**VI** – realizar o Exame de Ordem;

**VII** – decidir os pedidos de inscrição nos quadros de advogados e estagiários;

**VIII** – manter cadastro de seus inscritos;

**IX** – fixar, alterar e receber contribuições obrigatórias, preços de serviços e multas;

**X** – participar da elaboração dos concursos públicos, em todas as suas fases, nos casos previstos na Constituição e nas leis, no âmbito do seu território;

**XI** – determinar, com exclusividade, critérios para o traje dos advogados, no exercício profissional;

**XII** – aprovar e modificar seu orçamento anual;

**XIII** – definir a composição e o funcionamento do Tribunal de Ética e Disciplina, e escolher seus membros;

**XIV** – eleger as listas, constitucionalmente previstas, para preenchimento dos cargos nos tribunais judiciários, no âmbito de sua competência e na forma do Provimento do Conselho Federal, vedada a inclusão de membros do próprio Conselho e de qualquer órgão da OAB;

**XV** – intervir nas Subseções e na Caixa de Assistência dos Advogados;

**XVI** – desempenhar outras atribuições previstas no regulamento geral.

**XVII** – fiscalizar, por designação expressa do Conselho Federal da OAB, a relação jurídica mantida entre advogados e sociedades de advogados e o advogado associado em atividade na circunscrição territorial de cada seccional, inclusive no que se refere ao cumprimento dos requisitos norteadores da associação sem vínculo empregatício;

- Incluído pela Lei n. 14.365, de 2022.

**XVIII** – promover, por intermédio da Câmara de Mediação e Arbitragem, por designação do Conselho Federal da OAB, a solução sobre questões atinentes à relação entre advogados sócios ou associados e os escritórios de advocacia sediados na base da seccional e homologar, caso necessário, quitações de honorários entre advogados e sociedades de advogados, observado o disposto no inciso XXXV do *caput* do art. 5º da Constituição Federal.

- Incluído pela Lei n. 14.365, de 2022.

**Art. 59.** A diretoria do Conselho Seccional tem composição idêntica e atribuições equivalentes às do Conselho Federal, na forma do regimento interno daquele.

## CAPÍTULO IV
## Da Subseção

**Art. 60.** A Subseção pode ser criada pelo Conselho Seccional, que fixa sua área territorial e seus limites de competência e autonomia.

**§ 1º** A área territorial da Subseção pode abranger um ou mais municípios, ou parte de município, inclusive da capital do Estado, contando com um mínimo de quinze advogados, nela profissionalmente domiciliados.

**§ 2º** A Subseção é administrada por uma diretoria, com atribuições e composição equivalentes às da diretoria do Conselho Seccional.

**§ 3º** Havendo mais de cem advogados, a Subseção pode ser integrada, também, por um conselho em número de membros fixado pelo Conselho Seccional.

**§ 4º** Os quantitativos referidos nos §§ 1º e 3º deste artigo podem ser ampliados, na forma do regimento interno do Conselho Seccional.

**§ 5º** Cabe ao Conselho Seccional fixar, em seu orçamento, dotações específicas destinadas à manutenção das Subseções.

**§ 6º** O Conselho Seccional, mediante o voto de dois terços de seus membros, pode intervir nas Subseções, onde constatar grave violação desta lei ou do regimento interno daquele.

**Art. 61.** Compete à Subseção, no âmbito de seu território:

**I** – dar cumprimento efetivo às finalidades da OAB;

**II** – velar pela dignidade, independência e valorização da advocacia, e fazer valer as prerrogativas do advogado;

**III** – representar a OAB perante os poderes constituídos;

**IV** – desempenhar as atribuições previstas no regulamento geral ou por delegação de competência do Conselho Seccional.

**Parágrafo único.** Ao Conselho da Subseção, quando houver, compete exercer as funções e atribuições do Conselho Seccional, na forma do regimento interno deste, e ainda:

***a)*** editar seu regimento interno, a ser referendado pelo Conselho Seccional;

***b)*** editar resoluções, no âmbito de sua competência;

***c)*** instaurar e instruir processos disciplinares, para julgamento pelo Tribunal de Ética e Disciplina;

***d)*** receber pedido de inscrição nos quadros de advogado e estagiário, instruindo e emitindo parecer prévio, para decisão do Conselho Seccional.

## CAPÍTULO V
## Da Caixa de Assistência dos Advogados

**Art. 62.** A Caixa de Assistência dos Advogados, com personalidade jurídica própria, destina-se a prestar assistência aos inscritos no Conselho Seccional a que se vincule.

**§ 1º** A Caixa é criada e adquire personalidade jurídica com a aprovação e registro de seu estatuto pelo respectivo Conselho Seccional da OAB, na forma do regulamento geral.

**§ 2º** A Caixa pode, em benefício dos advogados, promover a seguridade complementar.

**§ 3º** Compete ao Conselho Seccional fixar contribuição obrigatória devida por seus inscritos, destinada à manutenção do disposto no parágrafo anterior, incidente sobre atos decorrentes do efetivo exercício da advocacia.

**§ 4º** A diretoria da Caixa é composta de cinco membros, com atribuições definidas no seu regimento interno.

**§ 5º** Cabe à Caixa a metade da receita das anuidades recebidas pelo Conselho Seccional, considerado o valor resultante após as deduções regulamentares obrigatórias.

**§ 6º** Em caso de extinção ou desativação da Caixa, seu patrimônio se incorpora ao do Conselho Seccional respectivo.

**§ 7º** O Conselho Seccional, mediante voto de dois terços de seus membros, pode intervir na Caixa de Assistência dos Advogados, no caso de descumprimento de suas finalidades, designando diretoria provisória, enquanto durar a intervenção.

## CAPÍTULO VI
## Das Eleições e dos Mandatos

**Art. 63.** A eleição dos membros de todos os órgãos da OAB será realizada na segunda quinzena do mês de novembro, do último ano do mandato, mediante cédula única e votação direta dos advogados regularmente inscritos.

**§ 1º** A eleição, na forma e segundo os critérios e procedimentos estabelecidos no regulamento geral, é de comparecimento obrigatório para todos os advogados inscritos na OAB.

**§ 2º** O candidato deve comprovar situação regular perante a OAB, não ocupar cargo exonerável *ad nutum*, não ter sido condenado por infração disciplinar, salvo reabilitação, e exercer efetivamente a profissão há mais de 3 (três) anos, nas eleições para os cargos de Conselheiro Seccional e das Subseções, quando houver, e há mais de 5 (cinco) anos, nas eleições para os demais cargos.

■ § 2º com a redação dada pela Lei n. 13.875/2019.

**Art. 64.** Consideram-se eleitos os candidatos integrantes da chapa que obtiver a maioria dos votos válidos.

**§ 1º** A chapa para o Conselho Seccional deve ser composta dos candidatos ao conselho e à sua diretoria e, ainda, à delegação ao Conselho Federal e à Diretoria da Caixa de Assistência dos Advogados para eleição conjunta.

**§ 2º** A chapa para a Subseção deve ser composta com os candidatos à diretoria, e de seu conselho quando houver.

**Art. 65.** O mandato em qualquer órgão da OAB é de três anos, iniciando-se em primeiro de janeiro do ano seguinte ao da eleição, salvo o Conselho Federal.

**Parágrafo único.** Os conselheiros federais eleitos iniciam seus mandatos em primeiro de fevereiro do ano seguinte ao da eleição.

**Art. 66.** Extingue-se o mandato automaticamente, antes do seu término, quando:

**I** – ocorrer qualquer hipótese de cancelamento de inscrição ou de licenciamento do profissional;

**II** – o titular sofrer condenação disciplinar;

**III** – o titular faltar, sem motivo justificado, a três reuniões ordinárias consecutivas de cada órgão deliberativo do conselho ou da diretoria da Subseção ou da Caixa de Assistência dos Advogados, não podendo ser reconduzido no mesmo período de mandato.

**Parágrafo único.** Extinto qualquer mandato, nas hipóteses deste artigo, cabe ao Conselho Seccional escolher o substituto, caso não haja suplente.

**Art. 67.** A eleição da Diretoria do Conselho Federal, que tomará posse no dia 1º de fevereiro, obedecerá às seguintes regras:

**I** – será admitido registro, junto ao Conselho Federal, de candidatura à presidência, desde seis meses até um mês antes da eleição;

**II** – o requerimento de registro deverá vir acompanhado do apoiamento de, no mínimo, seis Conselhos Seccionais;

**III** – até um mês antes das eleições, deverá ser requerido o registro da chapa completa, sob pena de cancelamento da candidatura respectiva;

**IV** – no dia 31 de janeiro do ano seguinte ao da eleição, o Conselho Federal elegerá, em reunião presidida pelo conselheiro mais antigo, por voto secreto e para mandato de 3 (três) anos, sua diretoria, que tomará posse no dia seguinte;

**V** – será considerada eleita a chapa que obtiver maioria simples dos votos dos Conselheiros Federais, presente a metade mais 1 (um) de seus membros.

- Incisos IV e V com a redação dada pela Lei n. 11.179/2005.

**Parágrafo único.** Com exceção do candidato a Presidente, os demais integrantes da chapa deverão ser conselheiros federais eleitos.

# TÍTULO III
# Do Processo na OAB

## CAPÍTULO I
## Disposições Gerais

**Art. 68.** Salvo disposição em contrário, aplicam-se subsidiariamente ao processo disciplinar as regras da legislação processual penal comum e, aos demais processos, as regras gerais do procedimento administrativo comum e da legislação processual civil, nessa ordem.

**Art. 69.** Todos os prazos necessários à manifestação de advogados, estagiários e terceiros, nos processos em geral da OAB, são de quinze dias, inclusive para interposição de recursos.

**§ 1º** Nos casos de comunicação por ofício reservado ou de notificação pessoal, considera-se dia do começo do prazo o primeiro dia útil imediato ao da juntada aos autos do respectivo aviso de recebimento.

- Redação dada pela Lei n. 14.365, de 2022.

**§ 2º** No caso de atos, notificações e decisões divulgados por meio do *Diário Eletrônico da Ordem dos Advogados do Brasil*, o prazo terá início no primeiro dia útil seguinte à publicação, assim considerada o primeiro dia útil seguinte ao da disponibilização da informação no *Diário*.

## CAPÍTULO II
## Do Processo Disciplinar

**Art. 70.** O poder de punir disciplinarmente os inscritos na OAB compete exclusivamente ao Conselho Seccional em cuja base territorial tenha ocorrido a infração, salvo se a falta for cometida perante o Conselho Federal.

**§ 1º** Cabe ao Tribunal de Ética e Disciplina, do Conselho Seccional competente, julgar os processos disciplinares, instruídos pelas Subseções ou por relatores do próprio conselho.

**§ 2º** A decisão condenatória irrecorrível deve ser imediatamente comunicada ao Conselho Seccional onde o representado tenha inscrição principal, para constar dos respectivos assentamentos.

**§ 3º** O Tribunal de Ética e Disciplina do Conselho onde o acusado tenha inscrição principal pode suspendê-lo preventivamente, em caso de repercussão prejudicial à dignidade da advocacia, depois de ouvi-lo em sessão especial para a qual deve ser notificado a comparecer, salvo se não atender à notificação. Neste caso, o processo disciplinar deve ser concluído no prazo máximo de noventa dias.

■ *Vide* art. 144-A, RGEAOAB.

**Art. 71.** A jurisdição disciplinar não exclui a comum e, quando o fato constituir crime ou contravenção, deve ser comunicado às autoridades competentes.

**Art. 72.** O processo disciplinar instaura-se de ofício ou mediante representação de qualquer autoridade ou pessoa interessada.

**§ 1º** O Código de Ética e Disciplina estabelece os critérios de admissibilidade da representação e os procedimentos disciplinares.

**§ 2º** O processo disciplinar tramita em sigilo, até o seu término, só tendo acesso às suas informações as partes, seus defensores e a autoridade judiciária competente.

**Art. 73.** Recebida a representação, o Presidente deve designar relator, a quem compete a instrução do processo e o oferecimento de parecer preliminar a ser submetido ao Tribunal de Ética e Disciplina.

**§ 1º** Ao representado deve ser assegurado amplo direito de defesa, podendo acompanhar o processo em todos os termos, pessoalmente ou por intermédio de procurador, oferecendo defesa prévia após ser notificado, razões finais após a instrução e defesa oral perante o Tribunal de Ética e Disciplina, por ocasião do julgamento.

**§ 2º** Se, após a defesa prévia, o relator se manifestar pelo indeferimento liminar da representação, este deve ser decidido pelo Presidente do Conselho Seccional, para determinar seu arquivamento.

**§ 3º** O prazo para defesa prévia pode ser prorrogado por motivo relevante, a juízo do relator.

**§ 4º** Se o representado não for encontrado, ou for revel, o Presidente do Conselho ou da Subseção deve designar-lhe defensor dativo;

**§ 5º** É também permitida a revisão do processo disciplinar, por erro de julgamento ou por condenação baseada em falsa prova.

**Art. 74.** O Conselho Seccional pode adotar as medidas administrativas e judiciais pertinentes, objetivando a que o profissional suspenso ou excluído devolva os documentos de identificação.

### CAPÍTULO III
### Dos Recursos

**Art. 75.** Cabe recurso ao Conselho Federal de todas as decisões definitivas proferidas pelo Conselho Seccional, quando não tenham sido unânimes ou, sendo unânimes, contrariem esta lei, decisão do Conselho Federal ou de outro Conselho Seccional e, ainda, o regulamento geral, o Código de Ética e Disciplina e os Provimentos.

**Parágrafo único.** Além dos interessados, o Presidente do Conselho Seccional é legitimado a interpor o recurso referido neste artigo.

**Art. 76.** Cabe recurso ao Conselho Seccional de todas as decisões proferidas por seu Presidente, pelo Tribunal de Ética e Disciplina, ou pela diretoria da Subseção ou da Caixa de Assistência dos Advogados.

**Art. 77.** Todos os recursos têm efeito suspensivo, exceto quando tratarem de eleições (arts. 63 e seguintes), de suspensão preventiva decidida pelo Tribunal de Ética e Disciplina, e de cancelamento da inscrição obtida com falsa prova.

- *Vide* art. 144-A, RGEAOAB.

**Parágrafo único.** O regulamento geral disciplina o cabimento de recursos específicos, no âmbito de cada órgão julgador.

## TÍTULO IV
## Das Disposições Gerais e Transitórias

**Art. 78.** Cabe ao Conselho Federal da OAB, por deliberação de dois terços, pelo menos, das delegações, editar o regulamento geral deste estatuto, no prazo de seis meses, contados da publicação desta lei.

**Art. 79.** Aos servidores da OAB, aplica-se o regime trabalhista.

- *Vide* ADIN 3026-4.

**§ 1º** Aos servidores da OAB, sujeitos ao regime da Lei n. 8.112, de 11 de dezembro de 1990, é concedido o direito de opção pelo regime trabalhista, no prazo de noventa dias a partir da vigência desta lei, sendo assegurado aos optantes o pagamento de indenização, quando da aposentadoria, correspondente a cinco vezes o valor da última remuneração.

**§ 2º** Os servidores que não optarem pelo regime trabalhista serão posicionados no quadro em extinção, assegurado o direito adquirido ao regime legal anterior.

**Art. 80.** Os Conselhos Federal e Seccionais devem promover trienalmente as respectivas Conferências, em data não coincidente com o ano eleitoral, e, periodicamente, reunião do colégio de presidentes a eles vinculados, com finalidade consultiva.

**Art. 81.** Não se aplicam aos que tenham assumido originariamente o cargo de Presidente do Conselho Federal ou dos Conselhos Seccionais, até a data da publicação desta lei, as normas contidas no Título II, acerca da composição desses Conselhos, ficando assegurado o pleno direito de voz e voto em suas sessões.

**Art. 82.** Aplicam-se as alterações previstas nesta lei, quanto a mandatos, eleições, composição e atribuições dos órgãos da OAB, a partir do término do mandato dos atuais membros, devendo os Conselhos Federal e Seccionais disciplinarem os respectivos procedimentos de adaptação.

**Parágrafo único.** Os mandatos dos membros dos órgãos da OAB, eleitos na primeira eleição sob a vigência desta lei, e na forma do Capítulo VI do Título II, terão início no dia seguinte ao término dos atuais mandatos, encerrando-se em 31 de dezembro do terceiro ano do mandato e em 31 de janeiro do terceiro ano do mandato, neste caso com relação ao Conselho Federal.

**Art. 83.** Não se aplica o disposto no art. 28, inciso II, desta lei, aos membros do Ministério Público que, na data de promulgação da Constituição, se incluam na previsão do art. 29, § 3º, do seu Ato das Disposições Constitucionais Transitórias.

**Art. 84.** O estagiário, inscrito no respectivo quadro, fica dispensado do Exame de Ordem, desde que comprove, em até dois anos da promulgação desta lei, o exercício e resultado do estágio profissional ou a conclusão, com aproveitamento, do estágio de Prática Forense e Organização Judiciária, realizado junto à respectiva faculdade, na forma da legislação em vigor.

**Art. 85.** O Instituto dos Advogados Brasileiros, a Federação Nacional dos Institutos dos Advogados do Brasil e as instituições a eles filiadas têm qualidade para promover perante a OAB o que julgarem do interesse dos advogados em geral ou de qualquer de seus membros.

- Redação dada pela Lei n. 14.365, de 2022.

**Art. 86.** Esta lei entra em vigor na data de sua publicação.

**Art. 87.** Revogam-se as disposições em contrário, especialmente a Lei n. 4.215, de 27 de abril de 1963, a Lei n. 5.390, de 23 de fevereiro de 1968, o Decreto-Lei n. 505, de 18 de março de 1969, a Lei n. 5.681, de 20 de julho de 1971, a Lei n. 5.842, de 6 de dezembro de 1972, a Lei n. 5.960, de 10 de dezembro de 1973, a Lei n. 6.743, de 5 de dezembro de 1979, a Lei n. 6.884, de 9 de dezembro de 1980, a Lei n. 6.994, de 26 de maio de 1982, mantidos os efeitos da Lei n. 7.346, de 22 de julho de 1985.

Brasília, 4 de julho de 1994; 173º da Independência e 106º da República.

ITAMAR FRANCO
*Alexandre de Paula Dupeyrat Martins*

## 18.2. CÓDIGO DE ÉTICA E DISCIPLINA DA OAB

# CÓDIGO DE ÉTICA E DISCIPLINA DA OAB ([1])

O Conselho Federal da Ordem dos Advogados do Brasil, ao instituir o Código de Ética e Disciplina, norteou-se por princípios que formam a consciência profissional do advogado e representam imperativos de sua conduta, os quais se traduzem nos seguintes mandamentos: lutar sem receio pelo primado da Justiça; pugnar pelo cumprimento da Constituição e pelo respeito à Lei, fazendo com que o ordenamento jurídico seja interpretado com retidão, em perfeita sintonia com os fins sociais a que se dirige e as exigências do bem comum; ser fiel à verdade para poder servir à Justiça como um de seus elementos essenciais; proceder com lealdade e boa-fé em suas relações profissionais e em todos os atos do seu ofício; empenhar-se na defesa das causas confiadas ao seu patrocínio, dando ao constituinte o amparo do Direito, e proporcionando-lhe a realização prática de seus legítimos interesses; comportar-se, nesse mister, com independência e altivez, defendendo com o mesmo denodo humildes e poderosos; exercer a advocacia com o indispensável senso profissional, mas também com desprendimento, jamais permitindo que o anseio de ganho material sobreleve a finalidade social do seu trabalho; aprimorar-se no culto dos princípios éticos e no domínio da ciência jurídica, de modo a tornar-se merecedor da confiança do cliente e da sociedade como um todo, pelos atributos intelectuais e pela probidade pessoal; agir, em suma, com a dignidade e a correção dos profissionais que honram e engrandecem a sua classe.

Inspirado nesses postulados, o Conselho Federal da Ordem dos Advogados do Brasil, no uso das atribuições que lhe são conferidas pelos arts. 33 e 54, V, da Lei n. 8.906, de 4 de julho de 1994, aprova e edita este Código, exortando os advogados brasileiros à sua fiel observância.

## TÍTULO I
## Da Ética do Advogado

### CAPÍTULO I
### DOS PRINCÍPIOS FUNDAMENTAIS

- *Vide* arts. 31 a 33 do CED.

**Art. 1º** O exercício da advocacia exige conduta compatível com os preceitos deste Código, do Estatuto, do Regulamento Geral, dos Provimentos e com os princípios da moral individual, social e profissional.

1. Aprovado pela Resolução n. 2, de 19-10-2015, do CFOAB (*DOU* de 4-11-2015).

**Art. 2º** O advogado, indispensável à administração da Justiça, é defensor do Estado Democrático de Direito, dos direitos humanos e garantias fundamentais, da cidadania, da moralidade, da Justiça e da paz social, cumprindo-lhe exercer o seu ministério em consonância com a sua elevada função pública e com os valores que lhe são inerentes.

**Parágrafo único.** São deveres do advogado:

**I** – preservar, em sua conduta, a honra, a nobreza e a dignidade da profissão, zelando pelo caráter de essencialidade e indispensabilidade da advocacia;

**II** – atuar com destemor, independência, honestidade, decoro, veracidade, lealdade, dignidade e boa-fé;

**III** – velar por sua reputação pessoal e profissional;

**IV** – empenhar-se, permanentemente, no aperfeiçoamento pessoal e profissional;

**V** – contribuir para o aprimoramento das instituições, do Direito e das leis;

**VI** – estimular, a qualquer tempo, a conciliação e a mediação entre os litigantes, prevenindo, sempre que possível, a instauração de litígios;

**VII** – desaconselhar lides temerárias, a partir de um juízo preliminar de viabilidade jurídica;

**VIII** – abster-se de:

***a)*** utilizar de influência indevida, em seu benefício ou do cliente;

***b)*** vincular seu nome ou nome social a empreendimentos sabidamente escusos;

■ Alínea *b* com redação dada pela Resolução n. 7/2016.

***c)*** emprestar concurso aos que atentem contra a ética, a moral, a honestidade e a dignidade da pessoa humana;

***d)*** entender-se diretamente com a parte adversa que tenha patrono constituído, sem o assentimento deste;

***e)*** ingressar ou atuar em pleitos administrativos ou judiciais perante autoridades com as quais tenha vínculos negociais ou familiares;

***f)*** contratar honorários advocatícios em valores aviltantes;

**IX** – pugnar pela solução dos problemas da cidadania e pela efetivação dos direitos individuais, coletivos e difusos;

**X** – adotar conduta consentânea com o papel de elemento indispensável à administração da Justiça;

**XI** – cumprir os encargos assumidos no âmbito da Ordem dos Advogados do Brasil ou na representação da classe;

**XII** – zelar pelos valores institucionais da OAB e da advocacia;

**XIII** – ater-se, quando no exercício da função de defensor público, à defesa dos necessitados.

**Art. 3º** O advogado deve ter consciência de que o Direito é um meio de mitigar as desigualdades para o encontro de soluções justas e que a lei é um instrumento para garantir a igualdade de todos.

**Art. 4º** O advogado, ainda que vinculado ao cliente ou constituinte, mediante relação empregatícia ou por contrato de prestação permanente de serviços, ou como integrante de departamento jurídico, ou de órgão de assessoria jurídica, público ou privado, deve zelar pela sua liberdade e independência.

**Parágrafo único.** É legítima a recusa, pelo advogado, do patrocínio de causa e de manifestação, no âmbito consultivo, de pretensão concernente a direito que também lhe seja aplicável ou contrarie orientação que tenha manifestado anteriormente.

**Art. 5º** O exercício da advocacia é incompatível com qualquer procedimento de mercantilização.

**Art. 6º** É defeso ao advogado expor os fatos em Juízo ou na via administrativa falseando deliberadamente a verdade e utilizando de má-fé.

**Art. 7º** É vedado o oferecimento de serviços profissionais que implique, direta ou indiretamente, angariar ou captar clientela.

## CAPÍTULO II
## DA ADVOCACIA PÚBLICA

- *Vide* art. 3º do EAOAB.
- *Vide* arts. 9º e 10 do RGEAOAB.

**Art. 8º** As disposições deste Código obrigam igualmente os órgãos de advocacia pública, e advogados públicos, incluindo aqueles que ocupem posição de chefia e direção jurídica.

**§ 1º** O advogado público exercerá suas funções com independência técnica, contribuindo para a solução ou redução de litigiosidade, sempre que possível.

**§ 2º** O advogado público, inclusive o que exerce cargo de chefia ou direção jurídica, observará nas relações com os colegas, autoridades, servidores e o público em geral, o dever de urbanidade, tratando a todos com respeito e consideração, ao mesmo tempo em que preservará suas prerrogativas e o direito de receber igual tratamento das pessoas com as quais se relacione.

## CAPÍTULO III
## DAS RELAÇÕES COM O CLIENTE

- *Vide* art. 5º do EAOAB.

**Art. 9º** O advogado deve informar o cliente, de modo claro e inequívoco, quanto a eventuais riscos da sua pretensão, e das consequências que poderão advir da demanda. Deve, igualmente, denunciar, desde logo, a quem lhe solicite parecer ou patrocínio, qualquer circunstância que possa influir na resolução de submeter-lhe a consulta ou confiar-lhe a causa.

**Art. 10.** As relações entre advogado e cliente baseiam-se na confiança recíproca. Sentindo o advogado que essa confiança lhe falta, é recomendável que externe ao cliente sua impressão e, não se dissipando as dúvidas existentes, promova, em seguida, o substabelecimento do mandato ou a ele renuncie.

**Art. 11.** O advogado, no exercício do mandato, atua como patrono da parte, cumprindo-lhe, por isso, imprimir à causa orientação que lhe pareça mais adequada, sem se subordinar a intenções contrárias do cliente, mas, antes, procurando esclarecê-lo quanto à estratégia traçada.

**Art. 12.** A conclusão ou desistência da causa, tenha havido, ou não, extinção do mandato, obriga o advogado a devolver ao cliente bens, valores e documentos que lhe hajam sido confiados e ainda estejam em seu poder, bem como a prestar-lhe contas, pormenorizadamente, sem prejuízo de esclarecimentos complementares que se mostrem pertinentes e necessários.

**Parágrafo único.** A parcela dos honorários paga pelos serviços até então prestados não se inclui entre os valores a ser devolvidos.

**Art. 13.** Concluída a causa ou arquivado o processo, presume-se cumprido e extinto o mandato.

**Art. 14.** O advogado não deve aceitar procuração de quem já tenha patrono constituído, sem prévio conhecimento deste, salvo por motivo plenamente justificável ou para adoção de medidas judiciais urgentes e inadiáveis.

**Art. 15.** O advogado não deve deixar ao abandono ou ao desamparo as causas sob seu patrocínio, sendo recomendável que, em face de dificuldades insuperáveis ou inércia do cliente quanto a providências que lhe tenham sido solicitadas, renuncie ao mandato.

**Art. 16.** A renúncia ao patrocínio deve ser feita sem menção do motivo que a determinou, fazendo cessar a responsabilidade profissional pelo acompanhamento da causa, uma vez decorrido o prazo previsto em lei (EAOAB, art. 5º, § 3º).

**§ 1º** A renúncia ao mandato não exclui responsabilidade por danos eventualmente causados ao cliente ou a terceiros.

**§ 2º** O advogado não será responsabilizado por omissão do cliente quanto a documento ou informação que lhe devesse fornecer para a prática oportuna de ato processual do seu interesse.

**Art. 17.** A revogação do mandato judicial por vontade do cliente não o desobriga do pagamento das verbas honorárias contratadas, assim como não retira o direito do advogado de receber o quanto lhe seja devido em eventual verba honorária de sucumbência, calculada proporcionalmente em face do serviço efetivamente prestado.

**Art. 18.** O mandato judicial ou extrajudicial não se extingue pelo decurso de tempo, salvo se o contrário for consignado no respectivo instrumento.

**Art. 19.** Os advogados integrantes da mesma sociedade profissional, ou reunidos em caráter permanente para cooperação recíproca, não podem representar, em juízo ou fora dele, clientes com interesses opostos.

**Art. 20.** Sobrevindo conflitos de interesse entre seus constituintes e não conseguindo o advogado harmonizá-los, caber-lhe-á optar, com prudência e discrição, por um dos mandatos, renunciando aos demais, resguardado sempre o sigilo profissional.

**Art. 21.** O advogado, ao postular em nome de terceiros, contra ex-cliente ou ex-empregador, judicial e extrajudicialmente, deve resguardar o sigilo profissional.

**Art. 22.** Ao advogado cumpre abster-se de patrocinar causa contrária à validade ou legitimidade de ato jurídico em cuja formação haja colaborado ou intervindo de qualquer maneira; da mesma forma, deve declinar seu impedimento ou o da sociedade que integre quando houver conflito de interesses motivado por intervenção anterior no trato de assunto que se prenda ao patrocínio solicitado.

**Art. 23.** É direito e dever do advogado assumir a defesa criminal, sem considerar sua própria opinião sobre a culpa do acusado.

**Parágrafo único.** Não há causa criminal indigna de defesa, cumprindo ao advogado agir, como defensor, no sentido de que a todos seja concedido tratamento condizente com a dignidade da pessoa humana, sob a égide das garantias constitucionais.

**Art. 24.** O advogado não se sujeita à imposição do cliente que pretenda ver com ele atuando outros advogados, nem fica na contingência de aceitar a indicação de outro profissional para com ele trabalhar no processo.

**Art. 25.** É defeso ao advogado funcionar no mesmo processo, simultaneamente, como patrono e preposto do empregador ou cliente.

**Art. 26.** O substabelecimento do mandato, com reserva de poderes, é ato pessoal do advogado da causa.

**§ 1º** O substabelecimento do mandato sem reserva de poderes exige o prévio e inequívoco conhecimento do cliente.

**§ 2º** O substabelecido com reserva de poderes deve ajustar antecipadamente seus honorários com o substabelecente.

## CAPÍTULO IV

## DAS RELAÇÕES COM OS COLEGAS, AGENTES POLÍTICOS, AUTORIDADES, SERVIDORES PÚBLICOS E TERCEIROS

**Art. 27.** O advogado observará, nas suas relações com os colegas de profissão, agentes políticos, autoridades, servidores públicos e terceiros em geral, o dever de urbanidade, tratando a todos com respeito e consideração, ao mesmo tempo em que preservará seus direitos e prerrogativas, devendo exigir igual tratamento de todos com quem se relacione.

**§ 1º** O dever de urbanidade há de ser observado, da mesma forma, nos atos e manifestações relacionados aos pleitos eleitorais no âmbito da Ordem dos Advogados do Brasil.

**§ 2º** No caso de ofensa à honra do advogado ou à imagem da instituição, adotar-se-ão as medidas cabíveis, instaurando-se processo ético-disciplinar e dando-se ciência às autoridades competentes para apuração de eventual ilícito penal.

**Art. 28.** Consideram-se imperativos de uma correta atuação profissional o emprego de linguagem escorreita e polida, bem como a observância da boa técnica jurídica.

**Art. 29.** O advogado que se valer do concurso de colegas na prestação de serviços advocatícios, seja em caráter individual, seja no âmbito de sociedade de advogados ou de empresa ou entidade em que trabalhe, dispensar-lhes-á tratamento condigno, que não os torne subalternos seus nem lhes avilte os serviços prestados mediante remuneração incompatível com a natureza do trabalho profissional ou inferior ao mínimo fixado pela Tabela de Honorários que for aplicável.

**Parágrafo único.** Quando o aviltamento de honorários for praticado por empresas ou entidades públicas ou privadas, os advogados responsáveis pelo respectivo departamento ou gerência jurídica serão instados a corrigir o abuso, inclusive intervindo junto aos demais órgãos competentes e com poder de decisão da pessoa jurídica de que se trate, sem prejuízo das providências que a Ordem dos Advogados do Brasil possa adotar com o mesmo objetivo.

## CAPÍTULO V
## DA ADVOCACIA *PRO BONO*

■ *Vide* Provimento n. 166/2015 do CFOAB.

**Art. 30.** No exercício da advocacia *pro bono*, e ao atuar como defensor nomeado, conveniado ou dativo, o advogado empregará o zelo e a dedicação habituais, de forma que a parte por ele assistida se sinta amparada e confie no seu patrocínio.

**§ 1º** Considera-se advocacia *pro bono* a prestação gratuita, eventual e voluntária de serviços jurídicos em favor de instituições sociais sem fins econômicos e aos seus assistidos, sempre que os beneficiários não dispuserem de recursos para a contratação de profissional.

**§ 2º** A advocacia *pro bono* pode ser exercida em favor de pessoas naturais que, igualmente, não dispuserem de recursos para, sem prejuízo do próprio sustento, contratar advogado.

**§ 3º** A advocacia *pro bono* não pode ser utilizada para fins político-partidários ou eleitorais, nem beneficiar instituições que visem a tais objetivos, ou como instrumento de publicidade para captação de clientela.

## CAPÍTULO VI
## DO EXERCÍCIO DE CARGOS E FUNÇÕES NA OAB E NA REPRESENTAÇÃO DA CLASSE

**Art. 31.** O advogado, no exercício de cargos ou funções em órgãos da Ordem dos Advogados do Brasil ou na representação da classe junto a quaisquer instituições, órgãos ou comissões, públicos ou privados, manterá conduta consentânea com as disposições deste Código e que revele plena lealdade aos interesses, direitos e prerrogativas da classe dos advogados que representa.

**Art. 32.** Não poderá o advogado, enquanto exercer cargos ou funções em órgãos da OAB ou representar a classe junto a quaisquer instituições, órgãos ou comissões, públicos ou privados, firmar contrato oneroso de prestação de serviços ou fornecimento de produtos com tais entidades nem adquirir bens imóveis ou móveis infungíveis de quaisquer órgãos da OAB, ou a estes aliená-los.

■ *Caput* com redação dada pela Resolução n. 4/2016.

**Parágrafo único.** Não há impedimento ao exercício remunerado de atividade de magistério na Escola Nacional de Advocacia – ENA, nas Escolas de Advocacia – ESAs e nas Bancas do Exame de Ordem, observados os princípios da moralidade e da modicidade dos valores estabelecidos a título de remuneração.

- Parágrafo único incluído pela Resolução n. 4/2016.

**Art. 33.** Salvo em causa própria, não poderá o advogado, enquanto exercer cargos ou funções em órgãos da OAB ou tiver assento, em qualquer condição, nos seus Conselhos, atuar em processos que tramitem perante a entidade nem oferecer pareceres destinados a instruí-los.

**Parágrafo único.** A vedação estabelecida neste artigo não se aplica aos dirigentes de Seccionais quando atuem, nessa qualidade, como legitimados a recorrer nos processos em trâmite perante os órgãos da OAB.

**Art. 34.** Ao submeter seu nome à apreciação do Conselho Federal ou dos Conselhos Seccionais com vistas à inclusão em listas destinadas ao provimento de vagas reservadas à classe nos tribunais, no Conselho Nacional de Justiça, no Conselho Nacional do Ministério Público e em outros colegiados, o candidato assumirá o compromisso de respeitar os direitos e prerrogativas do advogado, não praticar nepotismo nem agir em desacordo com a moralidade administrativa e com os princípios deste Código, no exercício de seu mister.

## CAPÍTULO VII
## DO SIGILO PROFISSIONAL

- *Vide* art. 7º, XIX; art. 34, VII; art. 36, I, do EAOAB.

**Art. 35.** O advogado tem o dever de guardar sigilo dos fatos de que tome conhecimento no exercício da profissão.

**Parágrafo único.** O sigilo profissional abrange os fatos de que o advogado tenha tido conhecimento em virtude de funções desempenhadas na Ordem dos Advogados do Brasil.

**Art. 36.** O sigilo profissional é de ordem pública, independendo de solicitação de reserva que lhe seja feita pelo cliente.

**§ 1º** Presumem-se confidenciais as comunicações de qualquer natureza entre advogado e cliente.

**§ 2º** O advogado, quando no exercício das funções de mediador, conciliador e árbitro, se submete às regras de sigilo profissional.

**Art. 37.** O sigilo profissional cederá em face de circunstâncias excepcionais que configurem justa causa, como nos casos de grave ameaça ao direito à vida e à honra ou que envolvam defesa própria.

**Art. 38.** O advogado não é obrigado a depor, em processo ou procedimento judicial, administrativo ou arbitral, sobre fatos a cujo respeito deva guardar sigilo profissional.

## CAPÍTULO VIII
## DA PUBLICIDADE PROFISSIONAL

■ *Vide* art. 1º, § 3º, do EAOAB.

■ *Vide* Provimento n. 94/2000 da OAB.

**Art. 39.** A publicidade profissional do advogado tem caráter meramente informativo e deve primar pela discrição e sobriedade, não podendo configurar captação de clientela ou mercantilização da profissão.

**Art. 40.** Os meios utilizados para a publicidade profissional hão de ser compatíveis com a diretriz estabelecida no artigo anterior, sendo vedados:

**I** – a veiculação da publicidade por meio de rádio, cinema e televisão;

**II** – o uso de *outdoors*, painéis luminosos ou formas assemelhadas de publicidade;

**III** – as inscrições em muros, paredes, veículos, elevadores ou em qualquer espaço público;

**IV** – a divulgação de serviços de advocacia juntamente com a de outras atividades ou a indicação de vínculos entre uns e outras;

**V** – o fornecimento de dados de contato, como endereço e telefone, em colunas ou artigos literários, culturais, acadêmicos ou jurídicos, publicados na imprensa, bem assim quando de eventual participação em programas de rádio ou televisão, ou em veiculação de matérias pela internet, sendo permitida a referência a *e-mail*;

**VI** – a utilização de mala direta, a distribuição de panfletos ou formas assemelhadas de publicidade, com o intuito de captação de clientela.

**Parágrafo único.** Exclusivamente para fins de identificação dos escritórios de advocacia, é permitida a utilização de placas, painéis luminosos e inscrições em suas fachadas, desde que respeitadas as diretrizes previstas no artigo 39.

**Art. 41.** As colunas que o advogado mantiver nos meios de comunicação social ou os textos que por meio deles divulgar não deverão induzir o leitor a litigar nem promover, dessa forma, captação de clientela.

**Art. 42.** É vedado ao advogado:

**I** – responder com habitualidade a consulta sobre matéria jurídica, nos meios de comunicação social;

**II** – debater, em qualquer meio de comunicação, causa sob o patrocínio de outro advogado;

**III** – abordar tema de modo a comprometer a dignidade da profissão e da instituição que o congrega;

**IV** – divulgar ou deixar que sejam divulgadas listas de clientes e demandas;

**V** – insinuar-se para reportagens e declarações públicas.

**Art. 43.** O advogado que eventualmente participar de programa de televisão ou de rádio, de entrevista na imprensa, de reportagem televisionada ou veiculada por qualquer outro meio, para manifestação profissional, deve visar a objetivos exclusivamente ilustrativos, educacionais e instrutivos, sem propósito de promoção pessoal ou profissional, vedados pronunciamentos sobre métodos de trabalho usados por seus colegas de profissão.

**Parágrafo único.** Quando convidado para manifestação pública, por qualquer modo e forma, visando ao esclarecimento de tema jurídico de interesse geral, deve o advogado evitar insinuações com o sentido de promoção pessoal ou profissional, bem como o debate de caráter sensacionalista.

**Art. 44.** Na publicidade profissional que promover ou nos cartões e material de escritório de que se utilizar, o advogado fará constar seu nome, nome social ou o da sociedade de advogados, o número ou os números de inscrição na OAB.

■ *Caput* com redação dada pela Resolução n. 7/2016.

**§ 1º** Poderão ser referidos apenas os títulos acadêmicos do advogado e as distinções honoríficas relacionadas à vida profissional, bem como as instituições jurídicas de que faça parte, e as especialidades a que se dedicar, o endereço, *e-mail*, *site*, página eletrônica, *QR code*, logotipo e a fotografia do escritório, o horário de atendimento e os idiomas em que o cliente poderá ser atendido.

**§ 2º** É vedada a inclusão de fotografias pessoais ou de terceiros nos cartões de visitas do advogado, bem como menção a qualquer emprego, cargo ou função ocupado, atual ou pretérito, em qualquer órgão ou instituição, salvo o de professor universitário.

**Art. 45.** São admissíveis como formas de publicidade o patrocínio de eventos ou publicações de caráter científico ou cultural, assim como a divulgação de boletins, por meio físico ou eletrônico, sobre matéria cultural de interesse dos advogados, desde que sua circulação fique adstrita a clientes e a interessados do meio jurídico.

**Art. 46.** A publicidade veiculada pela internet ou por outros meios eletrônicos deverá observar as diretrizes estabelecidas neste capítulo.

**Parágrafo único.** A telefonia e a internet podem ser utilizadas como veículo de publicidade, inclusive para o envio de mensagens a destinatários certos, desde que estas não impliquem o oferecimento de serviços ou representem forma de captação de clientela.

**Art. 47.** As normas sobre publicidade profissional constantes deste capítulo poderão ser complementadas por outras que o Conselho Federal aprovar, observadas as diretrizes do presente Código.

**Art. 47-A.** Será admitida a celebração de termo de ajustamento de conduta no âmbito dos Conselhos Seccionais e do Conselho Federal para fazer cessar a publicidade irregular praticada por advogados e estagiários.

■ Artigo acrescentado pela Resolução n. 4/2020.

**Parágrafo único.** O termo previsto neste artigo será regulamentado mediante edição de provimento do Conselho Federal, que estabelecerá seus requisitos e condições.

■ Parágrafo único acrescentado pela Resolução n. 4/2020.

■ O Provimento n. 200/2020, da OAB, regulamenta este art. 47-A.

## CAPÍTULO IX
## DOS HONORÁRIOS PROFISSIONAIS

- *Vide* arts. 22 a 26 do EAOAB.
- *Vide* art. 14 do RGEAOAB.
- *Vide* Súmula 201, STJ.

**Art. 48.** A prestação de serviços profissionais por advogado, individualmente ou integrado em sociedades, será contratada, preferentemente, por escrito.

**§ 1º** O contrato de prestação de serviços de advocacia não exige forma especial, devendo estabelecer, porém, com clareza e precisão, o seu objeto, os honorários ajustados, a forma de pagamento, a extensão do patrocínio, esclarecendo se este abrangerá todos os atos do processo ou limitar-se-á a determinado grau de jurisdição, além de dispor sobre a hipótese de a causa encerrar-se mediante transação ou acordo.

**§ 2º** A compensação de créditos, pelo advogado, de importâncias devidas ao cliente, somente será admissível quando o contrato de prestação de serviços a autorizar ou quando houver autorização especial do cliente para esse fim, por este firmada.

**§ 3º** O contrato de prestação de serviços poderá dispor sobre a forma de contratação de profissionais para serviços auxiliares, bem como sobre o pagamento de custas e emolumentos, os quais, na ausência de disposição em contrário, presumem-se devam ser atendidos pelo cliente. Caso o contrato preveja que o advogado antecipe tais despesas, ser-lhe-á lícito reter o respectivo valor atualizado, no ato de prestação de contas, mediante comprovação documental.

**§ 4º** As disposições deste capítulo aplicam-se à mediação, à conciliação, à arbitragem ou a qualquer outro método adequado de solução dos conflitos.

**§ 5º** É vedada, em qualquer hipótese, a diminuição dos honorários contratados em decorrência da solução do litígio por qualquer mecanismo adequado de solução extrajudicial.

**§ 6º** Deverá o advogado observar o valor mínimo da Tabela de Honorários instituída pelo respectivo Conselho Seccional onde for realizado o serviço, inclusive aquele referente às diligências, sob pena de caracterizar-se aviltamento de honorários.

**§ 7º** O advogado promoverá, preferentemente, de forma destacada a execução dos honorários contratuais ou sucumbenciais.

**Art. 49.** Os honorários profissionais devem ser fixados com moderação, atendidos os elementos seguintes:

**I** – a relevância, o vulto, a complexidade e a dificuldade das questões versadas;

**II** – o trabalho e o tempo a ser empregados;

**III** – a possibilidade de ficar o advogado impedido de intervir em outros casos, ou de se desavir com outros clientes ou terceiros;

**IV** – o valor da causa, a condição econômica do cliente e o proveito para este resultante do serviço profissional;

**V** – o caráter da intervenção, conforme se trate de serviço a cliente eventual, frequente ou constante;

**VI** – o lugar da prestação dos serviços, conforme se trate do domicílio do advogado ou de outro;

**VII** – a competência do profissional;

**VIII** – a praxe do foro sobre trabalhos análogos.

**Art. 50.** Na hipótese da adoção de cláusula *quota litis*, os honorários devem ser necessariamente representados por pecúnia e, quando acrescidos dos honorários da sucumbência, não podem ser superiores às vantagens advindas a favor do cliente.

**§ 1º** A participação do advogado em bens particulares do cliente só é admitida em caráter excepcional, quando esse, comprovadamente, não tiver condições pecuniárias de satisfazer o débito de honorários e ajustar com o seu patrono, em instrumento contratual, tal forma de pagamento.

**§ 2º** Quando o objeto do serviço jurídico versar sobre prestações vencidas e vincendas, os honorários advocatícios poderão incidir sobre o valor de umas e outras, atendidos os requisitos da moderação e da razoabilidade.

**Art. 51.** Os honorários da sucumbência e os honorários contratuais, pertencendo ao advogado que houver atuado na causa, poderão ser por ele executados, assistindo-lhe direito autônomo para promover a execução do capítulo da sentença que os estabelecer ou para postular, quando for o caso, a expedição de precatório ou requisição de pequeno valor em seu favor.

**§ 1º** No caso de substabelecimento, a verba correspondente aos honorários da sucumbência será repartida entre o substabelecente e o substabelecido, proporcionalmente à atuação de cada um no processo ou conforme haja sido entre eles ajustado.

**§ 2º** Quando for o caso, a Ordem dos Advogados do Brasil ou os seus Tribunais de Ética e Disciplina poderão ser solicitados a indicar mediador que contribua no sentido de que a distribuição dos honorários da sucumbência, entre advogados, se faça segundo o critério estabelecido no § 1º.

**§ 3º** Nos processos disciplinares que envolverem divergência sobre a percepção de honorários da sucumbência, entre advogados, deverá ser tentada a conciliação destes, preliminarmente, pelo relator.

**Art. 52.** O crédito por honorários advocatícios, seja do advogado autônomo, seja de sociedade de advogados, não autoriza o saque de duplicatas ou qualquer outro título de crédito de natureza mercantil, podendo, apenas, ser emitida fatura, quando o cliente assim pretender, com fundamento no contrato de prestação de serviços, a qual, porém, não poderá ser levada a protesto.

**Parágrafo único.** Pode, todavia, ser levado a protesto o cheque ou a nota promissória emitido pelo cliente em favor do advogado, depois de frustrada a tentativa de recebimento amigável.

**Art. 53.** É lícito ao advogado ou à sociedade de advogados empregar, para o recebimento de honorários, sistema de cartão de crédito, mediante credenciamento junto a empresa operadora do ramo.

**Parágrafo único.** Eventuais ajustes com a empresa operadora que impliquem pagamento antecipado não afetarão a responsabilidade do advogado perante o cliente, em caso de rescisão do contrato de prestação de serviços, devendo ser observadas as disposições deste quanto à hipótese.

**Art. 54.** Havendo necessidade de promover arbitramento ou cobrança judicial de honorários, deve o advogado renunciar previamente ao mandato que recebera do cliente em débito.

# TÍTULO II
# Do Processo Disciplinar

- *Vide* arts. 68 a 77 do EAOAB.
- *Vide* arts. 137-D a 144-A do RGEAOAB.



## CAPÍTULO I
## DOS PROCEDIMENTOS

**Art. 55.** O processo disciplinar instaura-se de ofício ou mediante representação do interessado.

**§ 1º** A instauração, de ofício, do processo disciplinar dar-se-á em função do conhecimento do fato, quando obtido por meio de fonte idônea ou em virtude de comunicação da autoridade competente.

**§ 2º** Não se considera fonte idônea a que consistir em denúncia anônima.

**Art. 56.** A representação será formulada ao Presidente do Conselho Seccional ou ao Presidente da Subseção, por escrito ou verbalmente, devendo, neste último caso, ser reduzida a termo.

**Parágrafo único.** Nas Seccionais cujos Regimentos Internos atribuírem competência ao Tribunal de Ética e Disciplina para instaurar o processo ético disciplinar, a representação poderá ser dirigida ao seu Presidente ou será a este encaminhada por qualquer dos dirigentes referidos no *caput* deste artigo que a houver recebido.

**Art. 57.** A representação deverá conter:

**I** – a identificação do representante, com a sua qualificação civil e endereço;

**II** – a narração dos fatos que a motivam, de forma que permita verificar a existência, em tese, de infração disciplinar;

**III** – os documentos que eventualmente a instruam e a indicação de outras provas a ser produzidas, bem como, se for o caso, o rol de testemunhas, até o máximo de cinco;

**IV** – a assinatura do representante ou a certificação de quem a tomou por termo, na impossibilidade de obtê-la.

**Art. 58.** Recebida a representação, o Presidente do Conselho Seccional ou o da Subseção, quando esta dispuser de Conselho, designa relator, por sorteio, um de seus integrantes, para presidir a instrução processual.

**§ 1º** Os atos de instrução processual podem ser delegados ao Tribunal de Ética e Disciplina, conforme dispuser o regimento interno do Conselho Seccional, caso em que caberá ao seu Presidente, por sorteio, designar relator.

**§ 2º** Antes do encaminhamento dos autos ao relator, serão juntadas a ficha cadastral do representado e certidão negativa ou positiva sobre a existência de punições anteriores, com menção das faltas atribuídas. Será providenciada, ainda, certidão sobre a existência ou não de representações em andamento, a qual, se positiva, será acompanhada da informação sobre as faltas imputadas.

- A Resolução n. 1/2016, da OAB, institui o modelo de certidão de representações em andamento.

**§ 3º** O relator, atendendo aos critérios de admissibilidade, emitirá parecer propondo a instauração de processo disciplinar ou o arquivamento liminar da representação, no prazo de 30 (trinta) dias, sob pena de redistribuição do feito pelo Presidente do Conselho Seccional ou da Subseção para outro relator, observando-se o mesmo prazo.

**§ 4º** O Presidente do Conselho competente ou, conforme o caso, o do Tribunal de Ética e Disciplina, proferirá despacho declarando instaurado o processo disciplinar ou determinando o arquivamento da representação, nos termos do parecer do relator ou segundo os fundamentos que adotar.

**§ 5º** A representação contra membros do Conselho Federal e Presidentes de Conselhos Seccionais é processada e julgada pelo Conselho Federal, sendo competente a Segunda Câmara reunida em sessão plenária. A representação contra membros da diretoria do Conselho Federal, Membros Honorários Vitalícios e detentores da Medalha Rui Barbosa será processada e julgada pelo Conselho Federal, sendo competente o Conselho Pleno.

**§ 6º** A representação contra dirigente de Subseção é processada e julgada pelo Conselho Seccional.

**§ 7º** Os Conselhos Seccionais poderão instituir Comissões de Admissibilidade no âmbito dos Tribunais de Ética e Disciplina, compostas por seus membros ou por Conselheiros Seccionais, com atribuição de análise prévia dos pressupostos de admissibilidade das representações ético-disciplinares, podendo propor seu arquivamento liminar.

- § 7º incluído pela Resolução n. 4/2016.

**Art. 58-A.** Nos casos de infração ético-disciplinar punível com censura, será admissível a celebração de termo de ajustamento de conduta, se o fato apurado não tiver gerado repercussão negativa à advocacia.

- Artigo acrescentado pela Resolução n. 4/2020.

**Parágrafo único.** O termo de ajustamento de conduta previsto neste artigo será regulamentado em provimento do Conselho Federal da OAB.

- Parágrafo único acrescentado pela Resolução n. 4/2020.

**Art. 59.** Compete ao relator do processo disciplinar determinar a notificação dos interessados para prestar esclarecimentos ou a do representado para apresentar defesa prévia, no prazo de 15 (quinze) dias, em qualquer caso.

**§ 1º** A notificação será expedida para o endereço constante do cadastro de inscritos do Conselho Seccional, observando-se, quanto ao mais, o disposto no Regulamento Geral.

**§ 2º** Se o representado não for encontrado ou ficar revel, o Presidente do Conselho competente ou, conforme o caso, o do Tribunal de Ética e Disciplina designar-lhe-á defensor dativo.

**§ 3º** Oferecida a defesa prévia, que deve ser acompanhada dos documentos que possam instruí-la e do rol de testemunhas, até o limite de 5 (cinco), será proferido despacho saneador e, ressalvada a hipótese do § 2º do art. 73 do EAOAB, designada, se for o caso, audiência para oitiva do representante, do representado e das testemunhas.

**§ 4º** O representante e o representado incumbir-se-ão do comparecimento de suas testemunhas, salvo se, ao apresentarem o respectivo rol, requererem, por motivo justificado, sejam elas notificadas a comparecer à audiência de instrução do processo.

**§ 5º** O relator pode determinar a realização de diligências que julgar convenientes, cumprindo-lhe dar andamento ao processo, de modo que este se desenvolva por impulso oficial.

**§ 6º** O relator somente indeferirá a produção de determinado meio de prova quando esse for ilícito, impertinente, desnecessário ou protelatório, devendo fazê-lo fundamentadamente.

**§ 7º** Concluída a instrução, o relator profere parecer preliminar, a ser submetido ao Tribunal de Ética e Disciplina, dando enquadramento legal aos fatos imputados ao representado.

**§ 8º** Abre-se, em seguida, prazo sucessivo de 15 (quinze) dias, ao interessado e ao representado, para apresentação de razões finais.

■ Alterado pela Resolução 09/2021-COP – DEOAB, 21.02.2022, p. 1.

**Art. 60.** O Presidente do Tribunal de Ética e Disciplina, após o recebimento do processo, devidamente instruído, designa, por sorteio, relator para proferir voto.

**§ 1º** Se o processo já estiver tramitando perante o Tribunal de Ética e Disciplina ou perante o Conselho competente, o relator não será o mesmo designado na fase de instrução.

**§ 2º** O processo será incluído em pauta na primeira sessão de julgamentos após a distribuição ao relator.

■ § 2º com a redação dada pela Resolução n. 1/2016.

**§ 3º** O representante e o representado são notificados pela Secretaria do Tribunal, com 15 (quinze) dias de antecedência, para comparecerem à sessão de julgamento.

**§ 4º** Na sessão de julgamento, após o voto do relator, é facultada a sustentação oral pelo tempo de 15 (quinze) minutos, primeiro pelo representante e, em seguida, pelo representado.

**Art. 61.** Do julgamento do processo disciplinar lavrar-se-á acórdão, do qual constarão, quando procedente a representação, o enquadramento legal da infração, a sanção aplicada, o quórum de instalação e o de deliberação, a indicação de haver sido esta adotada com base no voto do relator ou em voto divergente, bem como as circunstâncias agravantes ou atenuantes consideradas e as razões determinantes de eventual conversão da censura aplicada em advertência sem registro nos assentamentos do inscrito.

**Art. 62.** Nos acórdãos serão observadas, ainda, as seguintes regras:

**§ 1º** O acórdão trará sempre a ementa, contendo a essência da decisão.

**§ 2º** O autor do voto divergente que tenha prevalecido figurará como redator para o acórdão.

**§ 3º** O voto condutor da decisão deverá ser lançado nos autos, com os seus fundamentos.

**§ 4º** O voto divergente, ainda que vencido, deverá ter seus fundamentos lançados nos autos, em voto escrito ou em transcrição na ata de julgamento do voto oral proferido, com seus fundamentos.

**§ 5º** Será atualizado nos autos o relatório de antecedentes do representado, sempre que o relator o determinar.

**Art. 63.** Na hipótese prevista no art. 70, § 3º, do EAOAB, em sessão especial designada pelo Presidente do Tribunal, serão facultadas ao representado ou ao seu defensor a apresentação de defesa, a produção de prova e a sustentação oral.

**Art. 64.** As consultas submetidas ao Tribunal de Ética e Disciplina receberão autuação própria, sendo designado relator, por sorteio, para o seu exame, podendo o Presidente, em face da complexidade da questão, designar, subsequentemente, revisor.

**Parágrafo único.** O relator e o revisor têm prazo de 10 (dez) dias cada um para elaboração de seus pareceres, apresentando-os na primeira sessão seguinte, para deliberação.

**Art. 65.** As sessões do Tribunal de Ética e Disciplina obedecerão ao disposto no respectivo Regimento Interno, aplicando-se-lhes, subsidiariamente, o do Conselho Seccional.

**Art. 66.** A conduta dos interessados, no processo disciplinar, que se revele temerária ou caracterize a intenção de alterar a verdade dos fatos, assim como a interposição de recursos com intuito manifestamente protelatório, contrariam os princípios deste Código, sujeitando os responsáveis à correspondente sanção.

**Art. 67.** Os recursos contra decisões do Tribunal de Ética e Disciplina, ao Conselho Seccional, regem-se pelas disposições do Estatuto da Advocacia e da Ordem dos Advogados do Brasil, do Regulamento Geral e do Regimento Interno do Conselho Seccional.

**Parágrafo único.** O Tribunal dará conhecimento de todas as suas decisões ao Conselho Seccional, para que determine periodicamente a publicação de seus julgados.

**Art. 68.** Cabe revisão do processo disciplinar, na forma prevista no Estatuto da Advocacia e da Ordem dos Advogados do Brasil (art. 73, § 5º).

**§ 1º** Tem legitimidade para requerer a revisão o advogado punido com a sanção disciplinar.

**§ 2º** A competência para processar e julgar o processo de revisão é do órgão de que emanou a condenação final.

**§ 3º** Quando o órgão competente for o Conselho Federal, a revisão processar-se-á perante a Segunda Câmara, reunida em sessão plenária.

**§ 4º** Observar-se-á, na revisão, o procedimento do processo disciplinar, no que couber.

**§ 5º** O pedido de revisão terá autuação própria, devendo os autos respectivos ser apensados aos do processo disciplinar a que se refira.

**§ 6º** O pedido de revisão não suspende os efeitos da decisão condenatória, salvo quando o relator, ante a relevância dos fundamentos e o risco de consequências irreparáveis para o requerente, conceder tutela cautelar para que se suspenda a execução.

**§ 7º** A parte representante somente será notificada para integrar o processo de revisão quando o relator entender que deste poderá resultar dano ao interesse jurídico que haja motivado a representação.

- §§ 6º e 7º incluídos pela Resolução n. 4/2016.

**Art. 69.** O advogado que tenha sofrido sanção disciplinar poderá requerer reabilitação, no prazo e nas condições previstos no Estatuto da Advocacia e da Ordem dos Advogados do Brasil (art. 41).

**§ 1º** A competência para processar e julgar o pedido de reabilitação é do Conselho Seccional em que tenha sido aplicada a sanção disciplinar. Nos casos de competência originária do Conselho Federal, perante este tramitará o pedido de reabilitação.

**§ 2º** Observar-se-á, no pedido de reabilitação, o procedimento do processo disciplinar, no que couber.

**§ 3º** O pedido de reabilitação terá autuação própria, devendo os autos respectivos ser apensados aos do processo disciplinar a que se refira.

**§ 4º** O pedido de reabilitação será instruído com provas de bom comportamento, no exercício da advocacia e na vida social, cumprindo à Secretaria do Conselho competente certificar, nos autos, o efetivo cumprimento da sanção disciplinar pelo requerente.

**§ 5º** Quando o pedido não estiver suficientemente instruído, o relator assinará prazo ao requerente para que complemente a documentação; não cumprida a determinação, o pedido será liminarmente arquivado.



## CAPÍTULO II
## DOS ÓRGÃOS DISCIPLINARES

### *Seção I*
### DOS TRIBUNAIS DE ÉTICA E DISCIPLINA

**Art. 70.** O Tribunal de Ética e Disciplina poderá funcionar dividido em órgãos fracionários, de acordo com seu regimento interno.

**Art. 71.** Compete aos Tribunais de Ética e Disciplina:

**I** – julgar, em primeiro grau, os processos ético-disciplinares;

**II** – responder a consultas formuladas, em tese, sobre matéria ético-disciplinar;

**III** – exercer as competências que lhe sejam conferidas pelo Regimento Interno da Seccional ou por este Código para a instauração, instrução e julgamento de processos ético-disciplinares;

**IV** – suspender, preventivamente, o acusado, em caso de conduta suscetível de acarretar repercussão prejudicial à advocacia, nos termos do Estatuto da Advocacia e da Ordem dos Advogados do Brasil;

**V** – organizar, promover e ministrar cursos, palestras, seminários e outros eventos da mesma natureza acerca da ética profissional do advogado ou estabelecer parcerias com as Escolas de Advocacia, com o mesmo objetivo;

**VI** – atuar como órgão mediador ou conciliador nas questões que envolvam:

***a)*** dúvidas e pendências entre advogados;

***b)*** partilha de honorários contratados em conjunto ou decorrentes de substabelecimento, bem como os que resultem de sucumbência, nas mesmas hipóteses;

***c)*** controvérsias surgidas quando da dissolução de sociedade de advogados.

### Seção II

### DAS CORREGEDORIAS-GERAIS

**Art. 72.** As Corregedorias-Gerais integram o sistema disciplinar da Ordem dos Advogados do Brasil.

**§ 1º** O Secretário-Geral Adjunto exerce, no âmbito do Conselho Federal, as funções de Corregedor-Geral, cuja competência é definida em Provimento.

**§ 2º** Nos Conselhos Seccionais, as Corregedorias-Gerais terão atribuições da mesma natureza, observando, no que couber, Provimento do Conselho Federal sobre a matéria.

**§ 3º** A Corregedoria-Geral do Processo Disciplinar coordenará ações do Conselho Federal e dos Conselhos Seccionais voltadas para o objetivo de reduzir a ocorrência das infrações disciplinares mais frequentes.

## TÍTULO III
## Das Disposições Gerais e Transitórias

**Art. 73.** O Conselho Seccional deve oferecer os meios e o suporte de apoio material, logístico, de informática e de pessoal necessários ao pleno funcionamento e ao desenvolvimento das atividades do Tribunal de Ética e Disciplina.

**§ 1º** Os Conselhos Seccionais divulgarão, trimestralmente, na internet, a quantidade de processos ético-disciplinares em andamento e as punições decididas em caráter definitivo, preservadas as regras de sigilo.

**§ 2º** A divulgação das punições referidas no parágrafo anterior destacará cada infração tipificada no art. 34 da Lei n. 8.906/94.

**Art. 74.** Em até 180 (cento e oitenta) dias após o início da vigência do presente Código de Ética e Disciplina da OAB, os Conselhos Seccionais e os Tribunais de Ética e Disciplina deverão elaborar ou rever seus Regimentos Internos, adaptando-os às novas regras e disposições deste Código. No caso dos Tribunais de Ética e Disciplina, os Regimentos Internos serão submetidos à aprovação do respectivo Conselho Seccional e, subsequentemente, do Conselho Federal.

**Art. 75.** A pauta de julgamentos do Tribunal é publicada em órgão oficial e no quadro de avisos gerais, na sede do Conselho Seccional, com antecedência de 15 (quinze) dias, devendo ser dada prioridade, nos julgamentos, aos processos cujos interessados estiverem presentes à respectiva sessão.

**Art. 76.** As disposições deste Código obrigam igualmente as sociedades de advogados, os consultores e as sociedades consultoras em direito estrangeiro e os estagiários, no que lhes forem aplicáveis.

**Art. 77.** As disposições deste Código aplicam-se, no que couber, à mediação, à conciliação e à arbitragem, quando exercidas por advogados.

**Art. 78.** Os autos do processo disciplinar podem ter caráter virtual, mediante adoção de processo eletrônico.

**Parágrafo único.** O Conselho Federal da OAB regulamentará em Provimento o processo ético-disciplinar por meio eletrônico.

■ O Provimento n. 176/2017 da OAB regulamenta o processo ético-disciplinar.

**Art. 79.** Este Código entra em vigor a 1º de setembro de 2016, cabendo ao Conselho Federal e aos Conselhos Seccionais, bem como às Subseções da OAB, promover-lhe ampla divulgação.

■ Artigo com redação dada pela Resolução n. 3/2016.

**Art. 80.** Fica revogado o Código de Ética e Disciplina editado em 13 de fevereiro de 1995, bem como as demais disposições em contrário.

Brasília, 19 de outubro de 2015.

Marcus Vinicius Furtado Coêlho

## 18.3. REGULAMENTO GERAL DO ESTATUTO DA ADVOCACIA E DA OAB

### REGULAMENTO GERAL DO ESTATUTO DA ADVOCACIA E DA OAB[2]

*Dispõe sobre o Regulamento Geral previsto na Lei n. 8.906, de 4 de julho de 1994.*

O Conselho Federal da Ordem dos Advogados do Brasil, no uso das atribuições conferidas pelos artigos 54, V, e 78 da Lei n. 8.906, de 4 de julho de 1994, resolve:

### TÍTULO I
### Da Advocacia

#### CAPÍTULO I
#### DA ATIVIDADE DE ADVOCACIA

- *Vide* arts. 1º a 5º do EAOAB.

#### Seção I
#### *Da Atividade de Advocacia em Geral*

**Art. 1º** A atividade de advocacia é exercida com observância da Lei n. 8.906/94 (Estatuto), deste Regulamento Geral, do Código de Ética e Disciplina e dos Provimentos.

**Art. 2º** O visto do advogado em atos constitutivos de pessoas jurídicas, indispensável ao registro e arquivamento nos órgãos competentes, deve resultar da efetiva constatação, pelo profissional que os examinar, de que os respectivos instrumentos preenchem as exigências legais pertinentes.

- *Caput* com redação determinada pelo Conselho Pleno do Conselho Federal da OAB, em Sessões Plenárias dos dias 16-10-2000, 6-11-2000 e 7-11-2000.

**Parágrafo único.** Estão impedidos de exercer o ato de advocacia referido neste artigo os advogados que prestem serviços a órgãos ou entidades da Administração Pública direta ou indireta, da unidade federativa a que se vincule a Junta Comercial, ou a quaisquer repartições administrativas competentes para o mencionado registro.

2. *DOU* de 16-11-1994.

**Art. 3º** É defeso ao advogado funcionar no mesmo processo, simultaneamente, como patrono e preposto do empregador ou cliente.

**Art. 4º** A prática de atos privativos de advocacia, por profissionais e sociedades não inscritos na OAB, constitui exercício ilegal da profissão.

**Parágrafo único.** É defeso ao advogado prestar serviços de assessoria e consultoria jurídicas para terceiros, em sociedades que não possam ser registradas na OAB.

**Art. 5º** Considera-se efetivo exercício da atividade de advocacia a participação anual mínima em cinco atos privativos previstos no art. 1º do Estatuto, em causas ou questões distintas.

**Parágrafo único.** A comprovação do efetivo exercício faz-se mediante:

*a)* certidão expedida por cartórios ou secretarias judiciais;

*b)* cópia autenticada de atos privativos;

*c)* certidão expedida pelo órgão público no qual o advogado exerça função privativa do seu ofício, indicando os atos praticados.

**Art. 6º** O advogado deve notificar o cliente da renúncia ao mandato (art. 5º, § 3º, do Estatuto), preferencialmente mediante carta com aviso de recepção, comunicando, após, o Juízo.

**Art. 7º** A função de diretoria e gerência jurídicas em qualquer empresa pública, privada ou paraestatal, inclusive em instituições financeiras, é privativa de advogado, não podendo ser exercida por quem não se encontre inscrito regularmente na OAB.

**Art. 8º** A incompatibilidade prevista no art. 28, II, do Estatuto, não se aplica aos advogados que participam dos órgãos nele referidos, na qualidade de titulares ou suplentes, como representantes dos advogados.

- *Caput* com redação determinada pelo Conselho Pleno do Conselho Federal da OAB, em Sessões Plenárias dos dias 16-10-2000, 6-11-2000 e 7-11-2000.

**§ 1º** Ficam, entretanto, impedidos de exercer a advocacia perante os órgãos em que atuam, enquanto durar a investidura.

- § 1º renumerado pelo Conselho Pleno do Conselho Federal da OAB, em Sessões Plenárias dos dias 16-10-2000, 6-11-2000 e 7-11-2000.

**§ 2º** A indicação dos representantes dos advogados nos juizados especiais deverá ser promovida pela Subseção ou, na sua ausência, pelo Conselho Seccional.

- § 2º acrescentado pelo Conselho Pleno do Conselho Federal da OAB, em Sessões Plenárias dos dias 16-10-2000, 6-11-2000 e 7-11-2000.

## Seção II
### *Da Advocacia Pública*

- *Vide* art. 3º do EAOAB.
- *Vide* art. 8º do Código de Ética da OAB.

**Art. 9º** Exercem a advocacia pública os integrantes da Advocacia-Geral da União, da Defensoria Pública e das Procuradorias e Consultorias Jurídicas dos Estados, do Distrito Federal, dos Municípios, das autarquias e das fundações públicas, estando obrigados à inscrição na OAB, para o exercício de suas atividades.

**Parágrafo único.** Os integrantes da advocacia pública são elegíveis e podem integrar qualquer órgão da OAB.

**Art. 10.** Os integrantes da advocacia pública, no exercício de atividade privativa prevista no art. 1º do Estatuto, sujeitam-se ao regime do Estatuto, deste Regulamento Geral e do Código de Ética e Disciplina, inclusive quanto às infrações e sanções disciplinares.

### Seção III
*Do Advogado Empregado*

- *Vide* arts. 18 a 21 do EAOAB.

**Art. 11.** Compete a sindicato de advogados e, na sua falta, a federação ou confederação de advogados, a representação destes nas convenções coletivas celebradas com as entidades sindicais representativas dos empregadores, nos acordos coletivos celebrados com a empresa empregadora e nos dissídios coletivos perante a Justiça do Trabalho, aplicáveis às relações de trabalho.

**Art. 12.** Para os fins do art. 20 da Lei n. 8.906/94, considera-se de dedicação exclusiva o regime de trabalho que for expressamente previsto em contrato individual de trabalho.

- *Caput* com redação determinada pelo Conselho Pleno do Conselho Federal da OAB, em Sessões Plenárias dos dias 16-10-2000, 6-11-2000 e 7-11-2000.

**Parágrafo único.** Em caso de dedicação exclusiva, serão remuneradas como extraordinárias as horas trabalhadas que excederem a jornada normal de oito horas diárias.

- Parágrafo único com redação determinada pelo Conselho Pleno do Conselho Federal da OAB, em Sessões Plenárias dos dias 16-10-2000, 6-11-2000 e 7-11-2000.

**Art. 13.** (*Revogado pelo Conselho Pleno do Conselho Federal da OAB, em Sessões Plenárias dos dias 16-10-2000, 6-11-2000 e 8-12-2000.*)

**Art. 14.** Os honorários de sucumbência, por decorrerem precipuamente do exercício da advocacia e só acidentalmente da relação de emprego, não integram o salário ou a remuneração, não podendo, assim, ser considerados para efeitos trabalhistas ou previdenciários.

**Parágrafo único.** Os honorários de sucumbência dos advogados empregados constituem fundo comum, cuja destinação é decidida pelos profissionais integrantes do serviço jurídico da empresa ou por seus representantes.

## CAPÍTULO II
## DOS DIREITOS E DAS PRERROGATIVAS

- *Vide* arts. 6º a 7º-A do EAOAB.

### Seção I
*Da Defesa Judicial dos Direitos e das Prerrogativas*

**Art. 15.** Compete ao Presidente do Conselho Federal, do Conselho Seccional ou da Subseção, ao tomar conhecimento de fato que possa causar, ou que já causou, violação de direitos ou prerrogativas da profissão, adotar as providências judiciais e extrajudiciais cabíveis para prevenir ou restaurar o império do Estatuto, em sua plenitude, inclusive mediante representação administrativa.

**Parágrafo único.** O Presidente pode designar advogado, investido de poderes bastantes, para as finalidades deste artigo.

**Art. 16.** Sem prejuízo da atuação de seu defensor, contará o advogado com a assistência de representante da OAB nos inquéritos policiais ou nas ações penais em que figurar como indiciado, acusado ou ofendido, sempre que o fato a ele imputado decorrer do exercício da profissão ou a este vincular-se.

■ Artigo com redação determinada pelo Conselho Pleno do Conselho Federal da OAB, em Sessões Plenárias dos dias 17-6-1997, 17-8-1997 e 17-11-1997.

**Art. 17.** Compete ao Presidente do Conselho ou da Subseção representar contra o responsável por abuso de autoridade, quando configurada hipótese de atentado à garantia legal de exercício profissional, prevista na Lei n. 4.898, de 9 de dezembro de 1965.

■ A Lei n. 4.898, de 9-12-1965, foi revogada pela Lei n. 13.869, de 5-9-2019, que passou a tratar do assunto (abuso de autoridade).

## Seção II
### *Do Desagravo Público*

■ O Provimento n. 179, de 26-6-2018, do Conselho Federal da OAB, institui e regulamenta o Registro Nacional de Violações de Prerrogativas, no âmbito da OAB.

■ *Vide* art. 7º, XVII, do EAOAB.

**Art. 18.** O inscrito na OAB, quando ofendido comprovadamente em razão do exercício profissional ou de cargo ou função da OAB, tem direito ao desagravo público promovido pelo Conselho competente, de ofício, a seu pedido ou de qualquer pessoa.

■ *Caput* com redação determinada pelo Conselho Pleno do Conselho Federal da OAB, em Sessões Plenárias dos dias 17-6-1997, 17-8-1997 e 17-11-1997.

**§ 1º** O pedido será submetido à Diretoria do Conselho competente, que poderá, nos casos de urgência e notoriedade, conceder imediatamente o desagravo, *ad referendum* do órgão competente do Conselho, conforme definido em regimento interno.

■ § 1º com redação determinada pela Resolução n. 1, de 22-5-2018.

**§ 2º** Nos demais casos, a Diretoria remeterá o pedido de desagravo ao órgão competente para instrução e decisão, podendo o relator, convencendo-se da existência de prova ou indício de ofensa relacionada ao exercício da profissão ou de cargo da OAB, solicitar informações da pessoa ou autoridade ofensora, no prazo de 15 (quinze) dias, sem que isso configure condição para a concessão do desagravo.

■ § 2º com redação determinada pela Resolução n. 1, de 22-5-2018.

**§ 3º** O relator pode propor o arquivamento do pedido se a ofensa for pessoal, se não estiver relacionada com o exercício profissional ou com as prerrogativas gerais do advogado ou se configurar crítica de caráter doutrinário, político ou religioso.

■ § 3º com redação determinada pela Resolução n. 1, de 22-5-2018.

**§ 4º** Recebidas ou não as informações e convencendo-se da procedência da ofensa, o relator emite parecer que é submetido ao órgão competente do Conselho, conforme definido em regimento interno.

■ § 4º com redação determinada pela Resolução n. 1, de 22-5-2018.

**§ 5º** Os desagravos deverão ser decididos no prazo máximo de 60 (sessenta) dias.

■ § 5º com redação determinada pela Resolução n. 1, de 22-5-2018.

**§ 6º** Em caso de acolhimento do parecer, é designada a sessão de desagravo, amplamente divulgada, devendo ocorrer, no prazo máximo de 30 (trinta) dias, preferencialmente, no local onde a ofensa foi sofrida ou onde se encontre a autoridade ofensora.

■ § 6º com redação determinada pela Resolução n. 1, de 22-5-2018.

**§ 7º** Na sessão de desagravo o Presidente lê a nota a ser publicada na imprensa, encaminhada ao ofensor e às autoridades, e registrada nos assentamentos do inscrito e no Registro Nacional de Violações de Prerrogativas.

■ § 7º com redação determinada pela Resolução n. 1, de 22-5-2018.

**§ 8º** Ocorrendo a ofensa no território da Subseção a que se vincule o inscrito, a sessão de desagravo pode ser promovida pela diretoria ou conselho da Subseção, com representação do Conselho Seccional.

■ § 8º acrescentado pela Resolução n. 1, de 22-5-2018.

**§ 9º** O desagravo público, como instrumento de defesa dos direitos e prerrogativas da advocacia, não depende de concordância do ofendido, que não pode dispensá-lo, devendo ser promovido a critério do Conselho.

■ § 9º acrescentado pela Resolução n. 1, de 22-5-2018.

**Art. 19.** Compete ao Conselho Federal promover o desagravo público de Conselheiro Federal ou de Presidente do Conselho Seccional, quando ofendidos no exercício das atribuições de seus cargos e ainda quando a ofensa a advogado se revestir de relevância e grave violação às prerrogativas profissionais, com repercussão nacional.

**Parágrafo único.** O Conselho Federal, observado o procedimento previsto no art. 18 deste Regulamento, indica seus representantes para a sessão pública de desagravo, na sede do Conselho Seccional, salvo no caso de ofensa a Conselheiro Federal.

## CAPÍTULO III
## DA INSCRIÇÃO NA OAB

■ *Vide* arts. 8º a 14 do EAOAB.

**Art. 20.** O requerente à inscrição principal no quadro de advogados presta o seguinte compromisso perante o Conselho Seccional, a diretoria ou o Conselho da Subseção: "Prometo exercer a advocacia com dignidade e independência, observar a ética, os deveres e prerrogativas profissionais e defender a Constituição, a ordem jurídica do Estado Democrático, os direitos humanos, a justiça social, a boa aplicação das leis, a rápida administração da justiça e o aperfeiçoamento da cultura e das instituições jurídicas".

**§ 1º** É indelegável, por sua natureza solene e personalíssima, o compromisso referido neste artigo.

**§ 2º** A conduta incompatível com a advocacia, comprovadamente imputável ao requerente, impede a inscrição no quadro de advogados.

■ § 2º renumerado pelo Conselho Pleno do Conselho Federal da OAB, em Sessões Plenárias dos dias 17-6-1997, 17-8-1997 e 17-11-1997.

**Art. 21.** O advogado pode requerer o registro, nos seus assentamentos, de fatos comprovados de sua atividade profissional ou cultural, ou a ela relacionados, e de serviços prestados à classe, à OAB e ao País.

**Art. 22.** O advogado, regularmente notificado, deve quitar seu débito relativo às anuidades, no prazo de 15 (quinze) dias da notificação, sob pena de suspensão, aplicada em processo disciplinar.

■ *Caput* com redação determinada pelo Conselho Pleno do Conselho Federal da OAB, em Sessão Plenária do dia 20-10-1998.

**Parágrafo único.** Cancela-se a inscrição quando ocorrer a terceira suspensão, relativa ao não pagamento de anuidades distintas.

■ Parágrafo único com redação determinada pelo Conselho Federal da OAB, em Sessão Plenária do dia 20-10-1998.

**Art. 23.** O requerente à inscrição no quadro de advogados, na falta de diploma regularmente registrado, apresenta certidão de graduação em direito, acompanhada de cópia autenticada do respectivo histórico escolar.

**Parágrafo único.** (*Revogado pelo Conselho Pleno do Conselho Federal da OAB, em Sessões Plenárias dos dias 16-10-2000, 6-11-2000 e 7-11-2000.*)

**Art. 24.** Aos Conselhos Seccionais da OAB incumbe alimentar, automaticamente, por via eletrônica, o Cadastro Nacional dos Advogados – CNA, mantendo as informações correspondentes constantemente atualizadas.

■ *Caput* com redação determinada pela Resolução n. 5, de 7-6-2016.

**§ 1º** O CNA deve conter o nome completo de cada advogado, o nome social, o número da inscrição, o Conselho Seccional e a Subseção a que está vinculado, o número de inscrição no CPF, a filiação, o sexo, a autodeclaração de cor ou raça, a data de inscrição na OAB e sua modalidade, a existência de penalidades eventualmente aplicadas, estas em campo reservado, a fotografia, o endereço completo e o número de telefone profissional, o endereço do correio eletrônico e o nome da sociedade de advogados de que eventualmente faça parte, ou esteja associado, e, opcionalmente, o nome profissional, a existência de deficiência de que seja portador, opção para doação de órgãos, Registro Geral, data e órgão emissor, número do título de eleitor, zona, seção, UF eleitoral, certificado militar e passaporte.

■ § 1º com redação determinada pelas Resoluções n. 01/2012 (*DOU* de 19-4-2012, S. 1, p. 96), 05/2016 (*DOU* de 5-7-2016, S. 1, p. 52) e 03/2020 (*DEOAB* de 8-10-2021, p. 3). *Vide* inciso I do art. 7º do Provimento n. 185/2018 (*DOU* de 16-11-2018, S. 1, p. 184-186).

**§ 2º** No cadastro são incluídas, igualmente, informações sobre o cancelamento das inscrições.

■ § 2º com redação determinada pela Resolução n. 1, de 18-4-2012.

**§ 3º** O Conselho Seccional em que o advogado mantenha inscrição suplementar deverá registrar a punição disciplinar imposta por outra Seccional, no CNA, em até 24 (vinte e quatro) horas, a contar da comunicação de que trata o art. 70, § 2º, do EAOAB.

■ § 3º acrescentado pela Resolução n. 3, de 7-8-2018.

**Art. 24-A.** Aos Conselhos Seccionais da OAB incumbe alimentar, automaticamente e em tempo real, por via eletrônica, o Cadastro Nacional das Sociedades de Advogados – CNSA, mantendo as informações correspondentes constantemente atualizadas.

■ *Caput* acrescentado pela Resolução n. 1, de 18-4-2012.

**§ 1º** O CNSA deve conter a razão social, o número de registro perante a seccional, a data do pedido de registro e a do efetivo registro, o prazo de duração, o endereço completo, inclusive telefone e correio eletrônico, nome, nome social e qualificação de todos os sócios e as modificações ocorridas em seu quadro social.

■ § 1º com redação determinada pela Resolução n. 5, de 7-6-2016.

**§ 2º** Mantendo a sociedade filiais, os dados destas, bem como os números de inscrição suplementar de seus sócios (Provimento n. 112/2006, art. 7º, § 1º), após averbados no Conselho Seccional no qual se localiza o escritório sede, serão averbados no CNSA.

■ § 2º acrescentado pela Resolução n. 1, de 18-4-2012.

**§ 3º** São igualmente averbados no CNSA os ajustes de associação ou de colaboração.

■ § 3º acrescentado pela Resolução n. 1, de 18-4-2012.

**§ 4º** São proibidas razões sociais iguais ou semelhantes, prevalecendo a razão social da sociedade com inscrição mais antiga.

■ § 4º acrescentado pela Resolução n. 1, de 18-4-2012.

**§ 5º** Constatando-se semelhança ou identidade de razões sociais, o Conselho Federal da OAB solicitará, de ofício, a alteração da razão social mais recente, caso a sociedade com registro mais recente não requeira a alteração da sua razão social, acrescentando ou excluindo dados que a distinga da sociedade precedentemente registrada.

■ § 5º acrescentado pela Resolução n. 1, de 18-4-2012.

**§ 6º** Verificado conflito de interesses envolvendo sociedades em razão de identidade ou semelhança de razões sociais, em Estados diversos, a questão será apreciada pelo Conselho Federal da OAB, garantindo-se o devido processo legal.

■ § 6º acrescentado pela Resolução n. 1, de 18-4-2012.

**Art. 24-B.** Aplicam-se ao Cadastro Nacional das Sociedades de Advogados – CNSA as normas estabelecidas no Provimento n. 95/2000 para os advogados, assim como as restrições quanto à divulgação das informações nele inseridas.

■ Artigo acrescentado pela Resolução n. 1, de 18-4-2012.

**Art. 25.** Os pedidos de transferência de inscrição de advogados são regulados em Provimento do Conselho Federal.

■ Artigo com redação determinada pelo Conselho Pleno do Conselho Federal da OAB, em Sessões Plenárias dos dias 17-6-1997, 17-8-1997 e 17-11-1997.

**Art. 26.** O advogado fica dispensado de comunicar o exercício eventual da profissão, até o total de cinco causas por ano, acima do qual obriga-se à inscrição suplementar.

## CAPÍTULO IV
## DO ESTÁGIO PROFISSIONAL

■ *Vide* arts. 9º, 34, XXIX, e 36, I, do EAOAB.

**Art. 27.** O estágio profissional de advocacia, inclusive para graduados, é requisito necessário à inscrição no quadro de estagiários da OAB e meio adequado de aprendizagem prática.

**§ 1º** O estágio profissional de advocacia pode ser oferecido pela instituição de ensino superior autorizada e credenciada, em convênio com a OAB, complementando-se a carga horária do estágio curricular supervisionado com atividades práticas típicas de advogado e de estudo do Estatuto e do Código de Ética e Disciplina, observado o tempo conjunto mínimo de 300 (trezentas) horas, distribuído em dois ou mais anos.

**§ 2º** A complementação da carga horária, no total estabelecido no convênio, pode ser efetivada na forma de atividades jurídicas no núcleo de prática jurídica da instituição de ensino, na Defensoria Pública, em escritórios de advocacia ou em setores jurídicos públicos ou privados, credenciados e fiscalizados pela OAB.

**§ 3º** As atividades de estágio ministrado por instituição de ensino, para fins de convênio com a OAB, são exclusivamente práticas, incluindo a redação de atos processuais e profissionais, as rotinas processuais, a assistência e a atuação em audiências e sessões, as visitas a órgãos judiciários, a prestação de serviços jurídicos e as técnicas de negociação coletiva, de arbitragem e de conciliação.



**Art. 28.** O estágio realizado na Defensoria Pública da União, do Distrito Federal ou dos Estados, na forma do art. 145 da Lei Complementar n. 80, de 12 de janeiro de 1994, é considerado válido para fins de inscrição no quadro de estagiários da OAB.

**Art. 29.** Os atos de advocacia, previstos no art. 1º do Estatuto, podem ser subscritos por estagiário inscrito na OAB, em conjunto com o advogado ou o defensor público.

**§ 1º** O estagiário inscrito na OAB pode praticar isoladamente os seguintes atos, sob a responsabilidade do advogado:

**I** – retirar e devolver autos em cartório, assinando a respectiva carga;

**II** – obter junto aos escrivães e chefes de secretarias certidões de peças ou autos de processos em curso ou findos;

**III** – assinar petições de juntada de documentos a processos judiciais ou administrativos.

**§ 2º** Para o exercício de atos extrajudiciais, o estagiário pode comparecer isoladamente, quando receber autorização ou substabelecimento do advogado.

**Art. 30.** O estágio profissional de advocacia, realizado integralmente fora da instituição de ensino, compreende as atividades fixadas em convênio entre o escritório de advocacia ou entidade que receba o estagiário e a OAB.

**Art. 31.** Cada Conselho Seccional mantém uma Comissão de Estágio e Exame de Ordem, a quem incumbe coordenar, fiscalizar e executar as atividades decorrentes do estágio profissional da advocacia.

- *Caput* com redação determinada pela Resolução n. 1, de 13-6-2011.

**§ 1º** Os convênios de estágio profissional e suas alterações, firmados pelo Presidente do Conselho ou da Subseção, quando esta receber delegação de competência, são previamente elaborados pela Comissão, que tem poderes para negociá-los com as instituições interessadas.

- § 1º com redação determinada pela Resolução n. 1, de 13-6-2011.

**§ 2º** A Comissão pode instituir subcomissões nas Subseções.

**§ 3º** (*Revogado pela Resolução n. 1, de 13-6-2011.*)

**§ 4º** Compete ao Presidente do Conselho Seccional designar a Comissão, que pode ser composta por advogados não integrantes do Conselho.

## CAPÍTULO V

## DA IDENTIDADE PROFISSIONAL

- A Resolução n. 1, de 10-3-2009, do Conselho Federal da OAB, dispõe sobre as normas de Identificação Profissional dos Advogados, Estagiários, Consultores em Direito Estrangeiro e Membros da OAB e da Caixa de Assistência dos Advogados.
- A Resolução n. 3 de 10-2-2020, do Conselho Federal da OAB, dispõe sobre o Cartão de Identidade Profissional Digital dos Advogados e Estagiários.

**Art. 32.** São documentos de identidade profissional a carteira e o cartão emitidos pela OAB, de uso obrigatório pelos advogados e estagiários inscritos, para o exercício de suas atividades, os quais podem ser emitidos de forma digital.

- *Caput* com redação determinada pela Resolução n. 1, de 10-2-2020.

**Parágrafo único.** O uso do cartão dispensa o da carteira.

- *Vide* nota ao art. 34, *caput*, deste Regulamento.

**Art. 33.** A carteira de identidade do advogado, relativa à inscrição originária, tem as dimensões de 7,00 (sete) x 11,00 (onze) centímetros e observa os seguintes critérios:

**I** – a capa, em fundo vermelho, contém as armas da República e as expressões "Ordem dos Advogados do Brasil" e "Carteira de Identidade de Advogado";

**II** – a primeira página repete o conteúdo da capa, acrescentado da expressão "Conselho Seccional de (...)" e do inteiro teor do art. 13 do Estatuto;

**III** – a segunda página destina-se aos dados de identificação do advogado, na seguinte ordem: número da inscrição, nome, nome social, filiação, naturalidade, data do nascimento, nacionalidade, data da colação de grau, data do compromisso e data da expedição, e à assinatura do Presidente do Conselho Seccional;

- Inciso III com redação determinada pela Resolução n. 5, de 7-6-2016.

**IV** – a terceira página é dividida para os espaços de uma foto 3 (três) x 4 (quatro) centímetros, da impressão digital e da assinatura do portador;

**V** – as demais páginas, em branco e numeradas, destinam-se ao reconhecimento de firma dos signatários e às anotações da OAB, firmadas pelo Secretário-Geral ou Adjunto, incluindo as incompatibilidades e os impedimentos, o exercício de mandatos, as designações para comissões, as funções na OAB, os serviços relevantes à profissão e os dados da inscrição suplementar, pelo Conselho que a deferir;

**VI** – a última página destina-se à transcrição do art. 7º do Estatuto.

**Parágrafo único.** O nome social é a designação pela qual a pessoa travesti ou transexual se identifica e é socialmente reconhecida e será inserido na identificação do advogado mediante requerimento.

■ Parágrafo único com redação determinada pela Resolução n. 5, de 7-6-2016.

**Art. 34.** O cartão de identidade tem o mesmo modelo e conteúdo do cartão de identificação pessoal (registro geral), com as seguintes adaptações, segundo o modelo aprovado pela Diretoria do Conselho Federal:

■ A Resolução n. 1, de 10-3-2009, da Diretoria do Conselho Federal da OAB, dispõe sobre as normas de identificação profissional dos advogados, estagiários, consultores em direito estrangeiro e membros da OAB e da Caixa de Assistência dos Advogados, estabelecendo em seu art. 3º: "Art. 3º Serão os seguintes os prazos de validade dos cartões de identidade: I – do Advogado: indeterminado; II – Suplementar: indeterminado; III – do estagiário: até dois anos; IV – do Consultor em Direito Estrangeiro: três anos; V – dos Membros da OAB: prazo do mandato; VI – dos Membros Honorários Vitalícios: permanente; VII – dos Membros das Caixas de Assistência dos Advogados: prazo do mandato".

**I** – o fundo é de cor branca e a impressão dos caracteres e armas da República, de cor vermelha;

**II** – o anverso contém os seguintes dados, nesta sequência: Ordem dos Advogados do Brasil, Conselho Seccional de (...), Identidade de Advogado (em destaque), n. da inscrição, nome, nome social, filiação, naturalidade, data do nascimento e data da expedição, e a assinatura do Presidente, podendo ser acrescentados os dados de identificação de registro geral, de CPF, eleitoral e outros;

■ Inciso II com redação determinada pela Resolução n. 5, de 7-6-2016.

**III** – o verso destina-se à fotografia, observações e assinatura do portador.

■ Inciso III com redação determinada pela Resolução n. 4, de 31-10-2006.

**§ 1º** No caso de inscrição suplementar o cartão é específico, indicando-se: "N. da Inscrição Suplementar:" (em negrito ou sublinhado).

**§ 2º** Os Conselhos Federal e Seccionais podem emitir cartão de identidade para os seus membros e para os membros das Subseções, acrescentando, abaixo do termo "Identidade de Advogado", sua qualificação de conselheiro ou dirigente da OAB e, no verso, o prazo de validade, coincidente com o mandato.

**§ 3º** O cartão de identidade profissional digital dos advogados e estagiários, constituindo versão eletrônica de identidade para todos os fins legais (art. 13 da Lei n. 8.906/94 – EAOAB), submete-se à disciplina prevista no presente artigo.

■ § 3º acrescentado pela Resolução n. 1, de 10-2-2020.

**Art. 35.** O cartão de identidade do estagiário tem o mesmo modelo e conteúdo do cartão de identidade do advogado, com a indicação de "Identidade de Estagiário", em destaque, e do prazo de validade, que não pode ultrapassar três anos nem ser prorrogado.

**Parágrafo único.** O cartão de identidade do estagiário perde sua validade imediatamente após a prestação do compromisso como advogado.

- Parágrafo único com redação determinada pelo Conselho Pleno do Conselho Federal da OAB, em Sessões Plenárias dos dias 17-6-1997, 17-8-1997 e 17-11-1997.

**Art. 36.** O suporte material do cartão de identidade é resistente, devendo conter dispositivo para armazenamento de certificado digital.

- Artigo com redação determinada pela Resolução n. 2, do Conselho Federal da OAB, de 12-9-2006.

## CAPÍTULO VI
## DAS SOCIEDADES DE ADVOGADOS

- O Provimento n. 112, de 10-9-2006, do Conselho Federal da OAB, dispõe sobre as Sociedades de Advogados.
- O Provimento OAB n. 170, de 24-2-2016, dispõe sobre as sociedades unipessoais de advocacia.
- *Vide* arts. 15 a 17 do EAOAB.
- *Vide* art. 16 do Código de Ética da OAB.

**Art. 37.** Os advogados podem constituir sociedade simples, unipessoal ou pluripessoal, de prestação de serviços de advocacia, a qual deve ser regularmente registrada no Conselho Seccional da OAB em cuja base territorial tiver sede.

- *Caput* com redação determinada pela Resolução n. 2, de 12-4-2016.

**§ 1º** As atividades profissionais privativas dos advogados são exercidas individualmente, ainda que revertam à sociedade os honorários respectivos.

- § 1º renumerado pela Resolução n. 2, de 12-4-2016.

**§ 2º** As sociedades unipessoais e as pluripessoais de advocacia são reguladas em Provimento do Conselho Federal.

- § 2º acrescentado pela Resolução n. 2, de 12-4-2016.

**Art. 38.** O nome completo ou abreviado, ou o nome social de, no mínimo, um advogado responsável pela sociedade consta obrigatoriamente da razão social, podendo permanecer o nome ou o nome social de sócio falecido se, no ato constitutivo ou na alteração contratual em vigor, essa possibilidade tiver sido prevista.

- Artigo com redação determinada pela Resolução n. 5, de 7-6-2016.

**Art. 39.** A sociedade de advogados pode associar-se com advogados, sem vínculo de emprego, para participação nos resultados.

- O Provimento n. 169, de 2-12-2015, do Conselho Federal da OAB, dispõe sobre as relações societárias entre sócios patrimoniais e de serviços e o advogado associado previsto neste artigo.

**Parágrafo único.** Os contratos referidos neste artigo são averbados no registro da sociedade de advogados.

**Art. 40.** Os advogados sócios e os associados respondem subsidiária e ilimitadamente pelos danos causados diretamente ao cliente, nas hipóteses de dolo ou culpa e por ação ou omissão, no exercício dos atos privativos da advocacia, sem prejuízo da responsabilidade disciplinar em que possam incorrer.

**Art. 41.** As sociedades de advogados podem adotar qualquer forma de administração social, permitida a existência de sócios gerentes, com indicação dos poderes atribuídos.

**Art. 42.** Podem ser praticados pela sociedade de advogados, com uso da razão social, os atos indispensáveis às suas finalidades, que não sejam privativos de advogado.

**Art. 43.** O registro da sociedade de advogados observa os requisitos e procedimentos previstos em Provimento do Conselho Federal.

■ Artigo com redação determinada pelo Conselho Pleno do Conselho Federal da OAB, em Sessões Plenárias dos dias 17-6-1997, 17-8-1997 e 17-11-1997.

# TÍTULO II
# Da Ordem dos Advogados do Brasil (OAB)

## CAPÍTULO I
## DOS FINS E DA ORGANIZAÇÃO

■ *Vide* arts. 44 a 50 do EAOAB.

**Art. 44.** As finalidades da OAB, previstas no art. 44 do Estatuto, são cumpridas pelos Conselhos Federal e Seccionais e pelas Subseções, de modo integrado, observadas suas competências específicas.

**Art. 45.** A exclusividade da representação dos advogados pela OAB, prevista no art. 44, II, do Estatuto, não afasta a competência própria dos sindicatos e associações sindicais de advogados, quanto à defesa dos direitos peculiares da relação de trabalho do profissional empregado.

**Art. 46.** Os novos Conselhos Seccionais serão criados mediante Resolução do Conselho Federal.

**Art. 47.** O patrimônio do Conselho Federal, do Conselho Seccional, da Caixa de Assistência dos Advogados e da Subseção é constituído de bens móveis e imóveis e outros bens e valores que tenham adquirido ou venham a adquirir.

**Art. 48.** A alienação ou oneração de bens imóveis depende de aprovação do Conselho Federal ou do Conselho Seccional, competindo à Diretoria do órgão decidir pela aquisição de qualquer bem e dispor sobre os bens móveis.

**Parágrafo único.** A alienação ou oneração de bens imóveis depende de autorização da maioria das delegações, no Conselho Federal, e da maioria dos membros efetivos, no Conselho Seccional.

**Art. 49.** Os cargos da Diretoria do Conselho Seccional têm as mesmas denominações atribuídas aos da Diretoria do Conselho Federal.

**Parágrafo único.** Os cargos da Diretoria da Subseção e da Caixa de Assistência dos Advogados têm as seguintes denominações: Presidente, Vice-Presidente, Secretário, Secretário Adjunto e Tesoureiro.

**Art. 50.** Ocorrendo vaga de cargo de diretoria do Conselho Federal ou do Conselho Seccional, inclusive do Presidente, em virtude de perda do mandato (art. 66 do Estatuto), morte ou renúncia, o substituto é eleito pelo Conselho a que se vincule, dentre os seus membros.

**Art. 51.** A elaboração das listas constitucionalmente previstas, para preenchimento dos cargos nos tribunais judiciários, é disciplinada em Provimento do Conselho Federal.

**Art. 52.** A OAB participa dos concursos públicos, previstos na Constituição e nas leis, em todas as suas fases, por meio de representante do Conselho competente, designado pelo Presidente, incumbindo-lhe apresentar relatório sucinto de suas atividades.

**Parágrafo único.** Incumbe ao representante da OAB velar pela garantia da isonomia e da integridade do certame, retirando-se quando constatar irregularidades ou favorecimentos e comunicando os motivos ao Conselho.

**Art. 53.** Os conselheiros e dirigentes dos órgãos da OAB tomam posse firmando, juntamente com o Presidente, o termo específico, após prestar o seguinte compromisso: "Prometo manter, defender e cumprir os princípios e finalidades da OAB, exercer com dedicação e ética as atribuições que me são delegadas e pugnar pela dignidade, independência, prerrogativas e valorização da advocacia".

**Art. 54.** Compete à Diretoria dos Conselhos Federal e Seccionais, da Subseção ou da Caixa de Assistência declarar extinto o mandato, ocorrendo uma das hipóteses previstas no art. 66 do Estatuto, encaminhando ofício ao Presidente do Conselho Seccional.

**§ 1º** A Diretoria, antes de declarar extinto o mandato, salvo no caso de morte ou renúncia, ouve o interessado no prazo de quinze dias, notificando-o mediante ofício com aviso de recebimento.

**§ 2º** Havendo suplentes de Conselheiros, a ordem de substituição é definida no Regimento Interno do Conselho Seccional.

**§ 3º** Inexistindo suplentes, o Conselho Seccional elege, na sessão seguinte à data do recebimento do ofício, o Conselheiro Federal, o diretor do Conselho Seccional, o Conselheiro Seccional, o diretor da Subseção ou o diretor da Caixa de Assistência dos Advogados, onde se deu a vaga.

**§ 4º** Na Subseção onde houver conselho, este escolhe o substituto.

## CAPÍTULO II
## DA RECEITA

**Art. 55.** Aos inscritos na OAB incumbe o pagamento das anuidades, contribuições, multas e preços de serviços fixados pelo Conselho Seccional.

- *Caput* com redação determinada pelo Conselho Pleno do Conselho Federal da OAB, em Sessões Plenárias dos dias 17-6-1997, 17-8-1997 e 17-11-1997.

**§ 1º** As anuidades, contribuições, multas e preços de serviços previstos no *caput* deste artigo serão fixados pelo Conselho Seccional, devendo seus valores ser comunicados ao Conselho Federal até o dia 30 de novembro do ano anterior, salvo em ano eleitoral, quando serão determinadas e comunicadas ao Conselho Federal até o dia 31 de janeiro do ano da posse, podendo ser estabelecidos pagamentos em cotas periódicas.

■ § 1º com redação determinada pela Resolução n. 2, de 9-10-2007.

**§ 2º** (*Revogado pelo Conselho Pleno do Conselho Federal da OAB em 14-3-2006* – DJU *de 28-3-2006.*)

**§ 3º** O edital a que se refere o *caput* do art. 128 deste Regulamento divulgará a possibilidade de parcelamento e o número máximo de parcelas.

■ § 3º acrescentado pelo Conselho Pleno do Conselho Federal da OAB, em Sessões Plenárias dos dias 16-10-2000, 6-11-2000 e 7-11-2000.

**Art. 56.** As receitas brutas mensais das anuidades, incluídas as eventuais atualizações monetárias e juros, serão deduzidas em 60% (sessenta por cento) para seguinte destinação:

■ *Caput* com redação determinada pela Resolução n. 2, de 10-6-2013.

**I** – 10% (dez por cento) para o Conselho Federal;

■ Inciso I com redação determinada pela Resolução n. 2, de 9-10-2007.

**II** – 3% (três por cento) para o Fundo Cultural;

■ Inciso II com redação determinada pela Resolução n. 2, de 9-10-2007.

**III** – 2% (dois por cento) para o Fundo de Integração e Desenvolvimento Assistencial dos Advogados – FIDA, regulamentado em Provimento do Conselho Federal;

■ Inciso III com redação determinada pela Resolução n. 2, de 9-10-2007.

**IV** – 45% (quarenta e cinco por cento) para as despesas administrativas e manutenção do Conselho Seccional.

■ Inciso IV acrescentado pela Resolução n. 2, de 9-10-2007.

**§ 1º** Os repasses das receitas previstas neste artigo efetuam-se em instituição financeira, indicada pelo Conselho Federal em comum acordo com o Conselho Seccional, através de compartilhamento obrigatório, automático e imediato, com destinação em conta corrente específica deste, do Fundo Cultural, do Fundo de Integração e Desenvolvimento Assistencial dos Advogados – FIDA e da Caixa de Assistência dos Advogados, vedado o recebimento na Tesouraria do Conselho Seccional, exceto quanto às receitas de preços e serviços, e observados os termos do modelo aprovado pelo Diretor-Tesoureiro do Conselho Federal, sob pena de aplicação do art. 54, VII, do Estatuto da Advocacia e da OAB.

■ § 1º com redação determinada pela Resolução n. 2, de 9-10-2007.

**§ 2º** O Fundo Cultural será administrado pela Escola Superior de Advocacia, mediante deliberação da Diretoria do Conselho Seccional.

■ § 2º com redação determinada pela Resolução n. 2, de 9-10-2007.

**§ 3º** O Fundo de Integração e Desenvolvimento Assistencial dos Advogados – FIDA será administrado por um Conselho Gestor designado pela Diretoria do Conselho Federal.

■ § 3º com redação determinada pela Resolução n. 2, de 9-10-2007.

**§ 4º** Os Conselhos Seccionais elaborarão seus orçamentos anuais considerando o limite disposto no inciso IV para manutenção da sua estrutura administrativa e das subseções, utilizando a margem resultante para suplementação orçamentária do exercício, caso se faça necessária.

- § 4º acrescentado pela Resolução n. 2, de 9-10-2007.

**§ 5º** Qualquer transferência de bens ou recursos de um Conselho Seccional a outro depende de autorização do Conselho Federal.

- § 4º renumerado para § 5º pela Resolução n. 2, de 9-10-2007.

**Art. 57.** Cabe à Caixa de Assistência dos Advogados a metade da receita das anuidades, incluídas as eventuais atualizações monetárias e juros, recebidas pelo Conselho Seccional, considerado o valor resultante após as deduções obrigatórias, nos percentuais previstos no art. 56 do Regulamento Geral.

- *Caput* com redação determinada pela Resolução n. 2, de 10-6-2013.

**§ 1º** Poderão ser deduzidas despesas nas receitas destinadas à Caixa de Assistência, desde que previamente pactuadas.

- § 1º acrescentado pela Resolução n. 2, de 9-10-2007.

**§ 2º** A aplicação dos recursos da Caixa de Assistência deverá estar devidamente demonstrada nas prestações de contas periódicas do Conselho Seccional, obedecido o disposto no § 5º do art. 60 do Regulamento Geral.

- § 2º acrescentado pela Resolução n. 2, de 9-10-2007.

**Art. 58.** Compete privativamente ao Conselho Seccional, na primeira sessão ordinária do ano, apreciar o relatório anual e deliberar sobre o balanço e as contas da Diretoria do Conselho Seccional, da Caixa de Assistência dos Advogados e das Subseções, referentes ao exercício anterior, na forma de seu Regimento Interno.

**§ 1º** O Conselho Seccional elege, dentre seus membros, uma comissão de orçamento e contas para fiscalizar a aplicação da receita e opinar previamente sobre a proposta de orçamento anual e as contas.

**§ 2º** O Conselho Seccional pode utilizar os serviços de auditoria independente para auxiliar a comissão de orçamento e contas.

**§ 3º** O exercício financeiro dos Conselhos Federal e Seccionais encerra-se no dia 31 de dezembro de cada ano.

**Art. 59.** Deixando o cargo, por qualquer motivo, no curso do mandato, os Presidentes do Conselho Federal, do Conselho Seccional, da Caixa de Assistência e da Subseção apresentam, de forma sucinta, relatório e contas ao seu sucessor.

**Art. 60.** Os Conselhos Seccionais aprovarão seus orçamentos anuais, para o exercício seguinte, até o mês de outubro e o Conselho Federal até a última sessão do ano, permitida a alteração dos mesmos no curso do exercício, mediante justificada necessidade, devidamente aprovada pelos respectivos colegiados.

- *Caput* com redação determinada pelo Conselho Pleno do Conselho Federal da OAB, em Sessões Plenárias dos dias 17-6-1997, 17-8-1997 e 17-11-1997.

**§ 1º** O orçamento do Conselho Seccional, incluindo as Subseções, estima a receita, fixa a despesa e prevê as deduções destinadas ao Conselho Federal, ao Fundo Cultural, ao Fundo de Integração e Desenvolvimento Assistencial dos Advogados – FIDA e à Caixa de Assistência, e deverá ser encaminhado, mediante cópia, até o dia 10 do mês subsequente, ao Conselho Federal, podendo o seu Diretor-Tesoureiro, após análise prévia, devolvê-lo à Seccional, para os devidos ajustes.

■ § 1º com redação determinada pela Resolução n. 2, de 9-10-2007.

**§ 2º** Aprovado o orçamento e, igualmente, as eventuais suplementações orçamentárias, encaminhar-se-á cópia ao Conselho Federal, até o dia 10 do mês subsequente, para os fins regulamentares.

■ § 2º com redação determinada pelo Conselho Pleno do Conselho Federal da OAB, em Sessões Plenárias dos dias 17-6-1997, 17-8-1997 e 17-11-1997.

**§ 3º** O Conselho Seccional recém-empossado deverá promover, se necessário, preferencialmente nos dois primeiros meses de gestão, a reformulação do orçamento anual, encaminhando cópia do instrumento respectivo ao Conselho Federal, até o dia 10 do mês de março do ano em curso.

■ § 3º com redação determinada pela Resolução n. 2, de 9-10-2007.

**§ 4º** A Caixa de Assistência dos Advogados aprovará seu orçamento para o exercício seguinte, até a última sessão do ano.

■ § 4º com redação determinada pela Resolução n. 2, de 9-10-2007.

**§ 5º** O Conselho Seccional fixa o modelo e os requisitos formais e materiais para o orçamento, o relatório e as contas da Caixa de Assistência e das Subseções.

■ § 5º renumerado pela Resolução n. 2, de 9-10-2007.

**Art. 61.** O relatório, o balanço e as contas dos Conselhos Seccionais e da Diretoria do Conselho Federal, na forma prevista em Provimento, são julgados pela Terceira Câmara do Conselho Federal, com recurso para o Órgão Especial.

**§ 1º** Cabe à Terceira Câmara fixar os modelos dos orçamentos, balanços e contas da Diretoria do Conselho Federal e dos Conselhos Seccionais.

**§ 2º** A Terceira Câmara pode determinar a realização de auditoria independente nas contas do Conselho Seccional, com ônus para este, sempre que constatar a existência de graves irregularidades.

**§ 3º** O relatório, o balanço e as contas dos Conselhos Seccionais do ano anterior serão remetidos à Terceira Câmara até o final do quarto mês do ano seguinte.

■ § 3º com redação determinada pelo Conselho Pleno do Conselho Federal da OAB, em Sessão Plenária do dia 9-11-2003.

**§ 4º** O relatório, o balanço e as contas da Diretoria do Conselho Federal são apreciados pela Terceira Câmara a partir da primeira sessão ordinária do ano seguinte ao do exercício.

**§ 5º** Os Conselhos Seccionais só podem pleitear recursos materiais e financeiros ao Conselho Federal se comprovadas as seguintes condições:

■ § 5º, *caput*, com redação determinada pelo Conselho Pleno do Conselho Federal da OAB, em Sessões Plenárias dos dias 17-6-1997, 17-8-1997 e 17-11-1997.

*a)* remessa de cópia do orçamento e das eventuais suplementações orçamentárias, no prazo estabelecido pelo § 2º do art. 60;

- Alínea *a* acrescentada pelo Conselho Pleno do Conselho Federal da OAB, em Sessões Plenárias dos dias 17-6-1997, 17-8-1997 e 17-11-1997.

*b)* prestação de contas aprovada na forma regulamentar; e

- Alínea *b* acrescentada pelo Conselho Pleno do Conselho Federal da OAB, em Sessões Plenárias dos dias 17-6-1997, 17-8-1997 e 17-11-1997.

*c)* repasse atualizado da receita devida ao Conselho Federal, suspendendo-se o pedido, em caso de controvérsia, até decisão definitiva sobre a liquidez dos valores correspondentes.

- Alínea *c* acrescentada pelo Conselho Pleno do Conselho Federal da OAB, em Sessões Plenárias dos dias 17-6-1997, 17-8-1997 e 17-11-1997.

## CAPÍTULO III
## DO CONSELHO FEDERAL

- *Vide* arts. 51 a 55 do EAOAB.

### Seção I
### *Da Estrutura e do Funcionamento*

- Seção I com redação determinada pelo Conselho Pleno do Conselho Federal da OAB, em Sessões Plenárias dos dias 16-10-2000, 6-11-2000 e 7-11-2000.

**Art. 62.** O Conselho Federal, órgão supremo da OAB, com sede na Capital da República, compõe-se de um Presidente, dos Conselheiros Federais integrantes das delegações de cada unidade federativa e de seus ex-Presidentes.

**§ 1º** Os ex-Presidentes têm direito a voz nas sessões do Conselho, sendo assegurado o direito de voto aos que exerceram mandato antes de 5 de julho de 1994 ou em seu exercício se encontravam naquela data.

- § 1º com redação determinada pelo Conselho Pleno do Conselho Federal da OAB, em Sessões Plenárias dos dias 17-6-1997, 17-8-1997 e 17-11-1997.

**§ 2º** O Presidente, nas suas relações externas, apresenta-se como Presidente Nacional da OAB.

**§ 3º** O Presidente do Conselho Seccional tem lugar reservado junto à delegação respectiva e direito a voz em todas as sessões do Conselho e de suas Câmaras.

**Art. 63.** O Presidente do Instituto dos Advogados Brasileiros e os agraciados com a "Medalha Rui Barbosa" podem participar das sessões do Conselho Pleno, com direito a voz.

**Art. 64.** O Conselho Federal atua mediante os seguintes órgãos:

**I** – o Conselho Pleno;

**II** – Órgão Especial do Conselho Pleno;

**III** – Primeira, Segunda e Terceira Câmaras;

**IV** – Diretoria;

**V** – Presidente.

**Parágrafo único.** Para o desempenho de suas atividades, o Conselho conta também com comissões permanentes, definidas em Provimento, e com comissões temporárias, todas designadas pelo Presidente, integradas ou não por Conselheiros Federais, submetidas a um regimento interno único, aprovado pela Diretoria do Conselho Federal, que o levará ao conhecimento do Conselho Pleno.

- Parágrafo único com redação determinada pelo Conselho Pleno do Conselho Federal da OAB, em Sessões Plenárias dos dias 16-10-2000, 6-11-2000 e 7-11-2000.
- A Resolução n. 6, de 12-12-2000, institui o Regimento Interno das Comissões Permanentes e Temporárias do Conselho Federal da OAB.
- O Provimento OAB n. 115, de 12-3-2007, define as Comissões Permanentes do Conselho Federal da OAB.

**Art. 65.** No exercício do mandato, o Conselheiro Federal atua no interesse da advocacia nacional e não apenas no de seus representados diretos.

**§ 1º** O cargo de Conselheiro Federal é incompatível com o de membro de outros órgãos da OAB, exceto quando se tratar de ex-Presidente do Conselho Federal e do Conselho Seccional, ficando impedido de debater e votar as matérias quando houver participado da deliberação local.

**§ 2º** Na apuração da antiguidade do Conselheiro Federal somam-se todos os períodos de mandato, mesmo que interrompidos.

**Art. 66.** Considera-se ausente das sessões ordinárias mensais dos órgãos deliberativos do Conselho Federal o Conselheiro que, sem motivo justificado, faltar a qualquer uma.

**Parágrafo único.** Compete ao Conselho Federal fornecer ajuda de transporte e hospedagem aos Conselheiros Federais integrantes das bancadas dos Conselhos Seccionais que não tenham capacidade financeira para suportar a despesa correspondente.

- Parágrafo único com redação determinada pelo Conselho Pleno do Conselho Federal da OAB, em Sessões Plenárias dos dias 17-6-1997, 17-8-1997 e 17-11-1997.

**Art. 67.** Os Conselheiros Federais, integrantes de cada delegação, após a posse, são distribuídos pelas três Câmaras especializadas, mediante deliberação da própria delegação, comunicada ao Secretário-Geral, ou, na falta desta, por decisão do Presidente, dando-se preferência ao mais antigo no Conselho e, havendo coincidência, ao de inscrição mais antiga.

**§ 1º** O Conselheiro, na sua delegação, é substituto dos demais, em qualquer órgão do Conselho, nas faltas ou impedimentos ocasionais ou no caso de licença.

**§ 2º** Quando estiverem presentes 2 (dois) substitutos, concomitantemente, a preferência é do mais antigo no Conselho e, em caso de coincidência, do que tiver inscrição mais antiga.

**§ 3º** A delegação indica seu representante ao Órgão Especial do Conselho Pleno.

**Art. 68.** O voto em qualquer órgão colegiado do Conselho Federal é tomado por delegação, em ordem alfabética, seguido dos ex-Presidentes presentes, com direito a voto.

**§ 1º** Os membros da Diretoria votam como integrantes de suas delegações.

**§ 2º** O Conselheiro Federal opina mas não participa da votação de matéria de interesse específico da unidade que representa.

**§ 3º** Na eleição dos membros da Diretoria do Conselho Federal, somente votam os Conselheiros Federais, individualmente.

■ § 3º acrescentado pela Resolução n. 1, do Conselho Federal da OAB, de 6-8-2006.

**Art. 69.** A seleção das decisões dos órgãos deliberativos do Conselho Federal é periodicamente divulgada em forma de ementário.

**Art. 70.** Os órgãos deliberativos do Conselho Federal podem cassar ou modificar atos ou deliberações de órgãos ou autoridades da OAB, ouvidos estes e os interessados previamente, no prazo de 15 (quinze) dias, contado do recebimento da notificação, sempre que contrariem o Estatuto, este Regulamento Geral, o Código de Ética e Disciplina e os Provimentos.

**Art. 71.** Toda matéria pertinente às finalidades e às competências do Conselho Federal da OAB será distribuída automaticamente no órgão colegiado competente a um relator, mediante sorteio eletrônico, com inclusão na pauta da sessão seguinte, organizada segundo critério de antiguidade.

■ *Caput* com redação determinada pela Resolução n. 1, de 10-6-2013.

**§ 1º** Se o relator determinar alguma diligência, o processo é retirado da ordem do dia, figurando em anexo da pauta com indicação da data do despacho.

**§ 2º** Incumbe ao relator apresentar na sessão seguinte, por escrito, o relatório, o voto e a proposta de ementa.

**§ 3º** O relator pode determinar diligências, requisitar informações, instaurar representação incidental, propor ao Presidente a redistribuição da matéria e o arquivamento, quando for irrelevante ou impertinente às finalidades da OAB, ou o encaminhamento do processo ao Conselho Seccional competente, quando for de interesse local.

**§ 4º** Em caso de inevitável perigo de demora da decisão, pode o relator conceder provimento cautelar, com recurso de ofício ao órgão colegiado, para apreciação preferencial na sessão posterior.

**§ 5º** O relator notifica o Conselho Seccional e os interessados, quando forem necessárias suas manifestações.

**§ 6º** Compete ao relator manifestar-se sobre as desistências, prescrições, decadências e intempestividades dos recursos, para decisão do Presidente do órgão colegiado.

**Art. 72.** O processo será redistribuído automaticamente caso o relator, após a inclusão em pauta, não o apresente para julgamento na sessão seguinte ou quando, fundamentadamente e no prazo de 5 (cinco) dias, a contar do recebimento dos autos, declinar da relatoria.

■ *Caput* com redação determinada pela Resolução n. 1, de 10-6-2013.

**§ 1º** O presidente do colegiado competente poderá deferir a prorrogação do prazo de apresentação do processo para julga-mento estipulado no *caput*, por 1 (uma) sessão, mediante requerimento por escrito e fundamentado do relator.

■ § 1º acrescentado pela Resolução n. 1, de 10-6-2013.

**§ 2º** Redistribuído o processo, caso os autos encontrem-se com o relator, o presidente do órgão colegiado determinará sua devolução à secretaria, em até 5 (cinco) dias.

■ § 2º acrescentado pela Resolução n. 1, de 10-6-2013.

**Art. 73.** Em caso de matéria complexa, o Presidente designa uma comissão em vez de relator individual.

**Parágrafo único.** A comissão escolhe um relator e delibera coletivamente, não sendo considerados os votos minoritários para fins de relatório e voto.

## Seção II

### *Do Conselho Pleno*

**Art. 74.** O Conselho Pleno é integrado pelos Conselheiros Federais de cada delegação e pelos ex-Presidentes, sendo presidido pelo Presidente do Conselho Federal e secretariado pelo Secretário-Geral.

**Art. 75.** Compete ao Conselho Pleno deliberar, em caráter nacional, sobre propostas e indicações relacionadas às finalidades institucionais da OAB (art. 44, I, do Estatuto) e sobre as demais atribuições previstas no art. 54 do Estatuto, respeitadas as competências privativas dos demais órgãos deliberativos do Conselho Federal, fixadas neste Regulamento Geral, e ainda:

**I** – eleger o sucessor dos membros da Diretoria do Conselho Federal, em caso de vacância;

**II** – regular, mediante resolução, matérias de sua competência que não exijam edição de Provimento;

**III** – instituir, mediante Provimento, comissões permanentes para assessorar o Conselho Federal e a Diretoria.

■ Inciso III com redação determinada pelo Conselho Pleno do Conselho Federal da Ordem dos Advogados do Brasil, em Sessões Plenárias dos dias 16-10-2000, 6-11-2000 e 7-11-2000.

**Parágrafo único.** O Conselho Pleno pode decidir sobre todas as matérias privativas de seu Órgão Especial, quando o Presidente atribuir-lhes caráter de urgência e grande relevância.

**Art. 76.** As proposições e os requerimentos deverão ser oferecidos por escrito, cabendo ao relator apresentar relatório e voto na sessão seguinte, acompanhados de ementa do acórdão.

■ *Caput* com redação determinada pela Resolução n. 1, de 10-6-2013.

**§ 1º** No Conselho Pleno, o Presidente, em caso de urgência e relevância, pode designar relator para apresentar relatório e voto orais na mesma sessão.

**§ 2º** Quando a proposta importar despesas não previstas no orçamento, pode ser apreciada apenas depois de ouvido o Diretor Tesoureiro quanto às disponibilidades financeiras para sua execução.

**Art. 77.** O voto da delegação é o de sua maioria, havendo divergência entre seus membros, considerando-se invalidado em caso de empate.

**§ 1º** O Presidente não integra a delegação de sua unidade federativa de origem e não vota, salvo em caso de empate.

**§ 2º** Os ex-Presidentes empossados antes de 5 de julho de 1994 têm direito de voto equivalente ao de uma delegação, em todas as matérias, exceto na eleição dos membros da Diretoria do Conselho Federal.

■ § 2º com redação determinada pela Resolução n. 1, do Conselho Federal da OAB, de 6-8-2006.

**Art. 78.** Para editar e alterar o Regulamento Geral, o Código de Ética e Disciplina e os Provimentos e para intervir nos Conselhos Seccionais é indispensável o quorum de 2/3 (dois terços) das delegações.

**Parágrafo único.** Para as demais matérias prevalece o quorum de instalação e de votação estabelecido neste Regulamento Geral.

**Art. 79.** A proposta que implique baixar normas gerais de competência do Conselho Pleno ou encaminhar projeto legislativo ou emendas aos Poderes competentes somente pode ser deliberada se o relator ou a comissão designada elaborar o texto normativo, a ser remetido aos Conselheiros juntamente com a convocação da sessão.

**§ 1º** Antes de apreciar proposta de texto normativo, o Conselho Pleno delibera sobre a admissibilidade da relevância da matéria.

**§ 2º** Admitida a relevância, o Conselho passa a decidir sobre o conteúdo da proposta do texto normativo, observados os seguintes critérios:

*a)* procede-se à leitura de cada dispositivo, considerando-o aprovado se não houver destaque levantado por qualquer membro ou encaminhado por Conselho Seccional;

*b)* havendo destaque, sobre ele manifesta-se apenas aquele que o levantou e a comissão relatora ou o relator, seguindo-se a votação.

**§ 3º** Se vários membros levantarem destaque sobre o mesmo ponto controvertido, um, dentre eles, é eleito como porta-voz.

**§ 4º** Se o texto for totalmente rejeitado ou prejudicado pela rejeição, o Presidente designa novo relator ou comissão revisora para redigir outro.

**Art. 80.** A OAB pode participar e colaborar em eventos internacionais, de interesse da advocacia, mas somente se associa a organismos internacionais que congreguem entidades congêneres.

**Parágrafo único.** Os Conselhos Seccionais podem representar a OAB em geral ou os advogados brasileiros em eventos internacionais ou no exterior, quando autorizados pelo Presidente Nacional.

**Art. 81.** Constatando grave violação do Estatuto ou deste Regulamento Geral, a Diretoria do Conselho Federal notifica o Conselho Seccional para apresentar defesa e, havendo necessidade, designa representantes para promover verificação ou sindicância, submetendo o relatório ao Conselho Pleno.

**§ 1º** Se o relatório concluir pela intervenção, notifica-se o Conselho Seccional para apresentar defesa por escrito e oral perante o Conselho Pleno, no prazo e tempo fixados pelo Presidente.

**§ 2º** Se o Conselho Pleno decidir pela intervenção, fixa prazo determinado, que pode ser prorrogado, cabendo à Diretoria designar diretoria provisória.

**§ 3º** Ocorrendo obstáculo imputável à Diretoria do Conselho Seccional para a sindicância, ou no caso de irreparabilidade do perigo pela demora, o Conselho Pleno pode aprovar liminarmente a intervenção provisória.

**Art. 82.** As indicações de ajuizamento de ação direta de inconstitucionalidade submetem-se ao juízo prévio de admissibilidade da Diretoria para aferição da relevância da defesa dos princípios e normas constitucionais e, sendo admitidas, observam o seguinte procedimento:

**I** – o relator, designado pelo Presidente, independentemente da decisão da Diretoria, pode levantar preliminar de inadmissibilidade perante o Conselho Pleno, quando não encontrar norma ou princípio constitucional violados pelo ato normativo;

**II** – aprovado o ajuizamento da ação, esta será proposta pelo Presidente do Conselho Federal;

■ Inciso II com redação determinada pelo Conselho Pleno do Conselho Federal da OAB, em Sessões Plenárias dos dias 16-10-2000, 6-11-2000 e 7-11-2000.

**III** – cabe à assessoria do Conselho acompanhar o andamento da ação.

**§ 1º** Em caso de urgência que não possa aguardar a sessão ordinária do Conselho Pleno, ou durante o recesso do Conselho Federal, a Diretoria decide quanto ao mérito, *ad referendum* daquele.

**§ 2º** Quando a indicação for subscrita por Conselho Seccional da OAB, por entidade de caráter nacional ou por delegação do Conselho Federal, a matéria não se sujeita ao juízo de admissibilidade da Diretoria.

**Art. 83.** Compete à Comissão Nacional de Educação Jurídica do Conselho Federal opinar previamente nos pedidos para criação, reconhecimento e credenciamento dos cursos jurídicos referidos no art. 54, XV, do Estatuto.

■ *Caput* com redação determinada pela Resolução n. 1, de 13-6-2011.

**§ 1º** O Conselho Seccional em cuja área de atuação situar-se a instituição de ensino superior interessada será ouvido, preliminarmente, nos processos que tratem das matérias referidas neste artigo, devendo a seu respeito manifestar-se no prazo de 30 (trinta) dias.

■ Parágrafo único renumerado pela Resolução n. 3, do Conselho Federal da OAB, de 12-9-2006.

**§ 2º** A manifestação do Conselho Seccional terá em vista, especialmente, os seguintes aspectos:

■ § 2º, *caput*, acrescentado pela Resolução n. 3, do Conselho Federal da OAB, de 12-9-2006.

***a)*** a verossimilhança do projeto pedagógico do curso, em face da realidade local;

■ Alínea *a* acrescentada pela Resolução n. 3, do Conselho Federal da OAB, de 12-9-2006.

***b)*** a necessidade social da criação do curso, aferida em função dos critérios estabelecidos pela Comissão de Ensino Jurídico do Conselho Federal;

■ Alínea *b* acrescentada pela Resolução n. 3, do Conselho Federal da OAB, de 12-9-2006.

***c)*** a situação geográfica do município sede do curso, com indicação de sua população e das condições de desenvolvimento cultural e econômico que apresente, bem como da distância em relação ao município mais próximo onde haja curso jurídico;

■ Alínea *c* acrescentada pela Resolução n. 3, do Conselho Federal da OAB, de 12-9-2006.

***d)*** as condições atuais das instalações físicas destinadas ao funcionamento do curso;

- Alínea *d* acrescentada pela Resolução n. 3, do Conselho Federal da OAB, de 12-9-2006.

***e)*** a existência de biblioteca com acervo adequado, a que tenham acesso direto os estudantes.

- Alínea *e* acrescentada pela Resolução n. 3, do Conselho Federal da OAB, de 12-9-2006.

**§ 3º** A manifestação do Conselho Seccional deverá informar sobre cada um dos itens mencionados no parágrafo anterior, abstendo-se, porém, de opinar, conclusivamente, sobre a conveniência ou não da criação do curso.

- § 3º acrescentado pela Resolução n. 3, do Conselho Federal da OAB, de 12-9-2006.

**§ 4º** O Conselho Seccional encaminhará sua manifestação diretamente à Comissão de Ensino Jurídico do Conselho Federal, dela não devendo fornecer cópia à instituição interessada ou a terceiro antes do pronunciamento final do Conselho Federal.

- § 4º acrescentado pela Resolução n. 3, do Conselho Federal da OAB, de 12-9-2006.

## Seção III

### *Do Órgão Especial do Conselho Pleno*

**Art. 84.** O Órgão Especial é composto por um Conselheiro Federal integrante de cada delegação, sem prejuízo de sua participação no Conselho Pleno, e pelos ex-Presidentes, sendo presidido pelo Vice-Presidente e secretariado pelo Secretário-Geral Adjunto.

**Parágrafo único.** O Presidente do Órgão Especial, além de votar por sua delegação, tem o voto de qualidade, no caso de empate, salvo quando se tratar de procedimento disciplinar passível de aplicação de sanção prevista no art. 35 do Estatuto da Advocacia e da OAB, caso em que, quando houver empate de votos, o Presidente votará apenas por sua delegação, prevalecendo a decisão mais favorável ao advogado representado.

- Parágrafo único com redação determinada pela Resolução n. 1, de 18-3-2019.

**Art. 85.** Compete ao Órgão Especial deliberar, privativamente e em caráter irrecorrível, sobre:

**I** – recurso contra decisões das Câmaras, quando não tenham sido unânimes ou, sendo unânimes, contrariem a Constituição, as leis, o Estatuto, decisões do Conselho Federal, este Regulamento Geral, o Código de Ética e Disciplina ou os Provimentos;

- Inciso I com redação determinada pela Resolução OAB n. 1, de 17-4-2007.

**II** – recurso contra decisões unânimes das Turmas, quando estas contrariarem a Constituição, as leis, o Estatuto, decisões do Conselho Federal, este Regulamento Geral, o Código de Ética e Disciplina ou os Provimentos;

- Inciso II acrescentado pela Resolução OAB n. 1, de 17-4-2007.

**III** – recurso contra decisões do Presidente ou da Diretoria do Conselho Federal e do Presidente do Órgão Especial;

- Inciso II renumerado pela Resolução OAB n. 1, de 17-4-2007.

**IV** – consultas escritas, formuladas em tese, relativas às matérias de competência das Câmaras especializadas ou à interpretação do Estatuto, deste Regulamento Geral, do Código de Ética e Disciplina e dos Provimentos, devendo todos os Conselhos Seccionais ser cientificados do conteúdo das respostas;

■ Inciso III renumerado pela Resolução OAB n. 1, de 17-4-2007.

**V** – conflitos ou divergências entre órgãos da OAB;

■ Inciso IV renumerado pela Resolução OAB n. 1, de 17-4-2007.

**VI** – determinação ao Conselho Seccional competente para instaurar processo, quando, em autos ou peças submetidos ao conhecimento do Conselho Federal, encontrar fato que constitua infração disciplinar.

■ Inciso VI renumerado pela Resolução OAB n. 1, de 17-4-2007.

**§ 1º** Os recursos ao Órgão Especial podem ser manifestados pelo Presidente do Conselho Federal, pelas partes ou pelos recorrentes originários.

**§ 2º** O relator pode propor ao Presidente do Órgão Especial o arquivamento da consulta, quando não se revestir de caráter geral ou não tiver pertinência com as finalidades da OAB, ou o seu encaminhamento ao Conselho Seccional, quando a matéria for de interesse local.

**Art. 86.** A decisão do Órgão Especial constitui orientação dominante da OAB sobre a matéria, quando consolidada em súmula publicada no *Diário Eletrônico da OAB*.

■ Artigo com redação determinada pela Resolução n. 5, de 2-10-2018.



## Seção IV

### *Das Câmaras*

**Art. 87.** As Câmaras são presididas:

**I** – a Primeira, pelo Secretário-Geral;

**II** – a Segunda, pelo Secretário-Geral Adjunto;

**III** – a Terceira, pelo Tesoureiro.

**§ 1º** Os Secretários das Câmaras são designados, dentre seus integrantes, por seus Presidentes.

**§ 2º** Nas suas faltas e impedimentos, os Presidentes e Secretários das Câmaras são substituídos pelos Conselheiros mais antigos e, havendo coincidência, pelos de inscrição mais antiga.

**§ 3º** O Presidente da Câmara, além de votar por sua delegação, tem o voto de qualidade, no caso de empate, salvo quando se tratar de procedimento disciplinar passível de aplicação de sanção prevista no art. 35 do Estatuto da Advocacia e da OAB, caso em que, quando houver empate de votos, o Presidente votará apenas por sua delegação, prevalecendo a decisão mais favorável ao advogado representado.

■ § 3º com redação determinada pela Resolução n. 1, de 18-3-2019.

**Art. 88.** Compete à Primeira Câmara:

**I** – decidir os recursos sobre:

*a)* atividade de advocacia e direitos e prerrogativas dos advogados e estagiários;

*b)* inscrição nos quadros da OAB;

*c)* incompatibilidades e impedimentos.

**II** – expedir resoluções regulamentando o Exame de Ordem, para garantir sua eficiência e padronização nacional, ouvida a missão Nacional de Exame de Ordem;

- Inciso II com redação determinada pelo Conselho Pleno do Conselho Federal da OAB, em Sessões Plenárias dos dias 16-10-2000, 6-11-2000 e 7-11-2000.

**III** – julgar as representações sobre as matérias de sua competência;

- Inciso III acrescentado pelo Conselho Pleno do Conselho Federal da OAB, em Sessões Plenárias dos dias 17-6-1997, 17-8-1997 e 17-11-1997.

**IV** – propor, instruir e julgar os incidentes de uniformização de decisões de sua competência;

- Inciso IV acrescentado pelo Conselho Pleno do Conselho Federal da OAB, em Sessões Plenárias dos dias 17-6-1997, 17-8-1997 e 17-11-1997.

**V** – determinar ao Conselho Seccional competente a instauração de processo quando, em autos ou peças submetidas ao seu julgamento, tomar conhecimento de fato que constitua infração disciplinar;

- Inciso V acrescentado pelo Conselho Pleno do Conselho Federal da OAB, em Sessões Plenárias dos dias 16-10-2000, 6-11-2000 e 7-11-2000.

**VI** – julgar os recursos interpostos contra decisões de seu Presidente.

- Inciso VI acrescentado pelo Conselho Pleno do Conselho Federal da OAB, em Sessões Plenárias dos dias 16-10-2000, 16-11-2000 e 7-11-2000.

**Art. 89.** Compete à Segunda Câmara:

**I** – decidir os recursos sobre ética e deveres do advogado, infrações e sanções disciplinares;

**II** – promover em âmbito nacional a ética do advogado, juntamente com os Tribunais de Ética e Disciplina, editando resoluções regulamentares ao Código de Ética e Disciplina;

**III** – julgar as representações sobre as matérias de sua competência;

- Inciso III acrescentado pelo Conselho Pleno do Conselho Federal da OAB, em Sessões Plenárias dos dias 17-6-1997, 17-8-1997 e 17-11-1997.

**IV** – propor, instruir e julgar os incidentes de uniformização de decisões de sua competência;

- Inciso IV acrescentado pelo Conselho Pleno do Conselho Federal da OAB, em Sessões Plenárias dos dias 17-6-1997, 17-8-1997 e 17-11-1997.

**V** – determinar ao Conselho Seccional competente a instauração de processo quando, em autos ou peças submetidas ao seu julgamento, tomar conhecimento de fato que constitua infração disciplinar;

- Inciso V acrescentado pelo Conselho Pleno do Conselho Federal da OAB, em Sessões Plenárias dos dias 16-10-2000, 6-11-2000 e 7-11-2000.

**VI** – julgar os recursos interpostos contra decisões de seu Presidente;

- Inciso VI acrescentado pelo Conselho Pleno do Conselho Federal da OAB, em Sessões Plenárias dos dias 16-10-2000, 6-11-2000 e 7-11-2000.

**VII** – eleger, dentre seus integrantes, os membros da Corregedoria do Processo Disciplinar, em número máximo de 3 (três), com atribuição, em caráter nacional, de orientar e fiscalizar a tramitação dos processos disciplinares de competência da OAB, podendo, para tanto, requerer informações e realizar diligências, elaborando relatório anual dos processos em trâmite no Conselho Federal e nos Conselhos Seccionais e Subseções.

■ Inciso VII acrescentado pelo Conselho Pleno do Conselho Federal da OAB, em Sessões Plenárias dos dias 16-10-2000, 6-11-2000 e 7-11-2000.

**Art. 89-A.** A Segunda Câmara será dividida em três Turmas, entre elas repartindo-se, com igualdade, os processos recebidos pela Secretaria.

■ *Caput* acrescentado pela Resolução OAB n. 1, de 17-4-2007.

**§ 1º** Na composição das Turmas, que se dará por ato do Presidente da Segunda Câmara, será observado o critério de representatividade regional, de sorte a nelas estarem presentes todas as Regiões do País.

■ § 1º acrescentado pela Resolução OAB n. 1, de 17-4-2007.

**§ 2º** As Turmas serão presididas pelo Conselheiro presente de maior antiguidade no Conselho Federal, admitindo-se o revezamento, a critério dos seus membros, salvo a Turma integrada pelo Presidente da Segunda Câmara, que será por ele presidida.

■ § 2º acrescentado pela Resolução OAB n. 1, de 17-4-2007.

**§ 3º** Das decisões não unânimes das Turmas caberá recurso para o Pleno da Segunda Câmara.

■ § 3º acrescentado pela Resolução OAB n. 1, de 17-4-2007.

**§ 4º** No julgamento do recurso, o relator ou qualquer membro da Turma poderá propor que esta o afete ao Pleno da Câmara, em vista da relevância ou especial complexidade da matéria versada, podendo proceder do mesmo modo quando suscitar questões de ordem que impliquem a adoção de procedimentos comuns pelas Turmas.

■ § 4º acrescentado pela Resolução OAB n. 1, de 4-5-2009.

**Art. 90.** Compete à Terceira Câmara:

**I** – decidir os recursos relativos à estrutura, aos órgãos e ao processo eleitoral da OAB;

**II** – decidir os recursos sobre sociedades de advogados, advogados associados e advogados empregados;

**III** – apreciar os relatórios anuais e deliberar sobre o balanço e as contas da Diretoria do Conselho Federal e dos Conselhos Seccionais;

**IV** – suprir as omissões ou regulamentar as normas aplicáveis às Caixas de Assistência dos Advogados, inclusive mediante resoluções;

**V** – modificar ou cancelar, de ofício ou a pedido de qualquer pessoa, dispositivo do Regimento Interno do Conselho Seccional que contrarie o Estatuto ou este Regulamento Geral;

**VI** – julgar as representações sobre as matérias de sua competência;

■ Inciso VI acrescentado pelo Conselho Pleno do Conselho Federal da OAB, em Sessões Plenárias dos dias 17-6-1997, 17-8-1997 e 1º-11-1997.

**VII** – propor, instruir e julgar os incidentes de uniformização de decisões de sua competência;

■ Inciso VII acrescentado pelo Conselho Pleno do Conselho Federal da OAB, em Sessões Plenárias dos dias 17-6-1997, 17-8-1997 e 1º-11-1997.

**VIII** – determinar ao Conselho Seccional competente a instauração de processo quando, em autos ou peças submetidas ao seu julgamento, tomar conhecimento de fato que constitua infração disciplinar;

■ Inciso VIII acrescentado pelo Conselho Pleno do Conselho Federal da OAB, em Sessões Plenárias dos dias 16-10-2000, 6-11-2000 e 7-11-2000.

**IX** – julgar os recursos interpostos contra decisões de seu Presidente.

■ Inciso IX acrescentado pelo Conselho Pleno do Conselho Federal da OAB, em Sessões Plenárias dos dias 16-10-2000, 6-11-2000 e 7-11-2000.

## Seção V

*Das Sessões*

**Art. 91.** Os órgãos colegiados do Conselho Federal reúnem-se ordinariamente nos meses de fevereiro a dezembro de cada ano, em sua sede no Distrito Federal, nas datas fixadas pela Diretoria.

■ *Caput* com redação determinada pela Resolução n. 1, de 22-6-2010.

**§ 1º** Em caso de urgência ou no período de recesso (janeiro), o Presidente ou um terço das delegações do Conselho Federal pode convocar sessão extraordinária.

■ § 1º com redação determinada pela Resolução n. 1, de 22-6-2010.

**§ 2º** A sessão extraordinária, em caráter excepcional e de grande relevância, pode ser convocada para local diferente da sede do Conselho Federal.

**§ 3º** As convocações para as sessões ordinárias são acompanhadas de minuta da ata da sessão anterior e dos demais documentos necessários.

**§ 4º** Mediante prévia deliberação do Conselho Pleno, poderá ser dispensada a realização da sessão ordinária do mês de julho, sem prejuízo da regular fruição dos prazos processuais e regulamentares.

■ § 4º acrescentado pela Resolução n. 1, de 22-6-2010.

**Art. 92.** Para instalação e deliberação dos órgãos colegiados do Conselho Federal da OAB exige-se a presença de metade das delegações, salvo nos casos de *quorum* qualificado, previsto neste Regulamento Geral.

**§ 1º** A deliberação é tomada pela maioria de votos dos presentes.

**§ 2º** Comprova-se a presença pela assinatura no documento próprio, sob controle do Secretário da sessão.

**§ 3º** Qualquer membro presente pode requerer a verificação do quorum, por chamada.

**§ 4º** A ausência à sessão, depois da assinatura de presença, não justificada ao Presidente, é contada para efeito de perda do mandato.

**Art. 93.** Nas sessões observa-se a seguinte ordem:

**I** – verificação do *quorum* e abertura;

**II** – leitura, discussão e aprovação da ata da sessão anterior;

**III** – comunicações do Presidente;

**IV** – ordem do dia;

**V** – expediente e comunicações dos presentes.

**Parágrafo único.** A ordem dos trabalhos ou da pauta pode ser alterada pelo Presidente, em caso de urgência ou de pedido de preferência.

**Art. 94.** O julgamento de qualquer processo ocorre do seguinte modo:

**I** – leitura do relatório, do voto e da proposta de ementa do acórdão, todos escritos, pelo relator;

**II** – sustentação oral pelo interessado ou seu advogado, com o prazo de 15 (quinze) minutos, a qual, em se tratando de embargos de declaração, somente será admitida se estes tiverem efeitos infringentes, caso em que a sustentação se dará no limite de 5 (cinco) minutos, tendo o respectivo processo preferência no julgamento;

■ Inciso II com redação determinada pela Resolução n. 4, de 18-11-2019.

**III** – discussão da matéria, dentro do prazo máximo fixado pelo Presidente, não podendo cada Conselheiro fazer uso da palavra mais de uma vez nem por mais de três minutos, salvo se lhe for concedida prorrogação;

**IV** – votação da matéria, não sendo permitidas questões de ordem ou justificativa oral de voto, precedendo as questões prejudiciais e preliminares às de mérito;

**V** – a votação da matéria será realizada mediante chamada em ordem alfabética das bancadas, iniciando-se com a delegação integrada pelo relator do processo em julgamento;

■ Inciso V com redação determinada pela Resolução n. 3, de 9-9-2013.

**VI** – proclamação do resultado pelo Presidente, com leitura da súmula da decisão.

■ Inciso V renumerado para inciso VI pela Resolução n. 3, de 9-9-2013.

**§ 1º** Os apartes só serão admitidos quando concedidos pelo orador. Não será admitido aparte:

■ § 1º acrescentado pelo Conselho Pleno do Conselho Federal da OAB, em Sessões Plenárias dos dias 16-10-2000, 6-11-2000 e 7-11-2000.

***a)*** à palavra do Presidente;

■ Alínea *a* acrescentada pelo Conselho Pleno do Conselho Federal da OAB, em Sessões Plenárias dos dias 16-10-2000, 6-11-2000 e 7-11-2000.

***b)*** ao Conselheiro que estiver suscitando questão de ordem.

■ Alínea *b* acrescentada pelo Conselho Pleno do Conselho Federal da OAB, em Sessões Plenárias dos dias 16-10-2000, 6-11-2000 e 7-11-2000.

**§ 2º** Se durante a discussão o Presidente julgar que a matéria é complexa e não se encontra suficientemente esclarecida, suspende o julgamento, designando revisor para a sessão seguinte.

■ § 2º renumerado pelo Conselho Pleno do Conselho Federal da OAB, em Sessões Plenárias dos dias 16-10-2000, 6-11-2000 e 7-11-2000.

**§ 3º** A justificação escrita do voto pode ser encaminhada à Secretaria até 15 (quinze) dias após a votação da matéria.

■ § 3º renumerado pelo Conselho Pleno do Conselho Federal da OAB, em Sessões Plenárias dos dias 16-10-2000, 6-11-2000 e 7-11-2000.

**§ 4º** O Conselheiro pode pedir preferência para antecipar seu voto se necessitar ausentar-se justificadamente da sessão.

■ § 4º renumerado pelo Conselho Pleno do Conselho Federal da OAB, em Sessões Plenárias dos dias 16-10-2000, 6-11-2000 e 7-11-2000.

**§ 5º** O Conselheiro pode eximir-se de votar se não tiver assistido à leitura do relatório.

■ § 5º renumerado pelo Conselho Pleno do Conselho Federal da OAB, em Sessões Plenárias dos dias 16-10-2000, 6-11-2000 e 7-11-2000.

**§ 6º** O relatório e o voto do relator, na ausência deste, são lidos pelo Secretário.

■ § 6º renumerado pelo Conselho Pleno do Conselho Federal da OAB, em Sessões Plenárias dos dias 16-10-2000, 6-11-2000 e 7-11-2000.

**§ 7º** Vencido o relator, o autor do voto vencedor lavra o acórdão.

■ § 7º renumerado pelo Conselho Pleno do Conselho Federal da OAB, em Sessões Plenárias dos dias 16-10-2000, 6-11-2000 e 7-11-2000.

**Art. 95.** O pedido justificado de vista por qualquer Conselheiro, quando não for em mesa, não adia a discussão, sendo deliberado como preliminar antes da votação da matéria.

**Parágrafo único.** A vista concedida é coletiva, permanecendo os autos do processo na Secretaria, com envio de cópias aos que as solicitarem, devendo a matéria ser julgada na sessão ordinária seguinte, com preferência sobre as demais, ainda que ausentes o relator ou o Conselheiro requerente.

**Art. 96.** As decisões coletivas são formalizadas em acórdãos, assinados pelo Presidente e pelo relator, e publicadas.

**§ 1º** As manifestações gerais do Conselho Pleno podem dispensar a forma de acórdão.

**§ 2º** As ementas têm numeração sucessiva e anual, relacionada ao órgão deliberativo.

**Art. 97.** As pautas e decisões são publicadas no *Diário Eletrônico da OAB*, ou comunicadas pessoalmente aos interessados, e afixadas em local de fácil acesso na sede do Conselho Federal.

■ Artigo com redação determinada pela Resolução n. 5, de 2-10-2018.

**Art. 97-A.** Será admitido o julgamento de processos dos órgãos colegiados em ambiente telepresencial, denominado Sessão Virtual, observando-se, quando cabíveis, as disposições dos arts. 91 a 97 deste Regulamento Geral.

■ *Caput* acrescentado pela Resolução n. 19, de 22-4-2020.

**§ 1º** Poderão ser incluídos nas sessões virtuais processos que tenham sido pautados em sessões ordinárias ou extraordinárias presenciais anteriores, para início ou continuidade de julgamento.

■ § 1º acrescentado pela Resolução n. 19, de 22-4-2020.

**§ 2º** As sessões virtuais serão convocadas pelos presidentes dos órgãos colegiados, com, pelo menos, 15 (quinze) dias úteis de antecedência.

■ § 2º acrescentado pela Resolução n. 19, de 22-4-2020.

**§ 3º** As partes, os interessados e seus procuradores serão notificados pelo *Diário Eletrônico da OAB* de que o julgamento se dará em ambiente telepresencial.

■ § 3º acrescentado pela Resolução n. 19, de 22-4-2020.

**§ 4º** Nas hipóteses regulamentares em que couber sustentação oral, facultada à parte, ao interessado ou a seus procuradores, esta, com duração de, no máximo, 15 (quinze) minutos, será realizada na sessão virtual, após a leitura do relatório e do voto pelo Relator.

■ § 4º acrescentado pela Resolução n. 19, de 22-4-2020

**§ 5º** A sustentação oral de que trata o parágrafo anterior, bem como a participação telepresencial, deverá ser previamente requerida pela parte, pelo interessado ou por seus procuradores, em até 24 (vinte e quatro) horas antes do início da sessão virtual.

■ § 5º acrescentado pela Resolução n. 19, de 22-4-2020.

**§ 6º** O requerimento previsto no parágrafo anterior deverá ser realizado por correio eletrônico ou petição nos autos, com a identificação do processo, do órgão julgador, da data da sessão virtual de julgamento e do endereço eletrônico do requerente, que será utilizado para incluí-lo na respectiva sessão.

■ § 6º acrescentado pela Resolução n. 19, de 22-4-2020.

**§ 7º** A sustentação oral ou a participação telepresencial será realizada por videoconferência, com a utilização de plataforma disponibilizada pelo Conselho Federal, sendo de inteira responsabilidade da parte, do interessado ou de seus advogados toda a infraestrutura tecnológica necessária para sua participação na sessão virtual.

■ § 7º acrescentado pela Resolução n. 19, de 22-4-2020.

**§ 8º** Não serão incluídos na sessão virtual, ou dela serão excluídos, os seguintes processos:

■ § 8º, *caput*, acrescentado pela Resolução n. 19, de 22-4-2020.

**I –** os indicados pelo Relator, mediante despacho fundamentado, para julgamento em sessão presencial;

■ Inciso I acrescentado pela Resolução n. 19, de 22-4-2020.

**II –** os destacados por um ou mais conselheiros para julgamento em sessão presencial, após o encerramento da fase de debates, mediante acolhimento ou não do presidente do órgão colegiado correspondente;

■ Inciso II acrescentado pela Resolução n. 19, de 22-4-2020.

**III –** os que tiverem pedido de sustentação oral presencial e os destacados por quaisquer das partes, dos interessados ou de seus procuradores, desde que requerido em até 24 (vinte e quatro) horas antes do início da sessão virtual, e deferido pelo relator.

■ Inciso III acrescentado pela Resolução n. 19, de 22-4-2020.

**§ 9º** Os julgamentos em sessão virtual serão públicos e poderão ser acompanhados pela rede mundial de computadores (internet), exceto no tocante aos processos que tramitam em sigilo, aos quais terão acesso somente as partes, os interessados e seus procuradores.

■ § 9º acrescentado pela Resolução n. 19, de 22-4-2020.

## Seção VI

### *Da Diretoria do Conselho Federal*

**Art. 98.** O Presidente é substituído em suas faltas, licenças e impedimentos pelo Vice--Presidente, pelo Secretário-Geral, pelo Secretário-Geral Adjunto e pelo Tesoureiro, sucessivamente.

**§ 1º** O Vice-Presidente, o Secretário-Geral, o Secretário-Geral Adjunto e o Tesoureiro substituem-se nessa ordem, em suas faltas e impedimentos ocasionais, sendo o último substituído pelo Conselheiro Federal mais antigo e, havendo coincidência de mandatos, pelo de inscrição mais antiga.

**§ 2º** No caso de licença temporária, o Diretor é substituído pelo Conselheiro designado pelo Presidente.

**§ 3º** No caso de vacância de cargo da Diretoria, em virtude de perda do mandato, morte ou renúncia, o sucessor é eleito pelo Conselho Pleno.

**§ 4º** Para o desempenho de suas atividades, a Diretoria contará, também, com dois representantes institucionais permanentes, cujas funções serão exercidas por Conselheiros Federais por ela designados, *ad referendum* do Conselho Pleno, destinadas ao acompanhamento dos interesses da Advocacia no Conselho Nacional de Justiça e no Conselho Nacional do Ministério Público.

■ § 4º acrescentado pela Resolução n. 1, de 18-5-2015.

**Art. 99.** Compete à Diretoria, coletivamente:

**I** – dar execução às deliberações dos órgãos deliberativos do Conselho;

**II** – elaborar e submeter à Terceira Câmara, na forma e prazo estabelecidos neste Regulamento Geral, o orçamento anual da receita e da despesa, o relatório anual, o balanço e as contas;

**III** – elaborar estatística anual dos trabalhos e julgados do Conselho;

**IV** – distribuir e redistribuir as atribuições e competências entre os seus membros;

**V** – elaborar e aprovar o plano de cargos e salários e a política de administração de pessoal do Conselho, propostos pelo Secretário-Geral;

**VI** – promover assistência financeira aos órgãos da OAB, em caso de necessidade comprovada e de acordo com previsão orçamentária;

**VII** – definir critérios para despesas com transporte e hospedagem dos Conselheiros, membros das comissões e convidados;

**VIII** – alienar ou onerar bens móveis;

**IX** – resolver os casos omissos no Estatuto e no Regulamento Geral, *ad referendum* do Conselho Pleno.

**Art. 100.** Compete ao Presidente:

**I** – representar a OAB em geral e os advogados brasileiros, no país e no exterior, em juízo ou fora dele;

**II** – representar o Conselho Federal, em juízo ou fora dele;

**III** – convocar e presidir o Conselho Federal e executar suas decisões;

**IV** – adquirir, onerar e alienar bens imóveis, quando autorizado, e administrar o patrimônio do Conselho Federal, juntamente com o Tesoureiro;

**V** – aplicar penas disciplinares, no caso de infração cometida no âmbito do Conselho Federal;

**VI** – assinar, com o Tesoureiro, cheques e ordens de pagamento;

**VII** – executar e fazer executar o Estatuto e a legislação complementar.

**Art. 101.** Compete ao Vice-Presidente:

**I** – presidir o Órgão Especial e executar suas decisões;

**II** – executar as atribuições que lhe forem cometidas pela Diretoria ou delegadas, por portaria, pelo Presidente.

**Art. 102.** Compete ao Secretário-Geral:

**I** – presidir a Primeira Câmara e executar suas decisões;

**II** – dirigir todos os trabalhos de Secretaria do Conselho Federal;

**III** – secretariar as sessões do Conselho Pleno;

**IV** – manter sob sua guarda e inspeção todos os documentos do Conselho Federal;

**V** – controlar a presença e declarar a perda de mandato dos Conselheiros Federais;

**VI** – executar a administração do pessoal do Conselho Federal;

**VII** – emitir certidões e declarações do Conselho Federal.

**Art. 103.** Compete ao Secretário-Geral Adjunto:

**I** – presidir a Segunda Câmara e executar suas decisões;

**II** – organizar e manter o cadastro nacional dos advogados e estagiários, requisitando os dados e informações necessários aos Conselhos Seccionais e promovendo as medidas necessárias;

■ O Provimento n. 95, de 16-10-2000, do Conselho Federal da OAB, dispõe sobre o Cadastro Nacional dos Advogados.

**III** – executar as atribuições que lhe forem cometidas pela Diretoria ou delegadas pelo Secretário-Geral;

**IV** – secretariar o Órgão Especial.

**Art. 104.** Compete ao Tesoureiro:

**I** – presidir a Terceira Câmara e executar suas decisões;

**II** – manter sob sua guarda os bens e valores e o almoxarifado do Conselho;

**III** – administrar a Tesouraria, controlar e pagar todas as despesas autorizadas e assinar cheques e ordens de pagamento com o Presidente;

**IV** – elaborar a proposta de orçamento anual, o relatório, os balanços e as contas mensais e anuais da Diretoria;

**V** – propor à Diretoria a tabela de custas do Conselho Federal;

**VI** – fiscalizar e cobrar as transferências devidas pelos Conselhos Seccionais ao Conselho Federal, propondo à Diretoria a intervenção nas Tesourarias dos inadimplentes;

**VII** – manter inventário dos bens móveis e imóveis do Conselho Federal, atualizado anualmente;

**VIII** – receber e dar quitação dos valores recebidos pelo Conselho Federal.

**§ 1º** Em casos imprevistos, o Tesoureiro pode realizar despesas não constantes do orçamento anual, quando autorizadas pela Diretoria.

**§ 2º** Cabe ao Tesoureiro propor à Diretoria o regulamento para aquisições de material de consumo e permanente.

## CAPÍTULO IV
## DO CONSELHO SECCIONAL

- *Vide* arts. 56 a 59 do EAOAB.

**Art. 105.** Compete ao Conselho Seccional, além do previsto nos arts. 57 e 58 do Estatuto:

**I** – cumprir o disposto nos incisos I, II e III do art. 54 do Estatuto;

**II** – adotar medidas para assegurar o regular funcionamento das Subseções;

**III** – intervir, parcial ou totalmente, nas Subseções e na Caixa de Assistência dos Advogados, onde e quando constatar grave violação do Estatuto, deste Regulamento Geral e do Regimento Interno do Conselho Seccional;

**IV** – cassar ou modificar, de ofício ou mediante representação, qualquer ato de sua diretoria e dos demais órgãos executivos e deliberativos, da diretoria ou do conselho da Subseção e da diretoria da Caixa de Assistência dos Advogados, contrários ao Estatuto, ao Regulamento Geral, aos Provimentos, ao Código de Ética e Disciplina, ao seu Regimento Interno e às suas Resoluções;

**V** – ajuizar, após deliberação:

***a)*** ação direta de inconstitucionalidade de leis ou atos normativos estaduais e municipais, em face da Constituição Estadual ou da Lei Orgânica do Distrito Federal;

***b)*** ação civil pública, para defesa de interesses difusos de caráter geral e coletivos e individuais homogêneos;

- Alínea *b* com redação determinada pelo Conselho Pleno do Conselho Federal da OAB, em Sessões Plenárias dos dias 16-10-2000, 6-11-2000 e 7-11-2000.

***c)*** mandado de segurança coletivo, em defesa de seus inscritos, independentemente de autorização pessoal dos interessados;

***d)*** mandado de injunção, em face da Constituição Estadual ou da Lei Orgânica do Distrito Federal.

- *Vide* Lei n. 13.300, de 23-6-2016, que disciplina o processo e o julgamento dos mandados de injunção individual e coletivo.

**Parágrafo único.** O ajuizamento é decidido pela Diretoria, no caso de urgência ou recesso do Conselho Seccional.

**Art. 106.** Os Conselhos Seccionais são compostos de conselheiros eleitos, incluindo os membros da Diretoria, proporcionalmente ao número de advogados com inscrição concedida, observados os seguintes critérios:

**I** – abaixo de 3.000 (três mil) inscritos, até 30 (trinta) membros;

■ Inciso I com redação determinada pela Resolução n. 2, de 8-6-2009.

**II** – a partir de 3.000 (três mil) inscritos, mais um membro por grupo completo de 3.000 (três mil) inscritos, até o total de 80 (oitenta) membros.

■ Inciso II com redação determinada pela Resolução n. 2, de 8-6-2009.

**§ 1º** Cabe ao Conselho Seccional, observado o número da última inscrição concedida, fixar o número de seus membros, mediante resolução, sujeita a referendo do Conselho Federal, que aprecia a base de cálculo e reduz o excesso, se houver.

**§ 2º** O Conselho Seccional, a delegação do Conselho Federal, a diretoria da Caixa de Assistência dos Advogados, a diretoria e o conselho da Subseção podem ter suplentes, eleitos na chapa vencedora, em número fixado entre a metade e o total de conselheiros titulares.

■ § 2º com redação determinada pela Resolução n. 3, de 18-4-2012.

**§ 3º** Não se incluem no cálculo da composição dos elegíveis ao Conselho seus ex-Presidentes e o Presidente do Instituto dos Advogados.

**Art. 107.** Todos os órgãos vinculados ao Conselho Seccional reúnem-se, ordinariamente, nos meses de fevereiro a dezembro, em suas sedes, e para a sessão de posse no mês de janeiro do primeiro ano do mandato.

**§ 1º** Em caso de urgência ou nos períodos de recesso (janeiro), os Presidentes dos órgãos ou um terço de seus membros podem convocar sessão extraordinária.

■ § 1º com redação determinada pela Resolução n. 1, de 22-6-2010.

**§ 2º** As convocações para as sessões ordinárias são acompanhadas de minuta da ata da sessão anterior e dos demais documentos necessários.

**Art. 108.** Para aprovação ou alteração do Regimento Interno do Conselho, de criação e intervenção em Caixa de Assistência dos Advogados e Subseções e para aplicação da pena de exclusão de inscrito é necessário *quorum* de presença de 2/3 (dois terços) dos conselheiros.

**§ 1º** Para as demais matérias exige-se quorum de instalação e deliberação de metade dos membros de cada órgão deliberativo, não se computando no cálculo os ex-Presidentes presentes, com direito a voto.

**§ 2º** A deliberação é tomada pela maioria dos votos dos presentes, incluindo os ex-Presidentes com direito a voto.

**§ 3º** Comprova-se a presença pela assinatura no documento próprio, sob controle do Secretário da sessão.

**§ 4º** Qualquer membro presente pode requerer a verificação do *quorum*, por chamada.

**§ 5º** A ausência à sessão depois da assinatura de presença, não justificada ao Presidente, é contada para efeito de perda do mandato.

**Art. 109.** O Conselho Seccional pode dividir-se em órgãos deliberativos e instituir comissões especializadas, para melhor desempenho de suas atividades.

**§ 1º** Os órgãos do Conselho podem receber a colaboração gratuita de advogados não conselheiros, inclusive para instrução processual, considerando-se função relevante em benefício da advocacia.

**§ 2º** No Conselho Seccional e na Subseção que disponha de conselho é obrigatória a instalação e o funcionamento da Comissão de Direitos Humanos, da Comissão de Orçamento e Contas e da Comissão de Estágio e Exame de Ordem.

**§ 3º** Os suplentes podem desempenhar atividades permanentes e temporárias, na forma do Regimento Interno.

**§ 4º** As Câmaras e os órgãos julgadores em que se dividirem os Conselhos Seccionais para o exercício das respectivas competências serão integradas exclusivamente por Conselheiros eleitos, titulares ou suplentes.

- § 4º acrescentado pela Resolução n. 4, de 7-12-2010.

**Art. 110.** Os relatores dos processos em tramitação no Conselho Seccional têm competência para instrução, podendo ouvir depoimentos, requisitar documentos, determinar diligências e propor o arquivamento ou outra providência porventura cabível ao Presidente do órgão colegiado competente.

**Art. 111.** O Conselho Seccional fixa tabela de honorários advocatícios, definindo as referências mínimas e as proporções, quando for o caso.

**Parágrafo único.** A tabela é amplamente divulgada entre os inscritos e encaminhada ao Poder Judiciário para os fins do art. 22 do Estatuto.

**Art. 112.** O Exame de Ordem será regulamentado por Provimento editado pelo Conselho Federal.

- *Caput* com redação determinada pela Resolução n. 1, de 13-6-2011.

**§ 1º** O Exame de Ordem é organizado pela Coordenação Nacional de Exame de Ordem, na forma de Provimento do Conselho Federal.

- § 1º com redação determinada pela Resolução n. 1, de 13-6-2011.

**§ 2º** Às Comissões de Estágio e Exame de Ordem dos Conselhos Seccionais compete fiscalizar a aplicação da prova e verificar o preenchimento dos requisitos exigidos dos examinandos quando dos pedidos de inscrição, assim como difundir as diretrizes e defender a necessidade do Exame de Ordem.

- § 2º com redação determinada pela Resolução n. 1, de 13-6-2011.

**Art. 113.** O Regimento Interno do Conselho Seccional define o procedimento de intervenção total ou parcial nas Subseções e na Caixa de Assistência dos Advogados, observados os critérios estabelecidos neste Regulamento Geral para a intervenção no Conselho Seccional.

**Art. 114.** Os Conselhos Seccionais definem nos seus Regimentos Internos a composição, o modo de eleição e o funcionamento dos Tribunais de Ética e Disciplina, observados os procedimentos do Código de Ética e Disciplina.

**§ 1º** Os membros dos Tribunais de Ética e Disciplina, inclusive seus Presidentes, são eleitos na primeira sessão ordinária após a posse dos Conselhos Seccionais, dentre os seus integrantes ou advogados de notável reputação ético-profissional, observados os mesmos requisitos para a eleição do Conselho Seccional.

**§ 2º** O mandato dos membros dos Tribunais de Ética e Disciplina tem a duração de 3 (três) anos.

**§ 3º** Ocorrendo qualquer das hipóteses do art. 66 do Estatuto, o membro do Tribunal de Ética e Disciplina perde o mandato antes do seu término, cabendo ao Conselho Seccional eleger o substituto.

## CAPÍTULO V
## DAS SUBSEÇÕES

■ *Vide* arts. 60 e 61 do EAOAB.

**Art. 115.** Compete às Subseções dar cumprimento às finalidades previstas no art. 61 do Estatuto e neste Regulamento Geral.

**Art. 116.** O Conselho Seccional fixa, em seu orçamento anual, dotações específicas para as Subseções, e as repassa segundo programação financeira aprovada ou em duodécimos.

**Art. 117.** A criação de Subseção depende, além da observância dos requisitos estabelecidos no Regimento Interno do Conselho Seccional, de estudo preliminar de viabilidade realizado por comissão especial designada pelo Presidente do Conselho Seccional, incluindo o número de advogados efetivamente residentes na base territorial, a existência de comarca judiciária, o levantamento e a perspectiva do mercado de trabalho, o custo de instalação e de manutenção.

**Art. 118.** A resolução do Conselho Seccional que criar a Subseção deve:

**I** – fixar sua base territorial;

**II** – definir os limites de suas competências e autonomia;

**III** – fixar a data da eleição da diretoria e do conselho, quando for o caso, e o início do mandato com encerramento coincidente com o do Conselho Seccional;

**IV** – definir a composição do conselho da Subseção e suas atribuições, quando for o caso.

**§ 1º** Cabe à Diretoria do Conselho Seccional encaminhar cópia da resolução ao Conselho Federal, comunicando a composição da diretoria e do conselho.

**§ 2º** Os membros da diretoria da Subseção integram seu conselho, que tem o mesmo presidente.

**Art. 119.** Os conflitos de competência entre Subseções e entre estas e o Conselho Seccional são por este decididos, com recurso voluntário ao Conselho Federal.

**Art. 120.** Quando a Subseção dispuser de conselho, o Presidente deste designa um de seus membros, como relator, para instruir processo de inscrição no quadro da OAB, para os residentes em sua base territorial, ou processo disciplinar, quando o fato tiver ocorrido na sua base territorial.

**§ 1º** Os relatores dos processos em tramitação na Subseção têm competência para instrução, podendo ouvir depoimentos, requisitar documentos, determinar diligências e propor o arquivamento ou outra providência ao Presidente.

**§ 2º** Concluída a instrução do pedido de inscrição, o relator submete parecer prévio ao conselho da Subseção, que pode ser acompanhado pelo relator do Conselho Seccional.

**§ 3º** Concluída a instrução do processo disciplinar, nos termos previstos no Estatuto e no Código de Ética e Disciplina, o relator emite parecer prévio, o qual, se homologado pelo Conselho da Subseção, é submetido ao julgamento do Tribunal de Ética e Disciplina.

**§ 4º** Os demais processos, até mesmo os relativos à atividade de advocacia, incompatibilidades e impedimentos, obedecem a procedimento equivalente.

## CAPÍTULO VI
## DAS CAIXAS DE ASSISTÊNCIA DOS ADVOGADOS

- *Vide* art. 62 do EAOAB.

**Art. 121.** As Caixas de Assistência dos Advogados são criadas mediante aprovação e registro de seus estatutos pelo Conselho Seccional.

**Art. 122.** O estatuto da Caixa define as atividades da Diretoria e a sua estrutura organizacional.

**§ 1º** A Caixa pode contar com departamentos específicos, integrados por profissionais designados por sua Diretoria.

**§ 2º** O plano de empregos e salários do pessoal da Caixa é aprovado por sua Diretoria e homologado pelo Conselho Seccional.

**Art. 123.** A assistência aos inscritos na OAB é definida no estatuto da Caixa e está condicionada à:

**I** – regularidade do pagamento, pelo inscrito, da anuidade à OAB;

**II** – carência de um ano, após o deferimento da inscrição;

**III** – disponibilidade de recursos da Caixa.

**Parágrafo único.** O estatuto da Caixa pode prever a dispensa dos requisitos de que cuidam os incisos I e II, em casos especiais.

**Art. 124.** A seguridade complementar pode ser implementada pela Caixa, segundo dispuser seu estatuto.

**Art. 125.** As Caixas promovem entre si convênios de colaboração e execução de suas finalidades.

**Art. 126.** A Coordenação Nacional das Caixas, por elas mantida, composta de seus presidentes, é órgão de assessoramento do Conselho Federal da OAB para a política nacional de assistência e seguridade dos advogados, tendo seu Coordenador direito a voz nas sessões, em matéria a elas pertinente.

**Art. 127.** O Conselho Federal pode constituir fundos nacionais de seguridade e assistência dos advogados, coordenados pelas Caixas, ouvidos os Conselhos Seccionais.

## CAPÍTULO VII
## DAS ELEIÇÕES

- *Vide* arts. 63 a 67 do EAOAB.

**Art. 128.** O Conselho Seccional, até 45 (quarenta e cinco) dias antes da data da votação, no último ano do mandato, convocará os advogados inscritos para a votação obrigatória, mediante edital resumido, publicado no Diário Eletrônico da OAB, do qual constarão, dentre outros, os seguintes itens:

■ *Caput* com redação determinada pela Resolução n. 5, de 2-10-2018.

**I** – dia da eleição, na segunda quinzena de novembro, com início e prazo contínuo de votação fixado os pelo Conselho Seccional;

■ Inciso I alterado pela Resolução n. 6, de 24-8-2021.

**II** – prazo para o registro das chapas, na Secretaria do Conselho, até 30 (trinta) dias antes da votação;

**III** – modo de composição da chapa, incluindo o número de membros do Conselho Seccional;

**IV** – prazo de 3 (três) dias úteis, tanto para a impugnação das chapas quanto para a defesa, após o encerramento do prazo do pedido de registro (item II), e de 5 (cinco) dias úteis para a decisão da Comissão Eleitoral;

**V** – nominata dos membros da Comissão Eleitoral escolhida pela Diretoria;

**VI** – locais de votação ou, em caso de votação *online*, os trâmites necessários para o(a) advogado(a) efetuar a votação;

■ Inciso VI alterado pela Resolução n. 6, de 24-8-2021.

**VII** – referência a este capítulo do Regulamento Geral, cujo conteúdo estará à disposição dos interessados.

**§ 1º** O edital define se as chapas concorrentes às Subseções são registradas nestas ou na Secretaria do próprio Conselho.

**§ 2º** Cabe aos Conselhos Seccionais promover ampla divulgação das eleições, em seus meios de comunicação, não podendo recusar a publicação, em condições de absoluta igualdade, do programa de todas as chapas.

■ § 2º com redação determinada pelo Conselho Pleno do Conselho Federal da OAB, em Sessões Plenárias dos dias 16-10-2000, 6-11-2000 e 7-11-2000.

**§ 3º** Mediante requerimento escrito formulado pela chapa e assinado por seu representante legal, dirigido ao Presidente da Comissão Eleitoral, esta fornecerá, em 72 (setenta e duas) horas, listagem atualizada com nome, nome social e endereço postal dos advogados.

■ § 3º com redação determinada pela Resolução n. 5, de 7-6-2016.

**§ 4º** A listagem a que se refere o § 3º será fornecida mediante o pagamento das taxas fixadas pelo Conselho Seccional, não se admitindo mais de um requerimento por chapa concorrente.

■ § 4º acrescentado pelo Conselho Pleno do Conselho Federal da OAB, em Sessões Plenárias dos dias 16-10-2000, 6-11-2000 e 7-11-2000.

**Art. 128-A.** A Diretoria do Conselho Federal, no mês de fevereiro do ano das eleições, designará Comissão Eleitoral Nacional, composta por 03 (três) advogados e 03 (três) advogadas e presidida, preferencialmente, por Conselheiro(a) Federal que não seja candidato(a), como órgão deliberativo encarregado de supervisionar, com função correcional e consultiva, as eleições Seccionais e a eleição para a Diretoria do Conselho Federal.

■ Artigo com redação determinada pela Resolução n. 5, de 14-12-2020.

**Art. 129.** A Comissão Eleitoral é composta 03 (três) advogados e 03 (três) advogadas, sendo um Presidente, que não integrem qualquer das chapas concorrentes.

■ *Caput* com redação determinada pela Resolução n. 5, de 14-12-2020.

**§ 1º** A Comissão Eleitoral utiliza os serviços das Secretarias do Conselho Seccional e das Subseções, com o apoio necessário de suas Diretorias, convocando ou atribuindo tarefas aos respectivos servidores.

**§ 2º** No prazo de 5 (cinco) dias úteis, após a publicação do edital de convocação das eleições, qualquer advogado pode arguir a suspeição de membro da Comissão Eleitoral, a ser julgada pelo Conselho Seccional.

**§ 3º** A Comissão Eleitoral pode designar Subcomissões para auxiliar suas atividades nas Subseções.

**§ 4º** As mesas eleitorais são designadas pela Comissão Eleitoral.

**§ 5º** A Diretoria do Conselho Seccional pode substituir os membros da Comissão Eleitoral quando, comprovadamente, não estejam cumprindo suas atividades, em prejuízo da organização e da execução das eleições.

**Art. 130.** Contra decisão da Comissão Eleitoral cabe recurso ao Conselho Seccional, no prazo de 15 (quinze) dias, e deste para o Conselho Federal, no mesmo prazo, ambos sem efeito suspensivo.

**Parágrafo único.** Quando a maioria dos membros do Conselho Seccional estiver concorrendo às eleições, o recurso contra decisão da Comissão Eleitoral será encaminhado diretamente ao Conselho Federal.

■ Parágrafo único acrescentado pela Resolução n. 2, de 12-12-2011.

**Art. 131.** São admitidas a registro apenas chapas completas, que deverão atender ao percentual de 50% para candidaturas de cada gênero e, ao mínimo, de 30% (trinta por cento) de advogados negros e de advogadas negras, assim considerados os(as) inscritos(as) na Ordem dos Advogados do Brasil que se classificam (autodeclaração) como negros(as), ou seja, pretos(as) ou pardos(as), ou definição análoga (critérios subsidiários de heteroidentificação).

■ *Caput* com redação determinada pela Resolução n. 8, de 24-8-2021.

**§ 1º** No registro das chapas deverá haver a indicação dos(as) candidatos(as) aos cargos de diretoria do Conselho Federal, do Conselho Seccional, da Caixa de Assistência dos(as) Advogados(as) e das Subseções, dos(as) conselheiros(as) federais, dos(as) conselheiros(as) seccionais e dos(as) conselheiros(as) subseccionais, sendo vedadas candidaturas isoladas ou que integrem mais de uma chapa.

■ § 1º com redação determinada pela Resolução n. 8, de 24-8-2021.

**§ 2º** O percentual relacionado à candidaturas de cada gênero, previsto no *caput* deste artigo, aplicar-se-á quanto às Diretorias do Conselho Federal, dos Conselhos Seccionais, das Subseções e das Caixas de Assistência e deverá incidir sobre os cargos de titulares e suplentes, se houver, salvo se o número for ímpar, quando se aplicará o percentual mais próximo a 50% na composição de cada gênero.

■ § 2º com redação determinada pela Resolução n. 8, de 24-8-2021.

**§ 3º** Em relação ao registro das vagas ao Conselho Federal, o percentual referido no *caput* deste artigo, relacionado à candidaturas de cada gênero, levará em consideração a soma entre os titulares e suplentes, devendo a chapa garantir pelo menos uma vaga de titularidade para cada gênero.

■ § 3º com redação determinada pela Resolução n. 8, de 24-8-2021.

**§ 4º** O percentual das cotas raciais previsto no *caput* deste artigo será aplicado levando-se em conta o total dos cargos da chapa, e não por órgãos como previsto para as candidaturas de cada gênero.

■ § 4º com redação determinada pela Resolução n. 8, de 24-8-2021.

**§ 5º** As regras deste artigo aplicam-se também às chapas das Subseções;

■ Antigo § 3º renumerado para § 5º pela Resolução n. 8, de 24-8-2021.

**§ 6º** Fica delegada à Comissão Eleitoral, de cada Seccional, analisar e deliberar os casos onde as chapas das Subseções informarem a inexistência ou insuficiência de advogados negros (pretos e pardos) e advogadas negras (pretas e pardas), com condições de elegibilidade a concorrer nas chapas, no percentual aprovado em 30% (trinta por cento) referido no *caput* deste artigo.

■ § 6º com redação determinada pela Resolução n. 8, de 24-8-2021.

**§ 7º** O requerimento de inscrição, dirigido ao Presidente da Comissão Eleitoral, é subscrito pelo candidato a Presidente e por 2 (dois) outros candidatos à Diretoria, contendo nome completo, nome social, n. de inscrição na OAB e endereço profissional de cada candidato, com indicação do cargo a que concorre, acompanhado das autorizações escritas dos integrantes da chapa.

■ Antigo § 4º renumerado para § 7º pela Resolução n. 8, de 24-8-2021.

**§ 8º** Somente integra chapa o candidato que, cumulativamente:

■ Antigo § 5º renumerado para § 8º pela Resolução n. 8, de 24-8-2021.

***a)*** seja advogado regularmente inscrito na respectiva Seccional da OAB, com inscrição principal ou suplementar;

■ Alínea *a* acrescentada pela Resolução n. 1, de 4-11-2014.

***b)*** esteja em dia com as anuidades;

■ Alínea *b* acrescentada pela Resolução n. 1, de 4-11-2014.

***c)*** não ocupe cargos ou funções incompatíveis com a advocacia, referidos no art. 28 do Estatuto, em caráter permanente ou temporário, ressalvado o disposto no art. 83 da mesma Lei;

■ Alínea *c* acrescentada pela Resolução n. 1, de 4-11-2014.

***d)*** não ocupe cargos ou funções dos quais possa ser exonerável *ad nutum*, mesmo que compatíveis com a advocacia;

■ Alínea *d* acrescentada pela Resolução n. 1, de 4-11-2014.

***e)*** não tenha sido condenado em definitivo por qualquer infração disciplinar, salvo se reabilitado pela OAB, ou não tenha representação disciplinar em curso, já julgada procedente por órgão do Conselho Federal;

■ Alínea *e* acrescentada pela Resolução n. 1, de 4-11-2014.

*f)* exerça efetivamente a profissão, há mais de 3 (três) anos, nas eleições para os cargos de Conselheiro Seccional e das Subseções, quando houver, e há mais de 5 (cinco) anos, nas eleições para os demais cargos, excluído o período de estagiário, sendo facultado à Comissão Eleitoral exigir a devida comprovação;

■ Alínea *f* com redação determinada pela Resolução n. 7, de 24-8-2021.

*g)* não esteja em débito com a prestação de contas ao Conselho Federal, na condição de dirigente do Conselho Seccional ou da Caixa de Assistência dos Advogados, responsável pelas referidas contas, ou não tenha tido prestação de contas rejeitada, após apreciação do Conselho Federal, com trânsito em julgado, nos 08 (oito) anos seguintes;

■ Alínea *g* acrescentada pela Resolução n. 1, de 4-11-2014.

*h)* com contas rejeitadas segundo o disposto na alínea *a* do inciso II do art. 7º do Provimento n. 101/2003, ressarcir o dano apurado pelo Conselho Federal, sem prejuízo do cumprimento do prazo de 08 (oito) anos previsto na alínea *g*;

■ Alínea *h* acrescentada pela Resolução n. 1, de 4-11-2014.

*i)* não integre listas, com processo em tramitação, para provimento de cargos nos tribunais judiciais ou administrativos.

■ Alínea *i* acrescentada pela Resolução n. 1, de 4-11-2014.

**§ 9º** A Comissão Eleitoral publica no quadro de avisos das Secretarias do Conselho Seccional e das subseções a composição das chapas com registro requerido, para fins de impugnação por qualquer advogado inscrito.

■ Antigo § 6º renumerado para § 9º pela Resolução n. 8, de 24-8-2021.

**§ 10.** A Comissão Eleitoral suspende o registro da chapa incompleta ou que inclua candidato inelegível na forma do § 8º, concedendo ao candidato a Presidente do Conselho Seccional prazo improrrogável de cinco dias úteis para sanar a irregularidade, devendo a Secretaria e a Tesouraria do Conselho ou da Subseção prestar as informações necessárias.

■ Antigo § 7º renumerado para § 10 pela Resolução n. 8, de 24-8-2021.

**§ 11.** A chapa é registrada com denominação própria, observada a preferência pela ordem de apresentação dos requerimentos, não podendo as seguintes utilizar termos, símbolos ou expressões iguais ou assemelhados.

■ Antigo § 8º renumerado para § 11 pela Resolução n. 8, de 24-8-2021.

**§ 12.** Em caso de desistência, morte ou inelegibilidade de qualquer integrante da chapa, a substituição pode ser requerida, sem alteração da cédula única já composta, considerando-se votado o substituído.

■ Antigo § 9º renumerado para § 12 pela Resolução n. 8, de 24-8-2021.

**§ 13.** Os membros dos órgãos da OAB, no desempenho de seus mandatos, podem neles permanecer se concorrerem às eleições.

■ Antigo § 10 renumerado para § 13 pela Resolução n. 8, de 24-8-2021.

**Art. 131-A.** São condições de elegibilidade: ser o candidato advogado inscrito na Seccional, com inscrição principal ou suplementar, em efetivo exercício há mais de 3 (três) anos, nas eleições para os cargos de Conselheiro Seccional e das Subseções, quando houver, e há mais de 5 (cinco) anos, nas eleições para os demais cargos, e estar em dia com as anuidades na data de protocolo do pedido de registro de candidatura, considerando-se regulares aqueles que parcelaram seus débitos e estão adimplentes com a quitação das parcelas.

■ *Caput* com redação alterada pela Resolução n. 7, de 24-8-2021.

**§ 1º** O candidato deverá comprovar sua adimplência junto à OAB por meio da apresentação de certidão da Seccional onde é candidato.

■ § 1º acrescentado pela Resolução n. 2, de 12-12-2011.

**§ 2º** Sendo o candidato inscrito em várias Seccionais, deverá, ainda, quando da inscrição da chapa na qual concorrer, declarar, sob a sua responsabilidade e sob as penas legais, que se encontra adimplente com todas elas.

■ § 2º acrescentado pela Resolução n. 2, de 12-12-2011.

**§ 3º** O período de 03 (três) e de 05 (cinco) anos estabelecido no *caput* deste artigo é o que antecede imediatamente a data da posse, computado continuamente.

■ § 3º com redação alterada pela Resolução n. 7, de 24-8-2021.

**Art. 131-B.** Desde o pedido de registro da chapa, poderá ser efetuada doação para a campanha por advogados, inclusive candidatos, sendo vedada a doação por pessoas físicas que não sejam advogados e por qualquer empresa ou pessoa jurídica, sob pena de indeferimento de registro ou cassação do mandato.

■ *Caput* acrescentado pela Resolução n. 1, de 4-11-2014.

**§ 1º** Será obrigatória a prestação de contas de campanha por parte das chapas concorrentes, devendo ser fixado pelo Conselho Federal o limite máximo de gastos.

■ § 1º acrescentado pela Resolução n. 1, de 4-11-2014.

**§ 2º** Também será fixado pelo Conselho Federal o limite máximo de doações para as campanhas eleitorais por parte de quem não é candidato.

■ § 2º acrescentado pela Resolução n. 1, de 4-11-2014.

**Art. 132.** A votação será realizada, a critério do Conselho Seccional, na modalidade presencial ou *online*.

■ *Caput* com redação alterada pela Resolução n. 6, de 24-8-2021.

**§ 1º** Caso não seja adotada a votação eletrônica, a cédula eleitoral será única, contendo as chapas concorrentes na ordem em que foram registradas, com uma só quadrícula ao lado de cada denominação, e agrupadas em colunas, observada a seguinte ordem:

■ § 1º, *caput*, acrescentado pelo Conselho Pleno do Conselho Federal da OAB, em sessão realizada no dia 5-12-2005.

**I –** denominação da chapa e nome ou nome social do candidato a Presidente, em destaque;

■ Inciso I com redação determinada pela Resolução n. 5, de 7-6-2016.

**II –** Diretoria do Conselho Seccional;

■ Inciso II acrescentado pelo Conselho Pleno do Conselho Federal da OAB, em sessão realizada no dia 5-12-2005.

**III –** Conselheiros Seccionais;

- Inciso III acrescentado pelo Conselho Pleno do Conselho Federal da OAB, em sessão realizada no dia 5-12-2005.

**IV** – Conselheiros Federais;

- Inciso IV acrescentado pelo Conselho Pleno do Conselho Federal da OAB, em sessão realizada no realizada no dia 5-12-2005.

**V** – Diretoria da Caixa de Assistência dos Advogados;

- Inciso V acrescentado pelo Conselho Pleno do Conselho Federal da OAB, em sessão realizada no dia 5-12-2005.

**VI** – Suplentes.

- Inciso VI acrescentado pelo Conselho Pleno do Conselho Federal da OAB, em sessão realizada no dia 5-12-2005.

**§ 2º** Nas Subseções, não sendo adotado o voto eletrônico, além da cédula referida neste Capítulo, haverá outra cédula para as chapas concorrentes à Diretoria da Subseção e do respectivo Conselho, se houver, observando-se idêntica forma.

- § 2º acrescentado pelo Conselho Pleno do Conselho Federal da OAB, em sessão realizada no dia 5-12-2005.

**§ 3º** O Conselho Seccional, ao criar o Conselho da Subseção, fixará, na resolução, a data da eleição suplementar, regulamentando-a segundo as regras deste Capítulo.

- § 3º acrescentado pelo Conselho Pleno do Conselho Federal da OAB, em sessão realizada no dia 5-12-2005.

**§ 4º** Os eleitos ao primeiro Conselho da Subseção complementam o prazo do mandato da Diretoria.

- § 4º acrescentado pelo Conselho Pleno do Conselho Federal da OAB, em sessão realizada no dia 5-12-2005.

**§ 5º** A votação no modo presencial se dará através de urna eletrônica, sendo essa considerada a cabine indevassável fornecida pela Justiça Eleitoral, salvo comprovada impossibilidade; na modalidade *online*, a votação ocorrerá por meio de sistema eletrônico idôneo, devidamente auditável, salvo comprovada impossibilidade. Em quaisquer das duas hipóteses, a votação deve ser feita no número atribuído a cada chapa, por ordem de inscrição.

- § 5º acrescentado pela Resolução n. 6, de 24-8-2021.

**Art. 133.** Perderá o registro a chapa que praticar ato de abuso de poder econômico, político e dos meios de comunicação, ou for diretamente beneficiada, ato esse que se configura por:

- *Caput* com redação determinada pelo Conselho Pleno do Conselho Federal da OAB, em sessão realizada no dia 5-12-2005.

**I** – propaganda transmitida por meio de emissora de televisão ou rádio, permitindo-se entrevistas e debates com os candidatos;

- Inciso I acrescentado pelo Conselho Pleno do Conselho Federal da OAB, em sessão realizada no dia 5-12-2005.

**II** – propaganda por meio de *outdoors* ou com emprego de carros de som ou assemelhados;

- Inciso II acrescentado pelo Conselho Pleno do Conselho Federal da OAB, em sessão realizada no dia 5-12-2005.

**III** – propaganda na imprensa, a qualquer título, ainda que gratuita, que exceda, por edição, a um oitavo de página de jornal padrão e a um quarto de página de revista ou tabloide, não podendo exceder, ainda, a 10 (dez) edições;

■ Inciso III com redação determinada pela Resolução n. 2, de 12-12-2011.

**IV** – uso de bens imóveis e móveis pertencentes à OAB, à Administração direta ou indireta da União, dos Estados, do Distrito Federal e dos Municípios, ou de serviços por estes custeados, em benefício de chapa ou de candidato, ressalvados os espaços da Ordem que devam ser utilizados, indistintamente, pelas chapas concorrentes;

■ Inciso IV acrescentado pelo Conselho Pleno do Conselho Federal da OAB, em sessão realizada no dia 5-12-2005.

**V** – pagamento, por candidato ou chapa, de anuidades de advogados ou fornecimento de quaisquer outros tipos de recursos financeiros ou materiais que possam desvirtuar a liberdade do voto;

■ Inciso V acrescentado pelo Conselho Pleno do Conselho Federal da OAB, em sessão realizada no dia 5-12-2005.

**VI** – utilização de servidores da OAB em atividades de campanha eleitoral.

■ Inciso VI acrescentado pelo Conselho Pleno do Conselho Federal da OAB, em sessão realizada no dia 5-12-2005.

**§ 1º** A propaganda eleitoral, que só poderá ter início após o pedido de registro da chapa, tem como finalidade apresentar e debater propostas e ideias relacionadas às finalidades da OAB e aos interesses da Advocacia, sendo vedada a prática de atos que visem a exclusiva promoção pessoal de candidatos e, ainda, a abordagem de temas de modo a comprometer a dignidade da profissão e da Ordem dos Advogados do Brasil ou ofender a honra e imagem de candidatos.

■ § 1º com redação determinada pela Resolução n. 1, de 4-11-2014.

**§ 2º** A propaganda antecipada ou proibida importará em notificação de advertência a ser expedida pela Comissão Eleitoral competente para que, em 24 (vinte e quatro) horas, seja suspensa, sob pena de aplicação de multa correspondente ao valor de 1 (uma) até 10 (dez) anuidades.

■ § 2º com redação determinada pela Resolução n. 1, de 4-11-2014.

**§ 3º** Havendo recalcitrância ou reincidência, a Comissão Eleitoral procederá à abertura de procedimento de indeferimento ou cassação de registro da chapa ou do mandato, se já tiver sido eleita.

■ § 3º com redação determinada pela Resolução n. 1, de 4-11-2014.

**§ 4º** Se a Comissão Eleitoral entender que qualquer ato configure infração disciplinar, deverá notificar os órgãos correcionais competentes da OAB.

■ § 4º com redação determinada pela Resolução n. 1, de 4-11-2014.

**§ 5º** É vedada:

■ § 5º, *caput*, com redação determinada pela Resolução n. 1, de 4-11-2014.

**I** – no período de 15 (quinze) dias antes da data das eleições, a divulgação de pesquisa eleitoral;

■ Inciso I acrescentado pela Resolução n. 1, de 4-11-2014.

**II** – no período de 30 (trinta) dias antes da data das eleições, a regularização da situação financeira de advogado perante a OAB para torná-lo apto a votar;

- Inciso II acrescentado pela Resolução n. 1, de 4-11-2014.

**III** – no período de 60 (sessenta) dias antes das eleições, a promoção pessoal de candidatos na inauguração de obras e serviços da OAB;

- Inciso III acrescentado pela Resolução n. 1, de 4-11-2014.

**IV** – no período de 90 (noventa) dias antes da data das eleições, a concessão ou distribuição, às Seccionais e Subseções, por dirigente, candidato ou chapa, de recursos financeiros, salvo os destinados ao pagamento de despesas de pessoal e de custeio ou decorrentes de obrigações e de projetos preexistentes, bem como de máquinas, equipamentos, móveis e utensílios, ressalvados os casos de reposição, e a convolação de débitos em auxílios financeiros, salvo quanto a obrigações e a projetos preexistentes.

- Inciso IV acrescentado pela Resolução n. 1, de 4-11-2014.

**§ 6º** Qualquer chapa pode representar, à Comissão Eleitoral, relatando fatos e indicando provas, indícios e circunstâncias, para que se promova a apuração de abuso.

- § 6º com redação determinada pela Resolução n. 1, de 4-11-2014.

**§ 7º** Cabe ao Presidente da Comissão Eleitoral, de ofício ou mediante representação, até a proclamação do resultado do pleito, instaurar processo e determinar a notificação da chapa representada, por intermédio de qualquer dos candidatos à Diretoria do Conselho ou, se for o caso, da Subseção, para que apresente defesa no prazo de 5 (cinco) dias, acompanhada de documentos e rol de testemunhas.

- § 7º com redação determinada pela Resolução n. 1, de 4-11-2014.

**§ 8º** Pode o Presidente da Comissão Eleitoral determinar à representada que suspenda o ato impugnado, se entender relevante o fundamento e necessária a medida para preservar a normalidade e legitimidade do pleito, cabendo recurso, à Comissão Eleitoral, no prazo de 3 (três) dias.

- § 8º com redação determinada pela Resolução n. 1, de 4-11-2014.

**§ 9º** Apresentada ou não a defesa, a Comissão Eleitoral procede, se for o caso, a instrução do processo, pela requisição de documentos e a oitiva de testemunhas, no prazo de 3 (três) dias.

- § 9º com redação determinada pela Resolução n. 1, de 4-11-2014.

**§ 10.** Encerrada a dilação probatória, as partes terão prazo comum de 2 (dois) dias para apresentação das alegações finais.

- § 10 com redação determinada pela Resolução n. 1, de 4-11-2014.

**§ 11.** Findo o prazo de alegações finais, a Comissão Eleitoral decidirá, em no máximo 2 (dois) dias, notificando as partes da decisão, podendo, para isso, valer-se do uso de fax.

- § 11 com redação determinada pela Resolução n. 1, de 4-11-2014.

**§ 12.** A decisão que julgar procedente a representação implica o cancelamento de registro da chapa representada e, se for o caso, a anulação dos votos, com a perda do mandato de seus componentes.

- § 12 com redação determinada pela Resolução n. 1, de 4-11-2014.

**§ 13.** Se a nulidade atingir mais da metade dos votos, a eleição estará prejudicada, convocando-se outra no prazo de 30 (trinta) dias.

■ § 13 acrescentado pela Resolução n. 1, de 4-11-2014.

**§ 14.** Os candidatos da chapa que tiverem dado causa à anulação da eleição não podem concorrer no pleito que se realizar em complemento.

■ § 14 acrescentado pela Resolução n. 1, de 4-11-2014.

**§ 15.** Ressalvado o disposto no § 7º deste artigo, os prazos correm em Secretaria, publicando-se, no quadro de avisos do Conselho Seccional ou da Subseção, se for o caso, os editais relativos aos atos do processo eleitoral.

■ § 15 acrescentado pela Resolução n. 1, de 4-11-2014.

**Art. 134.** O voto é obrigatório para todos os advogados inscritos da OAB, sob pena de multa equivalente a 20% (vinte por cento) do valor da anuidade, salvo ausência justificada por escrito, a ser apreciada pela Diretoria do Conselho Seccional.

**§ 1º** O eleitor faz prova de sua legitimação, na modalidade *online*, pela liberação de acesso por meio de senha pessoal e intransferível ou por meio de acesso via certificação digital ao sistema eletrônico de votação, e, na modalidade presencial, apresentando seu Cartão ou a Carteira de Identidade de Advogado, a Cédula de Identidade – RG, a Carteira Nacional de Habilitação – CNH, a Carteira de Trabalho e Previdência Social – CTPS ou o Passaporte, e o comprovante de quitação com a OAB, suprível por listagem atualizada da Tesouraria do Conselho ou da Subseção.

■ § 1º com redação determinada pela Resolução n. 6, de 24-8-2021.

**§ 2º** O eleitor, na cabine indevassável, na urna eletrônica ou na cédula fornecida e rubricada pelo Presidente da mesa eleitoral, na modalidade presencial, ou no equipamento eletrônico de seu uso pessoal destinado a depositar seu voto remotamente, na modalidade *online*, deverá optar pela chapa de sua escolha.

■ § 2º com redação determinada pela Resolução n. 6, de 24-8-2021.

**§ 3º** Não pode o eleitor suprir ou acrescentar nomes ou rasurar a cédula, sob pena de nulidade do voto.

**§ 4º** O advogado com inscrição suplementar pode exercer opção de voto, comunicando ao Conselho onde tenha inscrição principal.

**§ 5º** O eleitor somente pode votar no local que lhe for designado, sendo vedada a votação em trânsito, caso a modalidade adotada seja a presencial.

■ § 5º com redação determinada pela Resolução n. 6, de 24-8-2021.

**§ 6º** Na hipótese de voto eletrônico, adotar-se-ão, no que couber, as regras estabelecidas na Legislação Eleitoral.

■ § 6º acrescentado pelo Conselho Pleno do Conselho Federal da OAB, em Sessões Plenárias dos dias 17-6-1997, 17-8-1997 e 17-11-1997.

**§ 7º** A transferência do domicílio eleitoral para exercício do voto somente poderá ser requerida até as 18 (dezoito) horas do dia anterior à publicação do edital de abertura do período eleitoral da respectiva Seccional, observado o art. 10 do Estatuto e ressalvados os casos do § 4º do art. 134 do Regulamento Geral e dos novos inscritos.

■ § 7º acrescentado pela Resolução n. 4, de 21-8-2012.

**Art. 135.** Encerrada a votação, as mesas receptoras apuram os votos das respectivas urnas, nos mesmos locais ou em outros designados pela Comissão Eleitoral, preenchendo e assinando os documentos dos resultados e entregando todo o material à Comissão Eleitoral ou à Subcomissão.

**§ 1º** As chapas concorrentes podem credenciar até 2 (dois) fiscais para atuar alternadamente junto a cada mesa eleitoral e assinar os documentos dos resultados.

**§ 2º** As impugnações promovidas pelos fiscais são registradas nos documentos dos resultados, pela mesa, para decisão da Comissão Eleitoral ou de sua Subcomissão, mas não prejudicam a contagem de cada urna.

**§ 3º** As impugnações devem ser formuladas às mesas eleitorais, sob pena de preclusão.

**Art. 136.** Concluída a totalização da apuração pela Comissão Eleitoral, esta proclamará o resultado, lavrando ata encaminhada ao Conselho Seccional.

**§ 1º** São considerados eleitos os integrantes da chapa que obtiver a maioria dos votos válidos, proclamada vencedora pela Comissão Eleitoral, sendo empossados no primeiro dia do início de seus mandatos.

**§ 2º** A totalização dos votos relativos às eleições para diretoria da Subseção e do conselho, quando houver, é promovida pela Subcomissão Eleitoral, que proclama o resultado, lavrando ata encaminhada à Subseção e ao Conselho Seccional.

**Art. 137.** A eleição para a Diretoria do Conselho Federal observa o disposto no art. 67 do Estatuto.

**§ 1º** O requerimento de registro das candidaturas, a ser apreciado pela Diretoria do Conselho Federal, deve ser protocolado ou postado com endereçamento ao Presidente da entidade:

- § 1º, *caput*, com redação determinada pela Resolução n. 1, do Conselho Federal da OAB, de 6-8-2006.

**I** – de 31 de julho a 31 de dezembro do ano anterior à eleição, para registro de candidatura à Presidência, acompanhado das declarações de apoio de, no mínimo, seis Conselhos Seccionais;

- Inciso I acrescentado pela Resolução n. 1, do Conselho Federal da OAB, de 6-8-2006.

**II** – até 31 de dezembro do ano anterior à eleição, para registro de chapa completa, com assinaturas, nomes, nomes sociais, números de inscrição na OAB e comprovantes de eleição para o Conselho Federal, dos candidatos aos demais cargos da Diretoria.

- Inciso II com redação determinada pela Resolução n. 5, de 7-6-2016.

**§ 2º** Os recursos interpostos nos processos de registro de chapas serão decididos pelo Conselho Pleno do Conselho Federal.

- § 2º com redação determinada pela Resolução n. 1, do Conselho Federal da OAB, de 6-8-2006.

**§ 3º** A Diretoria do Conselho Federal concederá o prazo de cinco dias úteis para a correção de eventuais irregularidades sanáveis.

- § 3º com redação determinada pela Resolução n. 1, do Conselho Federal da OAB, de 6-8-2006.

**§ 4º** O Conselho Federal confecciona as cédulas únicas, com indicação dos nomes das chapas, dos respectivos integrantes e dos cargos a que concorrem, na ordem em que forem registradas.

■ § 4º com redação determinada pela Resolução n. 1, do Conselho Federal da OAB, de 6-8-2006.

**§ 5º** O eleitor indica seu voto assinalando a quadrícula ao lado da chapa escolhida.

■ § 5º com redação determinada pela Resolução n. 1, do Conselho Federal da OAB, de 6-8-2006.

**§ 6º** Não pode o eleitor suprimir ou acrescentar nomes ou rasurar a cédula, sob pena de nulidade do voto.

■ § 6º com redação determinada pela Resolução n. 1, do Conselho Federal da OAB, de 6-8-2006.

**Art. 137-A.** A eleição dos membros da Diretoria do Conselho Federal será realizada às 19 horas do dia 31 de janeiro do ano seguinte ao da eleição nas Seccionais.

■ *Caput* com redação determinada pela Resolução n. 1, do Conselho Federal da OAB, de 6-8-2006.

**§ 1º** Comporão o colégio eleitoral os Conselheiros Federais eleitos no ano anterior, nas respectivas Seccionais.

■ § 1º com redação determinada pela Resolução n. 1, do Conselho Federal da OAB, de 6-8-2006.

**§ 2º** O colégio eleitoral será presidido pelo mais antigo dos Conselheiros Federais eleitos, e, em caso de empate, o de inscrição mais antiga, o qual designará um dos membros como Secretário.

■ § 2º com redação determinada pela Resolução n. 1, do Conselho Federal da OAB, de 6-8-2006.

**§ 3º** O colégio eleitoral reunir-se-á no Plenário do Conselho Federal, devendo os seus membros ocupar as bancadas das respectivas Unidades federadas.

■ § 3º com redação determinada pela Resolução n. 1, do Conselho Federal da OAB, de 6-8-2006.

**§ 4º** Instalada a sessão, com a presença da maioria absoluta dos Conselheiros Federais eleitos, será feita a distribuição da cédula de votação a todos os eleitores, incluído o Presidente.

■ § 4º com redação determinada pela Resolução n. 1, do Conselho Federal da OAB, de 6-8-2006.

**§ 5º** As cédulas serão rubricadas pelo Presidente e pelo Secretário-Geral e distribuídas entre todos os membros presentes.

■ § 5º com redação determinada pela Resolução n. 1, do Conselho Federal da OAB, de 6-8-2006.

**§ 6º** O colégio eleitoral contará com serviços de apoio de servidores do Conselho Federal, especificamente designados pela Diretoria.

■ § 6º acrescentado pela Resolução n. 1, do Conselho Federal da OAB, de 6-8-2006.

**§ 7º** As cédulas deverão ser recolhidas mediante o chamamento dos representantes de cada uma das Unidades federadas, observada a ordem alfabética, devendo ser depositadas em urna colocada na parte central e à frente da mesa, após o que o eleitor deverá assinar lista de frequência, sob guarda do Secretário-Geral.

- § 7º acrescentado pela Resolução n. 1, do Conselho Federal da OAB, de 6-8-2006.

**§ 8º** Imediatamente após a votação, será feita a apuração dos votos por comissão de três membros, designada pelo Presidente, dela não podendo fazer parte eleitor da mesma Unidade federada dos integrantes das chapas.

- § 8º acrescentado pela Resolução n. 1, do Conselho Federal da OAB, de 6-8-2006.

**§ 9º** Será proclamada eleita a chapa que obtiver a maioria simples do colegiado, presente metade mais um dos eleitores.

- § 9º acrescentado pela Resolução n. 1, do Conselho Federal da OAB, de 6-8-2006.

**§ 10.** No caso de nenhuma das chapas atingir a maioria indicada no § 9º, haverá outra votação, na qual concorrerão as duas chapas mais votadas, repetindo-se a votação até que a maioria seja atingida.

- § 10 acrescentado pela Resolução n. 1, do Conselho Federal da OAB, de 6-8-2006.

**§ 11.** Proclamada a chapa eleita, será suspensa a reunião para a elaboração da ata, que deverá ser lida, discutida e votada, considerada aprovada se obtiver a maioria de votos dos presentes. As impugnações serão apreciadas imediatamente pelo colégio eleitoral.

- § 11 acrescentado pela Resolução n. 1, do Conselho Federal da OAB, de 6-8-2006.

**Art. 137-B.** Os membros do colegiado tomarão posse para o exercício do mandato trienal de Conselheiro Federal, em reunião realizada no Plenário, presidida pelo Presidente do Conselho Federal, após prestarem o respectivo compromisso.

- Artigo acrescentado pela Resolução n. 1, do Conselho Federal da OAB, de 6-8-2006.

**Art. 137-C.** Na ausência de normas expressas no Estatuto e neste Regulamento, ou em Provimento, aplica-se, supletivamente, no que couber, a legislação eleitoral.

- Artigo acrescentado pela Resolução n. 1, do Conselho Federal da OAB, de 6-8-2006.

## CAPÍTULO VIII
## DAS NOTIFICAÇÕES E DOS RECURSOS

- Capítulo VIII com redação determinada pelo Conselho Pleno do Conselho Federal da OAB, em Sessões Plenárias dos dias 16-10-2000, 6-11-2000 e 7-11-2000.
- *Vide* arts. 68 a 77 do EAOAB.
- *Vide* arts. 55 a 69 do Código de Ética da OAB.

**Art. 137-D.** A notificação inicial para a apresentação de defesa prévia ou manifestação em processo administrativo perante a OAB deverá ser feita através de correspondência, com aviso de recebimento, enviada para o endereço profissional ou residencial constante do cadastro do Conselho Seccional.

- Artigo acrescentado pela Resolução n. 1, do Conselho Federal da OAB, de 6-8-2006.

**§ 1º** Incumbe ao advogado manter sempre atualizado o seu endereço residencial e profissional no cadastro do Conselho Seccional, presumindo-se recebida a correspondência enviada para o endereço nele constante.

**§ 2º** Frustrada a entrega da notificação de que trata o *caput* deste artigo, será a mesma realizada através de edital, a ser publicado no *Diário Eletrônico da OAB*.

■ § 2º com redação determinada pela Resolução n. 5, de 2-10-2018.

**§ 3º** Quando se tratar de processo disciplinar, a notificação inicial feita através de edital deverá respeitar o sigilo de que trata o art. 72, § 2º, da Lei n. 8.906/94, dele não podendo constar qualquer referência de que se trate de matéria disciplinar, constando apenas o nome completo do advogado, nome social, o seu número de inscrição e a observação de que ele deverá comparecer à sede do Conselho Seccional ou da Subseção para tratar de assunto de seu interesse.

■ § 3º com redação determinada pela Resolução n. 5, de 7-6-2016.

**§ 4º** As demais notificações no curso do processo disciplinar serão feitas através de correspondência, na forma prevista no *caput* deste artigo, ou através de publicação no *Diário Eletrônico da OAB*, devendo, as publicações, observar que o nome e o nome social do representado deverão ser substituídos pelas suas respectivas iniciais, indicando-se o nome completo do seu procurador ou os seus, na condição de advogado, quando postular em causa própria.

■ § 4º com redação determinada pela Resolução n. 5, de 2-10-2018.

**§ 5º** A notificação de que trata o inciso XXIII, do art. 34, da Lei n. 8.906/94 será feita na forma prevista no *caput* deste artigo ou através de edital coletivo publicado no *Diário Eletrônico da OAB*.

■ § 5º com redação determinada pela Resolução n. 5, de 2-10-2018.



**Art. 138.** À exceção dos embargos de declaração, os recursos são dirigidos ao órgão julgador superior competente, embora interpostos perante a autoridade ou órgão que proferiu a decisão recorrida.

**§ 1º** O juízo de admissibilidade é do relator do órgão julgador a que se dirige o recurso, não podendo a autoridade ou órgão recorrido rejeitar o encaminhamento.

**§ 2º** O recurso tem efeito suspensivo, exceto nas hipóteses previstas no Estatuto.

**§ 3º** Os embargos de declaração são dirigidos ao relator da decisão recorrida, que lhes pode negar seguimento, fundamentadamente, se os tiver por manifestamente protelatórios, intempestivos ou carentes dos pressupostos legais para interposição.

**§ 4º** Admitindo os embargos de declaração, o relator os colocará em mesa para julgamento, independentemente de inclusão em pauta ou publicação, na primeira sessão seguinte, salvo justificado impedimento.

**§ 5º** Não cabe recurso contra as decisões referidas nos §§ 3º e 4º.

**§ 6º** Excetuando-se os processos ético-disciplinares, nos casos de nulidade ou extinção processual para retorno dos autos à origem, com regular prosseguimento do feito, o órgão recursal deve logo julgar o mérito da causa, desde que presentes as condições de imediato julgamento.

■ § 6º acrescentado pela Resolução n. 3, de 16-9-2019.

**Art. 139.** Todos os prazos processuais necessários à manifestação de advogados, estagiários e terceiros, nos processos em geral da OAB, são de quinze dias, computados somente os dias úteis e contados do primeiro dia útil seguinte, seja da publicação da decisão no *Diá-*

*rio Eletrônico da OAB*, seja da data do recebimento da notificação, anotada pela Secretaria do órgão da OAB ou pelo agente dos Correios.

- *Caput* com redação determinada pela Resolução n. 5, de 2-10-2018.

**§ 1º** O recurso poderá ser interposto via fac-símile ou similar, devendo o original ser entregue até 10 (dez) dias da data da interposição.

- § 1º acrescentado pelo Conselho Pleno do Conselho Federal da OAB, em Sessões Plenárias dos dias 16-10-2000, 6-11-2000 e 7-11-2000.

**§ 2º** Os recursos poderão ser protocolados nos Conselhos Seccionais ou nas Subseções nos quais se originaram os processos correspondentes, devendo o interessado indicar a quem recorre e remeter cópia integral da peça, no prazo de 10 (dez) dias, ao órgão julgador superior competente, via sistema postal rápido, fac-símile ou correio eletrônico.

- § 2º com redação determinada pela Resolução n. 2, de 18-4-2012.

**§ 3º** Entre os dias 20 e 31 de dezembro e durante o período de recesso (janeiro) do Conselho da OAB que proferiu a decisão recorrida, os prazos são suspensos, reiniciando-se no primeiro dia útil após o seu término.

- § 3º com redação determinada pela Resolução n. 10, de 8-11-2016.

**§ 4º** A contagem dos prazos processuais em dias úteis prevista neste artigo passará a vigorar a partir de 1º de janeiro de 2017, devendo ser adotada nos processos administrativos em curso.

- § 4º acrescentado pela Resolução n. 9, de 18-10-2016.

**Art. 140.** O relator, ao constatar intempestividade ou ausência dos pressupostos legais para interposição do recurso, profere despacho indicando ao Presidente do órgão julgador o indeferimento liminar, devolvendo-se o processo ao órgão recorrido para executar a decisão.

**Parágrafo único.** Contra a decisão do Presidente, referida neste artigo, cabe recurso voluntário ao órgão julgador.

**Art. 141.** Se o relator da decisão recorrida também integrar o órgão julgador superior, fica neste impedido de relatar o recurso.

**Art. 142.** Quando a decisão, inclusive dos Conselhos Seccionais, conflitar com orientação de órgão colegiado superior, fica sujeita ao duplo grau de jurisdição.

**Art. 143.** Contra decisão do Presidente ou da Diretoria da Subseção cabe recurso ao Conselho Seccional, mesmo quando houver conselho na Subseção.

**Art. 144.** Contra a decisão do Tribunal de Ética e Disciplina cabe recurso ao plenário ou órgão especial equivalente do Conselho Seccional.

**Parágrafo único.** O Regimento Interno do Conselho Seccional disciplina o cabimento dos recursos no âmbito de cada órgão julgador.

**Art. 144-A.** Para a formação do recurso interposto contra decisão de suspensão preventiva de advogado (art. 77 da Lei n. 8.906/94), dever-se-á juntar cópia integral dos autos da representação disciplinar, permanecendo o processo na origem para cumprimento da pena preventiva e tramitação final, nos termos do art. 70, § 3º, do Estatuto.

- Artigo acrescentado pelo Conselho Pleno do Conselho Federal da OAB, em Sessões Plenárias dos dias 16-10-2000, 6-11-2000 e 7-11-2000.

**Art. 144-B.** Não se pode decidir, em grau algum de julgamento, com base em fundamento a respeito do qual não se tenha dado às partes oportunidade de se manifestar anteriormente, ainda que se trate de matéria sobre a qual se deva decidir de ofício, salvo quanto às medidas de urgência previstas no Estatuto.

■ Artigo acrescentado pela Resolução n. 2, de 19-8-2019.

**Art. 144-C.** Fundamentado em razões de segurança jurídica ou de excepcional interesse social da OAB, poderá o órgão julgador recursal competente, por maioria de seus membros, restringir os efeitos da decisão ou decidir que esta só tenha eficácia a partir de seu trânsito em julgado ou de outro momento que venha a ser fixado.

■ Inserido pela Resolução 01/2022-COP – DEOAB, 12.04.2022, p. 2.

## CAPÍTULO IX
## DAS CONFERÊNCIAS E DOS COLÉGIOS DE PRESIDENTES

■ *Vide* art. 80 do EAOAB.

**Art. 145.** A Conferência Nacional da Advocacia Brasileira é órgão consultivo máximo do Conselho Federal, reunindo-se trienalmente, no segundo ano do mandato, tendo por objetivo o estudo e o debate das questões e problemas que digam respeito às finalidades da OAB e ao congraçamento da advocacia.

■ *Caput* com redação determinada pela Resolução n. 8, de 30-8-2016.

**§ 1º** As Conferências da Advocacia dos Estados e do Distrito Federal são órgãos consultivos dos Conselhos Seccionais, reunindo-se trienalmente, no segundo ano do mandato.

■ § 1º com redação determinada pela Resolução n. 8, de 30-8-2016.

**§ 2º** No primeiro ano do mandato do Conselho Federal ou do Conselho Seccional, decidem-se a data, o local e o tema central da Conferência.

**§ 3º** As conclusões das Conferências têm caráter de recomendação aos Conselhos correspondentes.

**Art. 146.** São membros das Conferências:

**I** – efetivos: os Conselheiros e Presidentes dos órgãos da OAB presentes, os advogados e estagiários inscritos na Conferência, todos com direito a voto;

**II** – convidados: as pessoas a quem a Comissão Organizadora conceder tal qualidade, sem direito a voto, salvo se for advogado.

**§ 1º** Os convidados, expositores e membros dos órgãos da OAB têm identificação especial durante a Conferência.

**§ 2º** Os estudantes de direito, mesmo inscritos como estagiários na OAB, são membros ouvintes, escolhendo um porta-voz entre os presentes em cada sessão da Conferência.

**Art. 147.** A Conferência é dirigida por uma Comissão Organizadora, designada pelo Presidente do Conselho, por ele presidida e integrada pelos membros da Diretoria e outros convidados.

**§ 1º** O Presidente pode desdobrar a Comissão Organizadora em comissões específicas, definindo suas composições e atribuições.

**§ 2º** Cabe à Comissão Organizadora definir a distribuição do temário, os nomes dos expositores, a programação dos trabalhos, os serviços de apoio e infraestrutura e o regimento interno da Conferência.

**Art. 148.** Durante o funcionamento da Conferência, a Comissão Organizadora é representada pelo Presidente, com poderes para cumprir a programação estabelecida e decidir as questões ocorrentes e os casos omissos.

**Art. 149.** Os trabalhos da Conferência desenvolvem-se em sessões plenárias, painéis ou outros modos de exposição ou atuação dos participantes.

**§ 1º** As sessões são dirigidas por um Presidente e um Relator, escolhidos pela Comissão Organizadora.

**§ 2º** Quando as sessões se desenvolvem em forma de painéis, os expositores ocupam a metade do tempo total e a outra metade é destinada aos debates e votação de propostas ou conclusões pelos participantes.

**§ 3º** É facultado aos expositores submeter as suas conclusões à aprovação dos participantes.

**Art. 150.** O Colégio de Presidentes dos Conselhos Seccionais é regulamentado em Provimento.

**Parágrafo único.** O Colégio de Presidentes das Subseções é regulamentado no Regimento Interno do Conselho Seccional.

## TÍTULO III
## Das Disposições Gerais e Transitórias

**Art. 151.** Os órgãos da OAB não podem se manifestar sobre questões de natureza pessoal, exceto em caso de homenagem a quem tenha prestado relevantes serviços à sociedade e à advocacia.

**Parágrafo único.** As salas e dependências dos órgãos da OAB não podem receber nomes de pessoas vivas ou inscrições estranhas às suas finalidades, respeitadas as situações já existentes na data da publicação deste Regulamento Geral.

**Art. 152.** A "Medalha Rui Barbosa" é a comenda máxima conferida pelo Conselho Federal às grandes personalidades da advocacia brasileira.

**Parágrafo único.** A Medalha só pode ser concedida uma vez, no prazo do mandato do Conselho, e será entregue ao homenageado em sessão solene.

**Art. 153.** Os estatutos das Caixas criadas anteriormente ao advento do Estatuto serão a ele adaptados e submetidos ao Conselho Seccional, no prazo de 120 (cento e vinte) dias, contado da publicação deste Regulamento Geral.

**Art. 154.** Os Provimentos editados pelo Conselho Federal complementam este Regulamento Geral, no que não sejam com ele incompatíveis.

**Parágrafo único.** Todas as matérias relacionadas à ética do advogado, às infrações e sanções disciplinares e ao processo disciplinar são regulamentadas pelo Código de Ética e Disciplina.

**Art. 155.** Os Conselhos Seccionais, até o dia 31 de dezembro de 2007, adotarão os documentos de identidade profissional, na forma prevista nos arts. 32 a 36 deste Regulamento.

■ *Caput* com redação determinada pela Resolução n. 2, do Conselho Federal da OAB, de 12-9-2006.

**§ 1º** Os advogados inscritos até a data da implementação a que se refere o *caput* deste artigo deverão substituir os cartões de identidade até 31 de janeiro de 2009.

■ § 1º com redação determinada pela Resolução n. 1, do Conselho Federal da OAB, de 16-6-2008.

**§ 2º** Facultar-se-á ao advogado inscrito até 31 de dezembro de 1997 o direito de usar e permanecer exclusivamente com a carteira de identidade, desde que, até 31 de dezembro de 1999, assim solicite formalmente.

■ § 2º acrescentado pelo Conselho Pleno do Conselho Federal da OAB, em Sessões Plenárias dos dias 17-6-1997, 17-8-1997 e 17-11-1997.

**§ 3º** O pedido de uso e permanência da carteira de identidade, que impede a concessão de uma nova, deve ser anotado no documento profissional, como condição de sua validade.

■ § 3º acrescentado pelo Conselho Pleno do Conselho Federal da OAB, em Sessões Plenárias dos dias 17-6-1997, 17-8-1997 e 17-11-1997.

**§ 4º** Salvo nos casos previstos neste artigo, findos os prazos nele fixados, os atuais documentos perderão a validade, mesmo que permaneçam em poder de seus portadores.

■ § 4º acrescentado pelo Conselho Pleno do Conselho Federal da OAB, em Sessões Plenárias dos dias 17-6-1997, 17-8-1997 e 17-11-1997.

**Art. 156.** Os processos em pauta para julgamento das Câmaras Reunidas serão apreciados pelo Órgão Especial, a ser instalado na primeira sessão após a publicação deste Regulamento Geral, mantidos os relatores anteriormente designados, que participarão da respectiva votação.

**Art. 156-A.** Excetuados os prazos regulados pelo Provimento n. 102/2004, previstos em editais próprios, ficam suspensos até 1º de agosto de 2010 os prazos processuais iniciados antes ou durante o mês de julho de 2010.

■ Artigo acrescentado pela Resolução n. 1, de 22-6-2010.

**Art. 156-B.** As alterações das regras estabelecidas no art. 131, *caput* e §§ 1º, 2º, 3º, 4º e 6º, deste Regulamento Geral, promovidas em 2020 e 2021, passarão a vigorar a partir das eleições de 2021, inclusive, e, no caso do percentual mínimo de 30% (trinta por cento) estipulado de cotas raciais para advogados negros e advogadas negras, valerão pelo prazo de 10 (dez) mandatos.

■ Artigo com redação determinada pela Resolução n. 8, de 24-8-2021.

**Art. 156-C.** As eleições nos Conselhos Seccionais e nas Subseções em 2021 e no Conselho Federal em 2022 serão regidas pelas regras do Provimento n. 146/2011 e deste Regulamento Geral, vigentes em 2021.

■ Artigo com redação determinada pela Resolução n. 5, de 14-12-2020.

**Art. 156-D.** O uso de meio eletrônico na tramitação de processos administrativos, comunicação de atos e transmissão de peças processuais será admitido mediante instituição de Sistema de Processo Eletrônico, nos termos de ato normativo a ser editado pelo Conselho Pleno do Conselho Federal da OAB.

▪ Artigo acrescentado pela Resolução n. 5, de 9-12-2019.

**Art. 157.** Revogam-se as disposições em contrário, especialmente os Provimentos de n. 1, 2, 3, 5, 6, 7, 9, 10, 11, 12, 13, 14, 15, 16, 17, 18, 19, 20, 21, 22, 24, 25, 27, 28, 29, 30, 31, 32, 33, 34, 35, 36, 38, 39, 40, 41, 46, 50, 51, 52, 54, 57, 59, 60, 63, 64, 65, 67 e 71, e o Regimento Interno do Conselho Federal, mantidos os efeitos das Resoluções 1/94 e 2/94.

**Art. 158.** Este Regulamento Geral entra em vigor na data de sua publicação.

Sala das Sessões, em Brasília, 16 de outubro e 6 de novembro de 1994.

*José Roberto Batochio*

## 18.4. PROVIMENTO N. 205/2021

# PROVIMENTO N. 205/2021

*Dispõe sobre a publicidade e a informação da advocacia.*

O Conselho Federal da Ordem dos Advogados do Brasil, no uso das atribuições que lhe são conferidas pelo art. 54, V, da Lei n. 8.906, de 4 de julho de 1994, e considerando as normas sobre publicidade e informação da advocacia constantes no Código de Ética e Disciplina, no Provimento n. 94/2000, em resoluções e em assentos dos Tribunais de Ética e Disciplina dos diversos Conselhos Seccionais; considerando a necessidade de ordená-las de forma sistemática e de especificar adequadamente sua compreensão; e considerando o decidido nos autos da Proposição n. 49.0000.2021.001737-6/COP, RESOLVE:

**Art. 1º** É permitido o marketing jurídico, desde que exercido de forma compatível com os preceitos éticos e respeitadas as limitações impostas pelo Estatuto da Advocacia, Regulamento Geral, Código de Ética e Disciplina e por este Provimento.

**§ 1º** As informações veiculadas deverão ser objetivas e verdadeiras e são de exclusiva responsabilidade das pessoas físicas identificadas e, quando envolver pessoa jurídica, dos sócios administradores da sociedade de advocacia que responderão pelos excessos perante a Ordem dos Advogados do Brasil, sem excluir a participação de outros inscritos que para ela tenham concorrido.

**§ 2º** Sempre que solicitado pelos órgãos competentes para a fiscalização da Ordem dos Advogados do Brasil, as pessoas indicadas no parágrafo anterior deverão comprovar a veracidade das informações veiculadas, sob pena de incidir na infração disciplinar prevista no art. 34, inciso XVI, do Estatuto da Advocacia e da OAB, entre outras eventualmente apuradas.

**Art. 2º** Para fins deste provimento devem ser observados os seguintes conceitos:

**I –** Marketing jurídico: Especialização do marketing destinada aos profissionais da área jurídica, consistente na utilização de estratégias planejadas para alcançar objetivos do exercício da advocacia;

**II –** Marketing de conteúdos jurídicos: estratégia de marketing que se utiliza da criação e da divulgação de conteúdos jurídicos, disponibilizados por meio de ferramentas de comunicação, voltada para informar o público e para a consolidação profissional do(a) advogado(a) ou escritório de advocacia;

**III –** Publicidade: meio pelo qual se tornam públicas as informações a respeito de pessoas, ideias, serviços ou produtos, utilizando os meios de comunicação disponíveis, desde que não vedados pelo Código de Ética e Disciplina da Advocacia;

**IV –** Publicidade profissional: meio utilizado para tornar pública as informações atinentes ao exercício profissional, bem como os dados do perfil da pessoa física ou jurídica inscrita na Ordem dos Advogados do Brasil, utilizando os meios de comunicação disponíveis, desde que não vedados pelo Código de Ética e Disciplina da Advocacia;

**V** – Publicidade de conteúdos jurídicos: divulgação destinada a levar ao conhecimento do público conteúdos jurídicos;

**VI** – Publicidade ativa: divulgação capaz de atingir número indeterminado de pessoas, mesmo que elas não tenham buscado informações acerca do anunciante ou dos temas anunciados;

**VII** – Publicidade passiva: divulgação capaz de atingir somente público certo que tenha buscado informações acerca do anunciante ou dos temas anunciados, bem como por aqueles que concordem previamente com o recebimento do anúncio;

**VIII** – Captação de clientela: para fins deste provimento, é a utilização de mecanismos de marketing que, de forma ativa, independentemente do resultado obtido, se destinam a angariar clientes pela indução à contratação dos serviços ou estímulo do litígio, sem prejuízo do estabelecido no Código de Ética e Disciplina e regramentos próprios.

**Art. 3º** A publicidade profissional deve ter caráter meramente informativo e primar pela discrição e sobriedade, não podendo configurar captação de clientela ou mercantilização da profissão, sendo vedadas as seguintes condutas:

**I** – referência, direta ou indireta, a valores de honorários, forma de pagamento, gratuidade ou descontos e reduções de preços como forma de captação de clientes;

**II** – divulgação de informações que possam induzir a erro ou causar dano a clientes, a outros(as) advogados(as) ou à sociedade;

**III** – anúncio de especialidades para as quais não possua título certificado ou notória especialização, nos termos do parágrafo único do art. 3º-A do Estatuto da Advocacia;

**IV** – utilização de orações ou expressões persuasivas, de autoengrandecimento ou de comparação;

**V** – distribuição de brindes, cartões de visita, material impresso e digital, apresentações dos serviços ou afins de maneira indiscriminada em locais públicos, presenciais ou virtuais, salvo em eventos de interesse jurídico.

**§ 1º** Entende-se por publicidade profissional sóbria, discreta e informativa a divulgação que, sem ostentação, torna público o perfil profissional e as informações atinentes ao exercício profissional, conforme estabelecido pelo § 1º, do art. 44, do Código de Ética e Disciplina, sem incitar diretamente ao litígio judicial, administrativo ou à contratação de serviços, sendo vedada a promoção pessoal.

**§ 2º** Os consultores e as sociedades de consultores em direito estrangeiro devidamente autorizadas pela Ordem dos Advogados do Brasil, nos termos do Provimento n. 91/2000, somente poderão realizar o marketing jurídico com relação às suas atividades de consultoria em direito estrangeiro correspondente ao país ou Estado de origem do profissional interessado. Para esse fim, nas peças de caráter publicitário a sociedade acrescentará obrigatoriamente ao nome ou razão social que internacionalmente adote a expressão "Consultores em direito estrangeiro" (art. 4º do Provimento 91/2000).

**Art. 4º** No marketing de conteúdos jurídicos poderá ser utilizada a publicidade ativa ou passiva, desde que não esteja incutida a mercantilização, a captação de clientela ou o emprego excessivo de recursos financeiros, sendo admitida a utilização de anúncios, pagos ou não, nos meios de comunicação, exceto nos meios vedados pelo art. 40 do Código de Ética e Disciplina e desde que respeitados os limites impostos pelo inciso V do mesmo artigo e pelo Anexo Único deste provimento.

**§ 1º** Admite-se, na publicidade de conteúdos jurídicos, a identificação profissional com qualificação e títulos, desde que verdadeiros e comprováveis quando solicitados pela Ordem dos Advogados do Brasil, bem como com a indicação da sociedade da qual faz parte.

**§ 2º** Na divulgação de imagem, vídeo ou áudio contendo atuação profissional, inclusive em audiências e sustentações orais, em processos judiciais ou administrativos, não alcançados por segredo de justiça, serão respeitados o sigilo e a dignidade profissional e vedada a referência ou menção a decisões judiciais e resultados de qualquer natureza obtidos em procedimentos que patrocina ou participa de alguma forma, ressalvada a hipótese de manifestação espontânea em caso coberto pela mídia.

**§ 3º** Para os fins do previsto no inciso V do art. 40 do Código de Ética e Disciplina, equiparam-se ao e-mail, todos os dados de contato e meios de comunicação do escritório ou advogado(a), inclusive os endereços dos sites, das redes sociais e os aplicativos de mensagens instantâneas, podendo também constar o logotipo, desde que em caráter informativo, respeitados os critérios de sobriedade e discrição.

**§ 4º** Quando se tratar de venda de bens e eventos (livros, cursos, seminários ou congressos), cujo público-alvo sejam advogados(as), estagiários(as) ou estudantes de direito, poderá ser utilizada a publicidade ativa, observadas as limitações do *caput* deste artigo.

**§ 5º** É vedada a publicidade a que se refere o *caput* mediante uso de meios ou ferramentas que influam de forma fraudulenta no seu impulsionamento ou alcance.

**Art. 5º** A publicidade profissional permite a utilização de anúncios, pagos ou não, nos meios de comunicação não vedados pelo art. 40 do Código de Ética e Disciplina.

**§ 1º** É vedado o pagamento, patrocínio ou efetivação de qualquer outra despesa para viabilizar aparição em rankings, prêmios ou qualquer tipo de recebimento de honrarias em eventos ou publicações, em qualquer mídia, que vise destacar ou eleger profissionais como detentores de destaque.

**§ 2º** É permitida a utilização de logomarca e imagens, inclusive fotos dos(as) advogados(as) e do escritório, assim como a identidade visual nos meios de comunicação profissional, sendo vedada a utilização de logomarca e símbolos oficiais da Ordem dos Advogados do Brasil.

**§ 3º** É permitida a participação do advogado ou da advogada em vídeos ao vivo ou gravados, na internet ou nas redes sociais, assim como em debates e palestras virtuais, desde que observadas as regras dos arts. 42 e 43 do CED, sendo vedada a utilização de casos concretos ou apresentação de resultados.

**Art. 6º** Fica vedada, na publicidade ativa, qualquer informação relativa às dimensões, qualidades ou estrutura física do escritório, assim como a menção à promessa de resultados ou a utilização de casos concretos para oferta de atuação profissional.

**Parágrafo único.** Fica vedada em qualquer publicidade a ostentação de bens relativos ao exercício ou não da profissão, como uso de veículos, viagens, hospedagens e bens de consumo, bem como a menção à promessa de resultados ou a utilização de casos concretos para oferta de atuação profissional.

**Art. 7º** Considerando que é indispensável a preservação do prestígio da advocacia, as normas estabelecidas neste provimento também se aplicam à divulgação de conteúdos que, apesar de não se relacionarem com o exercício da advocacia, possam atingir a reputação da classe à qual o profissional pertence.

**Art. 8º** Não é permitido vincular os serviços advocatícios com outras atividades ou divulgação conjunta de tais atividades, salvo a de magistério, ainda que complementares ou afins.

**Parágrafo único.** Não caracteriza infração ético-disciplinar o exercício da advocacia em locais compartilhados (*coworking*), sendo vedada a divulgação da atividade de advocacia em conjunto com qualquer outra atividade ou empresa que compartilhem o mesmo espaço, ressalvada a possibilidade de afixação de placa indicativa no espaço físico em que se desenvolve a advocacia e a veiculação da informação de que a atividade profissional é desenvolvida em local de *coworking*.

**Art. 9º** Fica criado o Comitê Regulador do Marketing Jurídico, de caráter consultivo, vinculado à Diretoria do Conselho Federal, que nomeará seus membros, com mandato concomitante ao da gestão, e será composto por:

**I** – 05 (cinco) Conselheiros(as) Federais, um(a) de cada região do país, indicados(as) pela Diretoria do CFOAB;

**II** – 01 (um) representante do Colégio de Presidentes de Seccionais.

**III** – 01 (um) representante indicado pelo Colégio de Presidentes dos Tribunais de Ética e Disciplina;

**IV** – 01 (um) representante indicado pela Coordenação Nacional de Fiscalização da Atividade Profissional da Advocacia; e

**V** – 01 (um) representante indicado pelo Colégio de Presidentes das Comissões da Jovem Advocacia.

**§ 1º** O Comitê Regulador do Marketing Jurídico se reunirá periodicamente para acompanhar a evolução dos critérios específicos sobre marketing, publicidade e informação na advocacia constantes do Anexo Único deste provimento, podendo propor ao Conselho Federal a alteração, a supressão ou a inclusão de novos critérios e propostas de alteração do provimento.

**§ 2º** Com a finalidade de pacificar e unificar a interpretação dos temas pertinentes perante os Tribunais de Ética e Disciplina e Comissões de Fiscalização das Seccionais, o Comitê poderá propor ao Órgão Especial, com base nas disposições do Código de Ética e Disciplina e pelas demais disposições previstas neste provimento, sugestões de interpretação dos dispositivos sobre publicidade e informação.

**Art. 10.** As Seccionais poderão conceder poderes coercitivos à respectiva Comissão de Fiscalização, permitindo a expedição de notificações com a finalidade de dar efetividade às disposições deste provimento.

**Art. 11.** Faz parte integrante do presente provimento o Anexo Único, que estabelece os critérios específicos sobre a publicidade e informação da advocacia.

**Art. 12.** Fica revogado o Provimento n. 94, de 05 de setembro de 2000, bem como as demais disposições em contrário.

**Parágrafo único.** Este provimento não se aplica às eleições do sistema OAB, que possui regras próprias quanto à campanha e à publicidade.

**Art. 13.** Este Provimento entra em vigor no prazo de 30 (trinta) dias a contar da data de sua publicação no *Diário Eletrônico da OAB.*

Brasília, 15 de julho de 2021.
*Felipe de Santa Cruz Oliveira Scaletsky*
Presidente do Conselho Federal da OAB
*Sandra Krieger Gonçalves*
Relatora

## ANEXO ÚNICO

| | |
|---|---|
| **Anuários** | Somente é possível a participação em publicações que indiquem, de forma clara e precisa, qual a metodologia e os critérios de pesquisa ou de análise que justifiquem a inclusão de determinado escritório de advocacia ou advogado(a) na publicação, ou ainda que indiquem que se trata de mera compilação de escritórios ou advogados(as).<br>É vedado o pagamento, patrocínio ou efetivação de qualquer outra despesa para viabilizar anúncios ou aparição em publicações como contrapartida de premiação ou ranqueamento. |
| **Aplicativos para responder consultas jurídicas** | Não é admitida a utilização de aplicativos de forma indiscriminada para responder automaticamente consultas jurídicas a não clientes por suprimir a imagem, o poder decisório e as responsabilidades do profissional, representando mercantilização dos serviços jurídicos. |
| **Aquisição de palavra-chave a exemplo do *Google Ads*** | Permitida a utilização de ferramentas de aquisição de palavra-chave quando responsivo a uma busca iniciada pelo potencial cliente e desde que as palavras selecionadas estejam em consonância com ditames éticos. Proibido o uso de anúncios ostensivos em plataformas de vídeo. |
| **Cartão de visitas** | Deve conter nome ou nome social do(a) advogado(a) e o número da inscrição na OAB e o nome da sociedade, se integrante de sociedade.<br>Pode conter número de telefone, endereço físico/eletrônico, QR Code que permita acesso aos dados/*site*.<br>Pode ser físico e eletrônico. |

| | |
|---|---|
| ***Chatbot*** | Permitida a utilização para o fim de facilitar a comunicação ou melhorar a prestação de serviços jurídicos, não podendo afastar a pessoalidade da prestação do serviço jurídico, nem suprimir a imagem, o poder decisório e as responsabilidades do profissional.<br>É possível, por exemplo, a utilização no *site* para responder as primeiras dúvidas de um potencial cliente ou para encaminhar as primeiras informações sobre a atuação do escritório. Ou ainda, como uma solução para coletar dados, informações ou documentos. |
| **Correspondências e comunicados (mala direta)** | O envio de cartas e comunicações a uma coletividade ("mala direta") é expressamente vedado. Somente é possível o envio de cartas e comunicações se destinadas a clientes e pessoas de relacionamento pessoal ou que os solicitem ou os autorizem previamente, desde que não tenham caráter mercantilista, que não representem captação de clientes e que não impliquem oferecimento de serviços. |
| **Criação de conteúdo, palestras, artigos** | Deve ser orientada pelo caráter técnico informativo, sem divulgação de resultados concretos obtidos, clientes, valores ou gratuidade. |
| **Ferramentas Tecnológicas** | Podem ser utilizadas com a finalidade de auxiliar os(as) advogados(as) a serem mais eficientes em suas atividades profissionais, sem suprimir a imagem, o poder decisório e as responsabilidades do profissional. |
| **Grupos de "whatsapp"** | Permitida a divulgação por meio de grupos de "whatsapp", desde que se trate de grupo de pessoas determinadas, das relações do(a) advogado(a) ou do escritório de advocacia e seu conteúdo respeite as normas do Código de Ética e Disciplina e do presente provimento. |
| ***Lives* nas redes sociais e Youtube** | É permitida a realização de *lives* nas redes sociais e vídeos no Youtube, desde que seu conteúdo respeite as normas do Código de Ética e Disciplina e do presente provimento. |
| **Patrocínio e impulsionamento nas redes sociais** | Permitido, desde que não se trate de publicidade contendo oferta de serviços jurídicos. |
| **Petições, papéis, pastas e materiais de escritório** | Pode conter nome e nome social do(a) advogado(a) e da sociedade, endereço físico/eletrônico, número de telefone e logotipo. |
| **Placa de identificação do escritório** | Pode ser afixada no escritório ou na residência do(a) advogado(a), não sendo permitido que seja luminosa tal qual a que se costuma ver em farmácias e lojas de conveniência. Suas dimensões não são preestabelecidas, bastando que haja proporcionalidade em relação às dimensões da fachada do escritório ou residência, sempre respeitando os critérios de discrição e moderação. |
| **Redes Sociais** | É permitida a presença nas redes sociais, desde que seu conteúdo respeite as normas do Código de Ética e Disciplina e do presente provimento. |